Outdoor-Sport-Tourismus

Beiträge der Tourismusforschung

———

Herausgegeben von
Deutsche Gesellschaft für Tourismuswissenschaft e.V.
und Arbeitskreis Tourismusforschung in der Deutschen
Gesellschaft für Geographie e.V.

Band 1

Outdoor-Sport-Tourismus

Trends, Innovationen und Erfolgsfaktoren

Herausgegeben von
Ralf Roth und Stefan Türk

DE GRUYTER

ISBN 978-3-11-170637-5
e-ISBN (PDF) 978-3-11-170651-1
e-ISBN (EPUB) 978-3-11-170654-2
ISSN 3052-4296

Library of Congress Control Number: 2025940275

Bibliografische Information der Deutschen Nationalbibliothek
Die Deutsche Nationalbibliothek verzeichnet diese Publikation in der Deutschen Nationalbibliografie;
detaillierte bibliografische Daten sind im Internet über http://dnb.dnb.de abrufbar.

© 2025 Walter de Gruyter GmbH, Berlin/Boston, Genthiner Straße 13, 10785 Berlin
Einbandabbildung: Tatsiana Hrak/iStock/Getty Images Plus
Satz: Integra Software Services Pvt. Ltd.

www.degruyter.com
Fragen zur allgemeinen Produktsicherheit:
productsafety@degruyterbrill.com

Vorwort der Herausgeberin / des Herausgebers

zum Fachbuch
Outdoor-Sport-Tourismus – Trends, Innovationen und Erfolgsfaktoren

Liebe Leser und Leserinnen, nach 28 Bänden unter dem Reihentitel „Schriften zu Tourismus und Freizeit" hat sich die Deutsche Gesellschaft für Tourismuswissenschaft (DGT) zu einem Relaunch der Buchreihe entschlossen. Unter dem neuen Titel „Beiträge zur Tourismusforschung" werden hier zukünftig die wesentlichen Ergebnisse der DGT-Jahrestagungen einer breiten Öffentlichkeit zugänglich gemacht. Zudem wird die neue Reihe in Kooperation mit dem Arbeitskreis Tourismusforschung (AKTF) veröffentlicht. Mit diesem Band legen wir den ersten Titel der neuen Reihe vor, der ausgewählte Beiträge der DGT-Jahrestagung 2024 in Oberstdorf enthält, die unter dem Thema Outdoor – Sport – Tourismus stand.

Outdoor-Sport-Tourismus steht sinnbildlich für die dynamische Entwicklung moderner Freizeit- und Reiseformen – geprägt von einem Spannungsfeld zwischen Naturerlebnis, Digitalisierung, Nachhaltigkeit und Besucherlenkung. Der vorliegende Band greift diese Entwicklungen auf und widmet sich aktuellen Herausforderungen, Trends und Innovationspotenzialen im sporttouristischen Kontext.

Die Beiträge geben fundierte Einblicke in zentrale Fragen unserer Zeit: Wie kann Besucherlenkung in touristischen Hotspots effizienter und nachhaltiger gestaltet werden? Welchen Einfluss hat digitale Technologie auf das Naturerleben? Wie lassen sich Weiterbildung und Arbeitgeberattraktivität im Tourismus stärken?

Der Sammelband vereint interdisziplinäre und methodisch vielfältige Studien aus Forschung und Praxis. Die Themen reichen von der Wahrnehmung von Crowding in Stadtzentren über Technologieeinsatz im Wandertourismus bis zu innovativen Mobilitätslösungen. Auch klassische Formen wie Camping und Familienurlaub werden unter aktuellen gesellschaftlichen Vorzeichen beleuchtet. Ergänzt wird der Band durch sportwissenschaftliche Perspektiven auf authentische Naturerlebnisse sowie Analysen zur Erholungsnutzung in Großschutzgebieten.

Ein zentrales Anliegen ist es, Brücken zwischen Wissenschaft, Praxis und Politik zu schlagen. Die Vielfalt der Ansätze – von quantitativer Datenanalyse über GIS-gestützte Verfahren bis zu qualitativen Interviews – zeigt, wie komplex und zugleich gestaltbar moderner Tourismus ist. Besonders im Fokus steht der ländlich-alpine Raum, dessen touristische Bedeutung und Herausforderungen in mehreren Beiträgen reflektiert werden.

Unser besonderer Dank gilt allen Autorinnen und Autoren sowie allen Mitwirkenden, die durch ihre engagierte Beteiligung zum Gelingen dieses ersten Bandes beigetragen haben.

https://doi.org/10.1515/9783111706511-202

Die Publikation versteht sich als Auftakt für weitere wissenschaftliche Auseinandersetzungen und soll **wertvolle Impulse für Forschung und Praxis im Bereich des Outdoor-Sport-Tourismus** geben.

Ralf Roth, Stefan Türk und Jürgen Schmude (DGT-Präsident)

Inhaltsverzeichnis

Technologie, Digitalisierung

Tourismusökonomie, Arbeitsmarkt Tourismus, Destinationsmanagement

Raumplanung, Aktivitätslenkung, Monitoring

Lukas Schmidt*, Laszlo Ziehmann, Frank Armbruster, Ralf Roth

Chapter 1
GIS-gestütztes partizipatives Verfahren zur Entwicklung eines Mountainbike-Streckennetzes im Hochschwarzwald

Zusammenfassung: Der Südschwarzwald ist eine touristisch attraktive Region und ein bedeutendes Mountainbike-Gebiet. Gesetzliche Vorgaben beschränken MTB-Strecken weitgehend auf Wege mit einer Breite von mehr als 2 Metern, was zu einem Mangel an Single Trails führt. Dies wiederum fördert die unerlaubte Nutzung von Wanderwegen, wodurch Nutzungskonflikte entstehen. Im vorliegenden Beitrag wird daher eine konzeptionelle Methodik zur Entwicklung eines Mountainbike-Netzes auf Basis qualitativ-partizipativer Verfahren und GIS-gestützter Raumanalysen vorgestellt. Das Projekt zielt darauf ab, schutzguts- und nutzungsbezogene Konflikte zu vermeiden und gleichzeitig eine zielgruppenspezifische Streckenüberarbeitung zu erreichen.

Abstract: The southern Black Forest is an important touristic mountain biking region. Legislation largely restricts trails to paths more than 2 metres wide, resulting in a lack of single trails. This in turn encourages the illegal use of hiking trails, leading to recreational conflicts. This paper presents a conceptual methodology for the development of a mountain bike trail network based on qualitative participatory methods and GIS-based spatial analysis. The aim of the project is to avoid conflicts between recreation and nature conservation, and at the same time to achieve a target group specific revision of the trail network.

Schlüsselwörter: Mountainbike, GIS, Raumanalyse, Schwarzwald, touristische Angebotsentwicklung

Keywords: mountain biking, GIS, spatial analysis, Black Forest, product development

Einleitung

Der Südschwarzwald zählt zu den bedeutendsten Mountainbike-Regionen in Deutschland und zeichnet sich durch eine starke touristische Nutzung aus. Die landschaftliche

*Korrespondierender Autor: Lukas Schmidt, Institut für Outdoor Sport und Umweltforschung, Deutsche Sporthochschule Köln, Am Sportpark Müngersdorf 6, D-50933 Köln, e-mail: l.schmidt@dshs-koeln.de
Laszlo Ziehmann, Frank Armbruster, Ralf Roth, Deutsche Sporthochschule Köln, Institut für Outdoor Sport und Umweltforschung

https://doi.org/10.1515/9783111706511-001

Vielfalt, das weitläufige Wegenetz und die topografischen Gegebenheiten bieten ideale Voraussetzungen für das Mountainbiken. Allerdings unterliegt die Nutzung des Geländes strengen gesetzlichen Regelungen, insbesondere der sogenannten „2-Meter-Regel", die das Radfahren auf Wegen unter 2 m Breite nicht gestattet (§ 37 Abs. 3 LWaldG BW). Diese Einschränkung führt zu einem deutlichen Mangel an offiziell ausgeschilderten Single Trails, einer besonders bei Mountainbiker/-innen beliebten Streckenart, was wiederum dazu beiträgt, dass viele Sportler/-innen auf nicht zugelassene Wanderwege auszuweichen. Darüber hinaus werden in vielen Regionen Trails auch abseits der bestehenden Wege ohne Genehmigung angelegt und genutzt.

Dies führt zunehmend zu Nutzungskonflikten mit Wandernden, Forstleuten und Naturschutzakteuren, wodurch sich Spannungen zwischen verschiedenen Interessensgruppen verstärken. Gleichzeitig besteht ein wachsendes Bedürfnis nach einer nachhaltigen und bedarfsgerechten Weiterentwicklung des Mountainbike-Netzes, das sowohl die Interessen aller Sportler/-innen und Erholungssuchenden als auch den Schutz sensibler Naturräume berücksichtigt.

Im vorliegenden Beitrag wird daher der Entwicklungsprozess eines optimierten Mountainbike-Streckennetzes auf dem Gebiet der Hochschwarzwald Tourismus GmbH (HTG) vorgestellt. Ziel dieses Projektes war es, ein Netz zu entwickeln, welches Nutzungskonflikte minimiert, indem schutzgutbezogene Faktoren wie sensible Lebensräume (besonders die Natura 2000 Schutzkategorien FFH- und Vogelschutzgebiete) und bestehende Aktivitätsräume (beispielsweise das Wanderwegenetz) in die Planung integriert werden. Gleichzeitig soll eine zielgruppenspezifische Erweiterung des Streckennetzes ermöglicht werden, um den Bedürfnissen verschiedener Nutzungsgruppen (insbesondere Mountainbike-Segmente) gerecht zu werden. Durch die systematische Einbindung von relevanten Interessensvertretenden und die Nutzung geographischer Informationssysteme (GIS) können potenzielle Strecken hinsichtlich ihrer ökologischen, sozialen und sportlichen Eignung bewertet und nachhaltige Lösungen für die Mountainbike-Infrastruktur im Hochschwarzwald erarbeitet werden.

Nachfrage und Zielgruppe

In Deutschland fahren ungefähr 15,9 Millionen der über 14-jährigen Mountainbike in der Freizeit, mit stetig steigender Tendenz (IfD Allensbach, 2024). Von diesen fahren 11,68 Millionen gelegentlich und 4,18 Millionen häufig (IfD Allensbach, 2024). Weiterhin haben 9,1 Millionen Deutsche großes bis sehr großes Interesse am Thema Mountainbike im Urlaub (Mountainbike Forum Deutschland, 2022). Das Durchschnittsalter der Mountainbiker/-innen beträgt 40 Jahre und 72 % der Zielgruppe ist zwischen 20 und 49 Jahre alt (Mountainbike Forum Deutschland, 2022). Mit 10,3 % weiblichen

Mountainbikerinnen und 89,7 % männlichen Mountainbikern (Mountainbike Forum Deutschland, 2022), handelt es sich um eine männlich dominierte Sportart.

Innerhalb der Mountainbiker/-innen lassen sich vier verschiedene Segmente identifizieren. Das größte Segment sind die All Mountain/Enduro Fahrer/-innen (64,8 %). Dieses Segment sucht besonders Single-Trails und naturnahe Wege mit verschiedensten Untergründen. Der Fokus liegt dabei auf Abfahrten. Außerdem sollte die Landschaft abwechslungsreich sein und Ausblicke ermöglichen (Mountainbike Forum Deutschland, 2018). Das nächst größere Segment Tour (16,5 %) ist das älteste Segment mit einem Durchschnittsalter von 45 Jahren. Für diese Mountainbiker/-innen spielen das Erleben von Natur und Landschaft, der Ausgleich zum Alltag und der Gesundheitsaspekt die größte Rolle. Trails werden weniger gesucht (Mountainbike Forum Deutschland, 2018). Die kleinsten Segmente sind die Marathon und Cross-Country Fahrenden (7 %), für die besonders Leistung und Wettkämpfe relevant sind, und die Freeride/Downhill Fahrenden (11,7 %), welche vorwiegend in Bike Parks zu finden sind (Mountainbike Forum Deutschland, 2018).

Zusammenfassend lassen sich drei Basismotive herausstellen (Mountainbike Forum Deutschland, 2018; Roth et al., 2019):

- Fahrererlebnis: Mountainbiker/-innen wollen spannende und abwechslungsreiche Wege. Dabei spielen Single Trails mit ihren fahrtechnischen Anforderungen durch natürliche Elemente (Wurzeln, Steine, Matsch etc.) eine wichtige Rolle.
- Naturerlebnis: Mountainbiker/-innen suchen nicht austauschbare Erlebnisse und Erholung in Natur und Landschaft.
- Spaß: Im Mountainbike-Tourismus spielt der Faktor Leistung im Sinne eines Wettkampfs oder des Trainings eine eher untergeordnete Rolle. Wichtiger ist der Spaßfaktor gemeinsam mit Freunden.

Methodik

Projektgebiet Hochschwarzwald

Das Projektgebiet im Hochschwarzwald umfasst 16 Gemeinden der HTG in den Landkreisen Breisgau-Hochschwarzwald, Lörrach und Waldshut. Geografisch ist das Gebiet im Südschwarzwald gelegen und erstreckt sich von St. Peter und St. Märgen im Norden bis St. Blasien und Ühlingen-Birkendorf im Süden. Es beinhaltet touristisch bedeutsame Orte wie den Feldberg, den Schluchsee und den Titisee. Außerdem sind hier die höchsten Berge des Schwarzwaldes beheimatet (Feldberg 1493 m ü. NN, Herzogenhorn 1415 m ü. NN, Belchen 1414 m ü. NN). Oft spät im Frühjahr noch mit Schnee bedeckt, haben diese unbewaldeten Erhebungen bereits subalpinen Charakter (LGBRwissen, 2025).

Das Klima im Schwarzwald ist durch seine Querlage zu niederschlagbringenden Westwinden ozeanisch geprägt. Die jährlichen Niederschläge betragen in den höchsten Lagen bis zu 2100 mm, während sie am niedrigen Westrand nur 1100 mm erreichen. Trotz der größeren Höhe des Südschwarzwaldes sind die Niederschläge dort nicht höher als im Nordschwarzwald, da die südwestlich gelegenen Hochvogesen einen Teil des Niederschlags abfangen. Die Jahresdurchschnittstemperaturen variieren je nach Höhenlage: Im Westen und Norden liegen sie bei ca. 9,5 °C, in höheren Lagen im Norden bei 5,5 °C und im Süden bei 3,5 °C. Durch das Relief ergeben sich zudem lokale klimatische Unterschiede. (LGBRwissen, 2025).

Die Ausweisung und Beschilderung des bestehenden Mountainbike-Streckennetzes basiert auf der ersten Ausgabe des Mountainbike-Handbuchs (Roth et al., 2002). Mittlerweile wurden ca. 3.000 km Strecken im Naturpark Südschwarzwald auf dieser Grundlage ausgeschildert. Das Handbuch berücksichtigt die bestehende Gesetzgebung, sodass fast ausschließlich Strecken mit einer Breite von mehr als 2 Metern ausgewiesen werden konnten. Dadurch werden von den Mountainbike-Touristen und -Touristinnen ergänzende Trail-Strecken mit hohem Erlebniswert vermisst, was dazu führte, dass zunehmend Wanderwege befahren und zur Mountainbike-Nutzung weiterempfohlen wurden. Als Konsequenz kam es immer wieder zu Nutzungskonflikten mit Wandernden und die Lenkung in naturnahen Räumen wird schwieriger. Somit bedarf es einer konsequenten Weiterentwicklung der Strecken und Angebote.

Prozessablauf

Die Überarbeitung des Mountainbike-Streckennetzes auf dem Gebiet der HTG erfolgte auf Grundlage der 3. Fassung des MTB-Handbuchs (Roth et al., 2019), das als etablierte Richtlinie für eine nachhaltige und naturschutzkonforme Streckenentwicklung im MTB-Sport dient. Im Jahr 2015 wurde bereits der Gipfeltrail installiert (verbindet die höchsten Gipfel in der Region u. a. Feldberg, Herzogenhorn, Blößling) und 2018 um die Gipfeltrail-Nordschleife erweitert. Die grundlegende Überarbeitung des Streckennetzes erfolgte von 2019 bis 2023. Der detaillierte Ablaufplan für das Projekt ist in Abbildung 1.1 dargestellt.

Das methodische Vorgehen basierte auf einem Mixed-Methods-Ansatz, der quantitative GIS-Analysen mit qualitativ-partizipativen Verfahren kombinierte. Zunächst wurde in der Initiativphase (siehe Abbildung 1.1) ein Grobkonzept entwickelt, in dem relevante Rahmenbedingungen festgehalten wurden (u. a. Projektziele, Zielgruppen, grobe Streckenführung, Trägerschaft, Zeitplan, Voranfrage bei Grundbesitzern und Identifizierung relevanter Stakeholder). Zu diesem Zeitpunkt wurde auch eine grobe Konflikteinschätzung zum naturschutz-, forst- und jagdrechtlichen Planungskontext sowie zur bestehenden Nutzung (andere Landnutzungs- und Aktivitätsformen) durchgeführt. Besonders relevant war hier die Prüfung der genannten Schutzkategorien bei Trails unter 2 m Breite, denn für diese musste nach § 37 Abs. 3 LWaldG BW eine

Ausnahmegenehmigung eingeholt werden. Da das MTB-Handbuch (Roth et al., 2019) einen Trailanteil von 10 % vorsieht, empfiehlt sich diese Prüfung bereits in dieser Planungsphase. Eine derartige Netzkonzeption stellt sicher, dass die Trails außerhalb der Schutzgebietskategorien liegen. Detaillierte planerische Informationen zur Genehmigung von Trails unter 2 m Breite finden sich im MTB-Handbuch (Roth et al., 2019).

Nach erfolgreicher Prüfung des Grobkonzeptes durch die „Naturpark Steuerungsgruppe MTB" mit Vertretenden der Naturparke, des AK Sporttourismus, von ForstBW, des Naturschutzes, der Schwarzwald Tourismus GmbH (AK Rad) und des Schwarzwaldvereins begann die Entwicklung eines Detailkonzeptes. Mit GIS wurden die Flurstückszugehörigkeiten und die Eigenschaften der Streckensegmente (z. B. Untergrund, Wegebreite) festgehalten. Das Detailkonzept wurde anschließend im Rathaus der Gemeinde Hinterzarten öffentlich ausgelegt. Etwaige Einwendungen der Grundbesitzenden und anderer Interessensvertretenden wurden daraufhin in die Streckenkonzeption in einem iterativen Verfahren eingearbeitet. Das Detailkonzept wurde mit den relevanten Institutionen und Verbänden (siehe Abbildung 1.1) abgeklärt und entsprechende Stellungnahmen/Genehmigungen wurden eingeholt. Teil dieser Phase war außerdem eine Natura 2000-Erheblichkeitsabschätzung bei betroffenen Trailabschnitten (Prüfung der Lage und Ausdehnung von Strecken und naturschutzfachliche Konfliktanalyse hinsichtlich FFH- und Vogelschutzgebiete). In Anbetracht der Vielfalt an Genehmigungs- und Partizipationsprozessen gestaltete sich die Entwicklung des Detailkonzepts als sehr anspruchsvoll und zeitintensiv.

Es folgte die Erstellung des Umsetzungskonzeptes, welches die detaillierte Streckenvermessung und Höhenprofilierung, die digitale Beschilderungsplanung sowie die Sicherheitsüberprüfung durch die Ausweisung von Gefahrenstellen umfasste. Es wurde ein umfassendes Beschilderungssystem entwickelt, das eine intuitive Orientierung für Mountainbiker/-innen gewährleistet. Dieses System umfasst Hauptwegweiser für Kreuzungen im Streckennetz sowie Zwischenwegweiser zur ergänzenden Orientierung. Dabei wurde eine Priorisierung von überregional bedeutsamen Zielpunkten (Points of Interest, POIs) sowie von lokal relevanten Orientierungspunkten vorgenommen. Durch dieses Beschilderungskonzept wurde eine klare und benutzerfreundliche Navigation innerhalb des Streckennetzes ermöglicht, die sowohl sportliche als auch naturschutzfachliche Aspekte integriert. Dieses Konzept wurde erneut der Unteren Forstbehörde zur Genehmigung vorgelegt (Genehmigung der Beschilderung und Ausnahmegenehmigung für Trails unter 2 m Breite).

Nachdem die erforderlichen Genehmigungen vorlagen, wurden alle relevanten Planungsdaten an die HTG übergeben. Die Beschilderung der Strecken und unter Umständen nötige Maßnahmen zur Wegeertüchtigung konnten nun erfolgen.

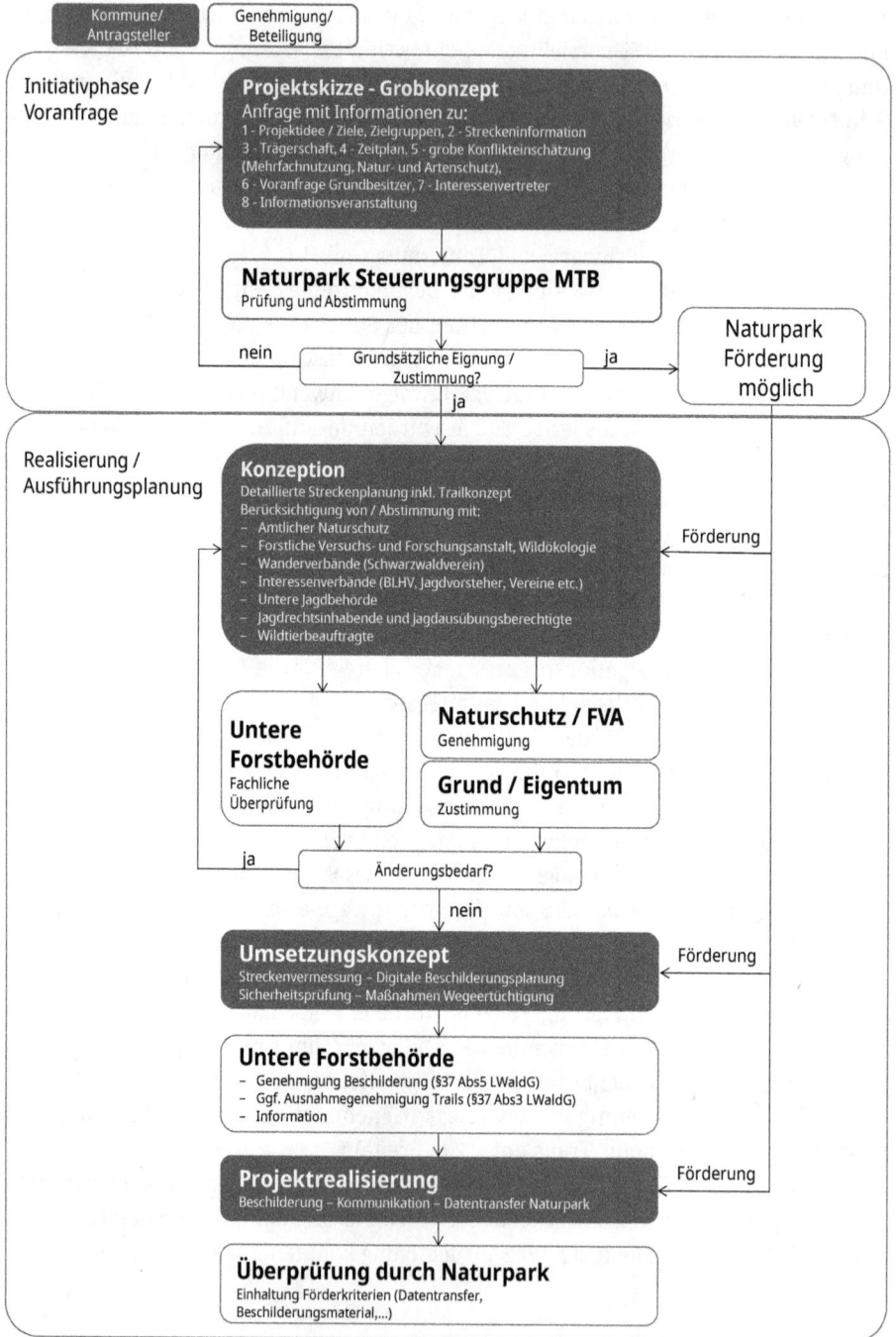

Abbildung 1.1: Ablaufplan für die Genehmigung eines Mountainbike-Streckennetzes (eigene Abbildung nach Roth et al., 2019).

Ergebnisse

Das Ergebnis dieses Prozesses ist ein Streckennetz mit 1034 km Länge. Vorher waren es auf der gleichen Fläche über 1400 km. Davon entfallen 828 km auf das überarbeitete Streckennetz und 206 km auf die Integration des Gipfeltrails. Es erfolgte außerdem eine Anbindung an die umliegenden Streckennetze im Dreisamtal und im nördlichen Gebiet der HTG um Furtwangen, Schonach und St. Georgen. Die bestehenden Strecken, welche nicht mehr Teil der Konzeption sind, müssen sukzessive zurückgebaut werden.

Abbildung 1.2 zeigt die Verteilung der Untergründe im Streckennetz. Mehr als die Hälfte der auszuweisenden Strecken sind Schotterwege und knapp über 40 % Asphalt (von Autos befahren und unbefahren). Etwas über 5 % der Strecken sind Trails.

Es wurden insgesamt 1536 Schilderstandorte erfasst. Diese umfassen einmal 1271

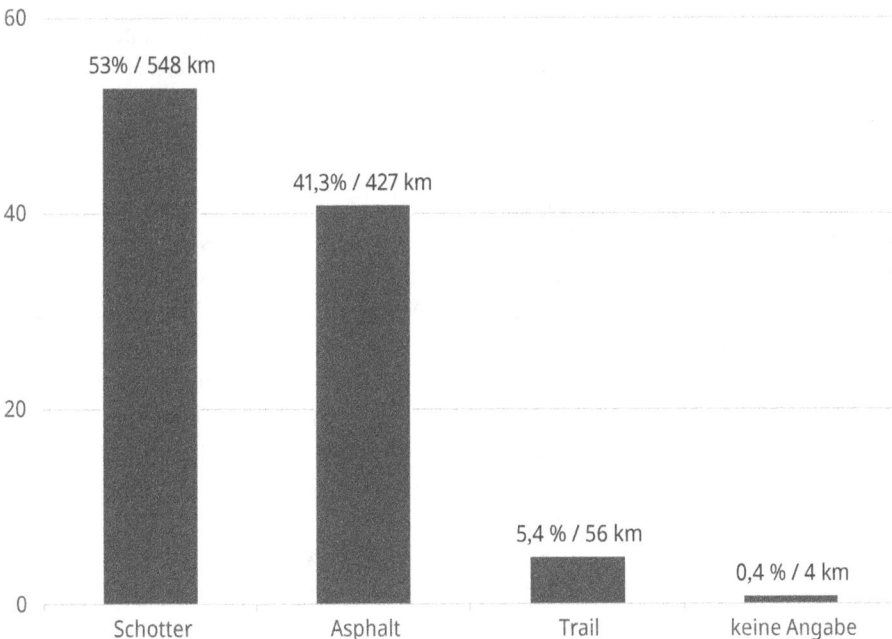

Abbildung 1.2: Verteilung der Untergründe im Streckennetz.

Zwischenwegweiser und Sonderschildstandorte, welche u. a. Richtungsweiser (rechts, links, geradeaus), Rücksichtsschilder hinsichtlich Wandernden oder Warnungen vor Kreuzungen und bei anderen sicherheitsrelevanten Stellen beinhalten. Die übrigen 265 Standorte sind Hauptwegweiser. Diese befinden sich an jeder Kreuzung innerhalb des Streckennetzes und schildern jeweils weitere Hauptwegweiser Standorte aus.

Das Beschilderungskonzept gliedert Hauptwegweiser in A-Ziele, B-Ziele und C-Ziele. A-Ziele sind Ziele von überregionaler Bedeutung, wie große Ortszentren und POI (z. B. Blackforestline). B-Ziele sind Ziele von lokaler Relevanz und dienen hauptsächlich der Orientierung. Diese können genutzt werden, um zu den A-Zielen zu navigieren. C-Ziele sind alle übrigen Standorte und werden nicht explizit ausgeschildert.

Diskussion und Fazit

Das Projekt stand im Spannungsfeld zwischen geltender Gesetzgebung, insbesondere § 37 Abs. 3 LWaldG BW („2-Meter-Regel"), und den Bedürfnissen der Mountainbiker/-innen nach attraktiven Trails. Vor diesem Hintergrund hat der Arbeitskreis Rad der Schwarzwald Tourismus GmbH gemeinsam mit Forst und Schwarzwaldverein einen „10 % Kompromiss" beschlossen, nachdem 10 % der ausgewiesenen Radwege Trails unter 2 m Breite sein sollen. Das ist auch der Richtwert, welcher in den prozessualen Vorgaben des Mountainbike-Handbuchs (Roth et al., 2019) festgehalten ist. Für das Projekt war eine verstärkte Nutzung der Ausnahmemöglichkeit im Landeswaldgesetz Baden-Württemberg (§ 37 Abs. 3) vorgesehen, die die Ausweisung von Wegen unter 2 m Breite zur Nutzung als Trails für Mountainbiker/-innen zulässt. Die angestrebten 10 % Trailanteil wurden allerdings nicht erreicht, denn letztendlich konnte eine Ausnahmegenehmigung nur für 5,4 % neu auszuweisende Trails eingeholt werden. Im Laufe des Projektes wurden durch Einwände von Forst und Waldbesitzenden aber auch durch Naturschutzprüfungen (z. B. die Natura-2000 Erheblichkeitsabschätzung) zunehmend mehr Trailsegmente aus der Konzeption entfernt. Zudem war es aufgrund zeitlicher Hürden (begrenzter Förderungszeitraum) nicht möglich den Genehmigungsprozess weiter in die Länge zu ziehen, um einen höheren Trailanteil zu erreichen. Somit wird deutlich, dass das 10 % Ziel vor dem Hintergrund der rechtlichen Vorgaben und der Voraussetzungen für die Ausnahmegenehmigungen in diesem Projekt nicht praktisch umsetzbar war.

Der touristische Fahrradmarkt entwickelt sich jedoch fortlaufend weiter und ein Blick auf wachsende Zielgruppen zeigt, dass das Streckennetz trotz einem Mangel an Trails durchaus attraktiv für andere Radsegmente sein kann. So gibt es in Deutschland inzwischen 3–4 Millionen Aktive in der Gravel-Szene (Mountainbike Forum Deutschland, 2024). Diese sind mit 37 Jahren im Schnitt jünger als die Mountainbiker/-innen und sind zu einem erheblich höheren Anteil weiblich (43 %) (Mountainbike Forum Deutschland, 2024). Besonders zutreffend für das entwickelte Streckennetz ist, dass die Gravel-Biker/-innen gerne lange Strecken zurücklegen und dabei einen Untergrundmix aus naturnahen Wegen, Schotter und Asphalt bevorzugen (Mountainbike Forum Deutschland, 2024).

Auch den Bedürfnissen des Segments der E-Mountainbiker/-innen könnte das Streckennetz entsprechen. Nach Moesch et al. (2022), sind diese im Schnitt älter (48

Jahre), finanzstärker und weniger leistungsorientiert als die Mountainbiker/-innen und sind angetrieben durch den Wunsch nach Erholung, Naturerlebnis, Fitness und Gesundheit. Die Autoren unterteilen die E-Mountainbiker/-innen in drei Segmente: die Abwechslungsorientierten (51 %) bevorzugen eine große Vielfalt an Strecken und Schwierigkeitsgraden, vermeiden dabei aber anspruchsvolle Downhill Strecken und Bike Parks, die Genuss-orientierten (23 %) präferieren leichte Strecken und herkömmliche Forststraßen und die Performance-orientierten (25 %) suchen explizit die Herausforderung und dementsprechend auch schwierigere Trails.

Die Zielsetzung des Projektes war es, ein Mountainbike-Streckennetz zu entwickeln, welches Nutzungskonflikte (u. a. mit dem Naturschutz und anderen Aktivitätsformen wie Wandern) minimiert und gleichzeitig den Bedürfnissen verschiedener Mountainbike-Segmente entspricht. Die systematische Einbindung verschiedenster Interessensvertretenden (z. B. aus Forst und Naturschutz) und der Einsatz GIS- gestützter Raumanalysen (z. B. die Natura 2000 Erheblichkeitsabschätzung) haben sichergestellt, dass ein natur- und umweltverträgliches Angebot entsteht. Ein zielgruppenspezifisches Angebot konnte nur in Teilen erreicht werden. Insbesondere der Trailanteil von 5,4 % ist wesentlich geringer als geplant und lässt bei vielen Mountainbiker/-innen Wünsche offen. Rechtliche, prozessuale und zeitliche Hürden sorgten im Laufe des Projektes dafür, dass zunehmend mehr Trailsegmente aus dem Konzept gestrichen wurden. Allerdings wurden parallel an anderen Stellen (z. B. Freiburg) Mountainbike-Trails geschaffen (Schlegel, 2023). Dies liegt aber außerhalb des Geschäftsgebiets der HTG. Gleichwohl unterliegen die Zielgruppen einem ständigen Wandel, wie es nicht zuletzt während der Covid-19 Pandemie der Fall war (Pröbstl-Haider et al., 2023). So eröffnet eine steigende Nachfrage in Zielgruppen wie Gravel und E-Mountainbike vielversprechende Möglichkeiten für eine touristische Nutzung des Streckennetzes. Dies verdeutlicht die Notwendigkeit für ein fortlaufendes Monitoring der Zielgruppen und eine flexible Anpassung der Konzepte.

Literatur

IfD Allensbach. (2024). Anzahl der Personen in Deutschland, die in der Freizeit Mountainbike fahren, nach Häufigkeit von 2019 bis 2024 (in Millionen) [Graph]. In Statista. Zugriff am 18. Februar 2025 unter https://de.statista.com/statistik/daten/studie/171142/umfrage/haeufigkeit-von-mountainbike-fahren-in-der-freizeit/

LGBRwissen. (2025, 18. Februar). Schwarzwald. Zugriff am 18. Februar 2025 unter https://lgrbwissen.lgrb-bw.de/printpdf/14961

Moesch, C., Christen, S., & Ströbel, T. (2022). It's getting tight in the Alps – challenges and implications of the e-mountain bike boom for sustainable tourism management. International Journal of Sport Management and Marketing, 22(1/2), 73–95. https://doi.org/10.1504/IJSMM.2022.10045433

Mountainbike Forum Deutschland. (2018). Mountainbike-Monitor 2018 (Identität).

Mountainbike Forum Deutschland. (2022). Mountainbike-Monitor 2022 (Infrastruktur).

Mountainbike Forum Deutschland. (2024). *Gravel-Monitor.* Zugriff am 18. Februar 2025 unter https://www.mountainbikeforum.de/mountainbike-wissen/gravel-monitor/

Pröbstl-Haider, U., Gugerell, K., & Maruthaveeran, S. (2023). Covid-19 and outdoor recreation – Lessons learned? Introduction to the special issue on "Outdoor recreation and Covid-19: Its effects on people, parks and landscapes". Journal of Outdoor Recreation and Tourism, 41, 100583. https://doi.org/10.1016/j.jort.2022.100583

Roth, R., Krämer, A., & Armbruster, F. (2019). *Mountainbike-Handbuch – Leitfaden zur Entwicklung von MTB-Strecken und -Trails.* Naturpark Südschwarzwald & Naturpark Schwarzwald Mitte/Nord (Hrsg.). Feldberg, Bühlertal.

Roth, R., Krämer, A., Polenz, R., & Jakob, E. (2002). *Mountainbike-Handbuch – Ein Leitfaden für Kommunen, Sportorganisationen und touristische Leistungsträger.* Selbstverlag Naturpark Südschwarzwald.

Schlegel, S. (2023). BW-Förster wollen mehr legale Mountainbike-Trails – Freiburg als Vorbild. SWR. Zugriff am 19. März 2025 unter https://www.swr.de/swraktuell/baden-wuerttemberg/mountainbike-foerster-umwelt-konflikt-konzept-100.html

Rebekka Weis*, Christian Eilzer und Tim Harms

Chapter 2
Wo sind Wandernde unterwegs?
Die häufigsten Wanderterrains und der
Einfluss der Wandermotive

Zusammenfassung: Zum deutschen Wandermarkt liegen verschiedene Studien vor, die zu unterschiedlichen Ergebnissen hinsichtlich des am häufigsten bewanderten Terrains kommen. Die Wahl des Wanderterrains zeigt dabei Bezüge zu verschiedenen Faktoren wie Wohnort, Erreichbarkeit, Alter, Wanderhäufigkeit oder Themen der Wanderwege. Bezüge zu Wandermotiven wurden bislang nicht vertiefend untersucht, jedoch lassen sich auch für die Wandermotive Einflussfaktoren wie die Wanderhäufigkeit, die Dauer der Wanderung oder soziodemografische Faktoren nachweisen. Darüber hinaus wurden verschiedene Wandertypen u. a. basierend auf den Wandermotiven identifiziert. Die vorliegende Studie untersucht repräsentativ für die deutsche Bevölkerung die Nutzungshäufigkeit der verschiedenen Wanderterrains sowie die Wandermotive der Deutschen. Basierend auf einer Faktoranalyse und anschließender Clusteranalyse wird zudem analysiert, wie sich die entstandenen Cluster hinsichtlich der Nutzungshäufigkeit der Wanderterrains unterscheiden. Mit Ausnahme der Hochgebirge zeigen sich für alle Cluster unterschiedliche Nutzungshäufigkeiten der verschiedenen Terrains, wobei das Flachland (nicht an der Küste) für alle Cluster das häufigste Wanderterrain darstellt.

Abstract: Various studies are available on the German hiking market, which come to different conclusions regarding the most frequently hiked terrain. The choice of hiking terrain is related to various factors such as place of residence, accessibility, age, hiking frequency or themes of the hiking trails. References to hiking motives have not yet been investigated in depth, but influencing factors such as hiking frequency, duration of the hike or socio-demographic factors can also be identified for the hiking motives. In addition, different types of hikers were identified based on the motives for hiking. This study examines the frequency of use of the various hiking terrains and the hiking motives of Germans on a representative basis for the German population. Based on a factor analysis and subsequent cluster analysis, it also analyzes how the resulting clusters differ in terms of the frequency of use of the hiking terrains. With

*Korrespondierender Autor: Rebekka Weis, Deutsches Institut für Tourismusforschung, FH Westküste (DI Tourismusforschung), Fritz-Thiedemann-Ring 20, D-25746 Heide, e-mail: weis@fh-westkueste.de
Christian Eilzer, Deutsches Institut für Tourismusforschung, FH Westküste (DI Tourismusforschung), Fritz-Thiedemann-Ring 20, D-25746 Heide, e-mail: eilzer@fh-westkueste.de
Tim Harms, Deutsches Institut für Tourismusforschung, FH Westküste (DI Tourismusforschung), Fritz-Thiedemann-Ring 20, D-25746 Heide, e-mail: harms@fh-westkueste.de

https://doi.org/10.1515/9783111706511-002

the exception of the high mountains, all clusters show different frequencies of use of the various terrains, with the lowlands (not on the coast) being the most common hiking terrain for all clusters.

Schlagwörter: Motive, Terrain, Wanderregion, Wandertypen, Clusteranalyse

Keywords: Motives, terrain, hiking region, hiking types, cluster analysis

Einleitung

Der Freizeit- und Urlaubsaktivität Wandern liegen verschiedene Motive zugrunde (Bichler & Peters, 2022). Als wichtigstes Motiv für das Wandern wird das Erleben von Natur und Landschaft genannt (BMWi, 2010; Quack, 2014, 2024). Eine Vielfalt an Sehenswürdigkeiten und Attraktivitätsfaktoren wie aussichtsreiche Gipfel, Seen, Bäche, Schluchten, Wasserfälle oder blühende Wiesen sind dabei wichtige Komponenten (Menzel & Dreyer, 2009), die beispielsweise das ästhetische Erleben prägen (Thiele, 2018).

Das Bundesamt für Naturschutz (2011, 2021) unterteilt die Fläche Deutschlands in naturräumliche Einheiten und biogeografische Regionen, die in die Großlandschaften norddeutsches Tiefland, Küsten und Meere, zentraleuropäisches Mittelgebirgsland, südwestdeutsches Mittelgebirgs-/Stufenland, Alpenvorland, Alpen und Meeresgebiete zusammengefasst werden. Zur Unterteilung wird unter anderem die Höhe über Normalnull herangezogen, die auch bei Studien zum Wandern häufig genutzt wird, um das Wanderterrain in Flachland, Mittelgebirge und Hochgebirge zu unterscheiden (Dreyer et al., 2010) und zu untersuchen, in welchen Terrains Wandernde unterwegs sind (BTE, 2024; BMWi, 2010; Eilzer et al., 2022; Quack, 2024). Zum Teil werden weitere Unterteilungen in „Alpenvorland" (Quack, 2024), „hügeliges Gelände" (BTE, 2024) sowie „Küste" (Eilzer et al., 2022) vorgenommen. Die Ergebnisse unterscheiden sich dabei stark, sodass in dieser Studie repräsentativ untersucht werden soll, in welchem Terrain Wandernde in Deutschland am häufigsten unterwegs sind. Bisher werden die Gründe für die Wahl eines Terrains bzw. einer Landschaftsform meist nicht direkt untersucht, es können aber Bezüge etwa zum Wohnort (BMWi, 2010), zur Erreichbarkeit (Eilzer, 2017) oder zum Alter und zur Wanderhäufigkeit (BTE, 2024; Eilzer et al., 2022; Quack, 2024) hergestellt werden. Die Verbindung von Motiven und Terrainwahl wurde dagegen noch nicht untersucht, sodass ein weiterer Fokus dieser Studie auf den Wandermotiven und möglichen Zusammenhängen zu den häufigsten Wanderterrains liegt.

Wo sind Wandernde unterwegs?

Seit dem Ende der 1990er-Jahre erfuhr die Aktivität Wandern einen erheblichen Aufschwung und entwickelte sich zu einer der beliebtesten in der Natur ausgeübten Freizeit- und Urlaubsaktivitäten der Deutschen (BMWi, 2010). Im Zuge dieser Entwicklung wird das Wandern auch von bisher für das Wandern unbekannteren Regionen als Entwicklungschance gesehen, sodass neben Mittelgebirgen als den ‚klassischen‘ Wanderregionen Deutschlands (Menzel et al., 2008) auch andere Regionen und Landschaftsformen wie Seen- und Küstengebiete dieses Thema aufgreifen und wandertouristische Angebote entwickeln (Quack, 2014).

Bezogen auf die Nachfrage stellt sich die Frage, in welchen Terrains Wandernde unterwegs sind. Empirische Studien zeigen, dass die Aktivität Wandern von den Deutschen nicht auf Gebirgslandschaften reduziert (BMWi, 2010), aber weiterhin in hohem Maße mit Bergen verknüpft wird. So assoziieren 23 % der Deutschen Wandern mit Bergen und 75 % nehmen an, dass Wandernde sehr oft oder oft in Mittelgebirgen unterwegs sind (Eilzer et al., 2023). Während sich noch im Jahr 2010 nachweisen ließ, dass 40 % der aktiven Wandernden am liebsten im Mittelgebirge wandern und ca. 30 % am liebsten an der Küste oder im Flachland (BMWi, 2010), zeigen neuere Studien abweichende Ergebnisse. So ermittelt eine aktuelle Studie zum bevorzugten Schwierigkeitsgrad der Wanderungen das höchste Interesse an leichten Wanderungen im flachen Gelände mit geringen Steigungen (68 %), gefolgt von wenig anstrengenden Wanderungen in hügeligem Gelände mit moderaten Steigungen (60 %); deutlich dahinter rangieren anspruchsvolle Wanderungen im Mittelgebirge oder in den Voralpen mit großen Höhenunterschieden (27 %) sowie sehr anspruchsvolle Wanderungen und alpine Touren (17 %) (BTE, 2024). Werden Wanderverein-Mitglieder befragt, fällt das Ergebnis deutlich anders aus mit dem höchsten Interesse an wenig anstrengenden Wanderungen im Hügelland mit moderaten Steigungen (70 %) gefolgt von anspruchsvollen Wanderungen im Mittelgebirge oder den Voralpen mit großen Höhenunterschieden (57 %) und leichten Wanderungen im flachen Gelände mit geringen Steigungen (41 %); sehr anspruchsvolle Wanderungen und alpine Touren liegen auf dem letzten Rang (24 %) (BTE, 2024). Auch der Wandermonitor berichtet die größte Beliebtheit von Mittelgebirgen (67 %) vor Hochgebirge und Alpen (16 %), während flaches Gelände und Küstenregionen (6 %) und das Alpenvorland (5 %) weit geringere Beliebtheitswerte erreichen (Quack, 2024). Bezogen auf die häufigsten Wandergebiete erreicht das Flachland in einer bevölkerungsrepräsentativen Befragung Rang 1 vor den Mittelgebirgen, der Küste und dem Hochgebirge (Eilzer et al., 2022).

Der Literaturüberblick zeigt zur Frage der bewanderten Terrains somit eine große Bandbreite an Ergebnissen, die einerseits durch unterschiedliche Fragestellungen und Methodiken, aber auch durch eine zeitliche Entwicklung begründet sein können. Es zeigt sich dabei über alle Studien, dass für aktive Wandernde Wanderungen in den unterschiedlichsten Terrains infrage kommen (Eilzer, 2017), wobei der Aspekt der am häufigsten bewanderten Terrains bisher wenig untersucht wurde. Forschungsfrage 1 wird daher wie folgt formuliert:

1. Wo sind die deutschen Wandernden am häufigsten unterwegs?

Motive des Wanderns als Determinante für das Wanderterrain

Die Untersuchung der dem Wandern zugrunde liegenden Motivation wird als ein Schwerpunkt in der wissenschaftlichen Literatur identifiziert (Bichler & Peters, 2022). Die Ergebnisse verschiedener Studien zeigen, dass mit dem Wandern unterschiedliche Motive verbunden sind, die sich z. B. je nach Wanderart, -häufigkeit, -dauer, -ziel, Jahreszeit sowie soziodemografischen Faktoren überlagern, variieren und unterschiedlich stark ausgeprägt sein können (Blume et al., 2020; BMWi, 2010; Geiger et al., 2023, Menzel & Dreyer, 2009; Menzel et al., 2008; Quack, 2014). Bezogen auf den Quellmarkt Deutschland rangieren in mehreren Studien die Motive ‚Natur erleben‘ und ‚sich bewegen, aktiv sein‘ auf dem ersten bzw. zweiten Rangplatz, gefolgt von ‚etwas für die Gesundheit tun‘ und ‚eine Region erleben‘ (BMWi, 2010; Quack, 2014; 2024). Daran schließen sich mit teilweise wechselnden Rangplätzen die Motive ‚den Kopf freibekommen‘, ‚Stress abbauen‘ und ‚den Alltag vergessen‘ an, während Motive wie ‚religiöse/spirituelle Gründe‘, ‚über sich nachdenken‘ oder ‚den Horizont erweitern/ etwas für die Bildung tun‘ hintere Rangplätze erreichten (BMWi, 2010; Quack, 2014, 2024). Im internationalen Kontext untersuchten Bichler und Peters (2021) insgesamt 24 Motive aus acht Dimensionen, die zu sechs Faktoren zusammengefasst werden konnten und wovon insbesondere die Faktoren ‚Entspannung‘, ‚Geselligkeit‘ und ‚Entdeckung‘ zur Zufriedenheit beim Wandern beitrugen. Das BMWi (2010) identifizierte fünf Motivbündel, die mit ‚Auszeit nehmen‘, ‚Natur/Umwelt erleben‘, ‚Gesundheit/Aktivität‘, ‚Kultur und Bildung‘ und ‚Spaß und Geselligkeit‘ beschrieben wurden.

Daneben gibt es für den Wandermarkt Deutschland verschiedene Ansätze, Wandertypen zu identifizieren. Die Ernest Dichter SA (2004) unterscheidet anhand der motivpsychologischen (Werte-)Orientierung und der Art des Wanderns die vier Wandertypen ‚High Tech-High Touch‘, ‚Wellness‘, ‚Adventure‘ und ‚Friends‘. Blume et al. (2020) beschreiben anhand der Sinus-Milieus sieben Wandertypen[1], Thiele (2018) identifiziert anhand beschriebener Wandererfahrungen elf Typen von Wandernden. Basierend auf einem qualitativen Ansatz erarbeitet Schumacher (2016) sechs Wandertypen[2], die unter anderem auf den bevorzugten Landschaftsformen und den Wandermotiven beruhen.

Der Zusammenhang zwischen den Motiven der Wandernden und dem Wanderterrain ist, insbesondere zur Häufigkeit der Nutzung verschiedener Terrains, für den deutschen Wandermarkt bisher nicht vertiefend untersucht worden. Für die Erfüllung der mit dem Wandern verbundenen Bedürfnisse ist das Terrain jedoch ein zen-

---

[1] The traditional hiker, the cocoon hiker, the searcher for meaning, the experience-oriented hiker, the adventurous hiker, the minimalist hiker, the technophile hiker.

[2] Der Ästhetische, der Erholungssuchende, der Intellektuelle, der Naturkundler, der Kontaktfreudige und der Entdecker.

traler Einflussfaktor, wie Ergebnisse beispielsweise zu bevorzugten Schwierigkeitsgraden (BTE, 2024; BMWi, 2010) oder zum Einfluss einzelner landschaftsbezogener
Elemente wie Steigungen oder Begehbarkeit der Wege auf die Auswahl von Wanderwegen oder -regionen (Antoušková et al., 2014; Molokáč et al., 2022) zeigen. Ein Fokus
dieser Studie liegt daher auf den Motiven als Einflussfaktor zur Auswahl der Wanderterrains, sodass weitere drei Forschungsfragen formuliert werden:

2. Welche Motive haben für Wandernde den höchsten Stellenwert?
3. Welche Motivcluster lassen sich aus den Motiven bilden?
4. Wie unterscheiden sich die Motivcluster hinsichtlich der häufigsten Wanderterrains?

Methodik

Zur Beantwortung der vier Forschungsfragen wurde eine repräsentative Online-
Befragung (CAWI) im Zeitraum vom 14.-17. Juni 2024 durchgeführt. Die Grundgesamtheit bildet die deutschsprachige, in Privathaushalten lebende Bevölkerung im Alter
von 16 bis 75 Jahren. Die Quotierung erfolgte nach Geschlecht und Alter (Kreuzquote),
Wohnort (Bundesland) und Schulbildung. Die Gesamtstichprobe beträgt n = 1.882 Personen.

Bei der ersten Frage wurden die Probanden gebeten, ihre eigene Wanderhäufigkeit einzuschätzen und dabei ihre Wanderungen sowohl im Urlaub, bei Tagesaus-
flügen als auch in der Nähe des eigenen Wohnortes zu berücksichtigen. Nur 22,6 %
der Befragten gaben dabei an, nie zu wandern. 77,4 % der Befragten (n = 1.456) wandern mindestens manchmal, darunter 21,2 % sehr oft (> = 10 Mal im Jahr), weitere 20,6 %
oft (5–9 Mal im Jahr) und 35,6 % manchmal (1–4 Mal im Jahr). Diese Befragten wurden anschließend gebeten, mithilfe einer Ratingskala von 1 = „nie" bis 5 = „sehr oft" zu
bewerten, wie häufig sie in den unterschiedlichen Terrains (Küste, Flachland (nicht
an der Küste), Mittelgebirge/Hügelland, Hochgebirge) wandern. Danach sollten die
Probanden unter den vier Terrains dasjenige auswählen, in dem sie insgesamt am
häufigsten wandern. Daran schlossen sich Fragen zur Beliebtheit der Terrains, zum
allgemeinen Interesse an einem Wanderurlaub und zu möglichen Reisezielen an. Danach wurden die Probanden gebeten, 17 allgemeine Motive zum Wandern mithilfe
einer Ratingskala von 1 = „sehr unwichtig" bis 5 = „sehr wichtig" zu beurteilen. Die
Auswahl der Motive erfolgte dabei auf Basis der abgefragten Motive in BMWi (2010)
und Quack (2014, 2024). Abschließend wurden die Befragten gebeten, die Landschaft
an ihrem Wohnort einem Terrain zuzuordnen und zu beurteilen, ob sie selber in
einer Wanderregion leben oder nicht.

Im Folgenden werden ausgewählte Ergebnisse der Befragung zu den häufigsten
Wanderterrains sowie den Wandermotiven dargestellt.

Ergebnisse

Wanderterrains

Zur Beantwortung der Forschungsfrage 1 wird das Ergebnis zur Frage beleuchtet, in welchen Terrains die Befragten insgesamt am häufigsten wandern. Diese Frage wurde allen Probanden gestellt, die mindestens manchmal wandern (n = 1.456) und damit der Gruppe der Wandernden unter den Befragten. 41,0 % der Wandernden wandern am häufigsten im Flachland (nicht an der Küste), weitere 31,1 % im Mittelgebirge/Hügelland, während 21,9 % an der Küste und 6,1 % am häufigsten im Hochgebirge wandern.

Wandermotive

Unter den 17 Motiven erhält das Motiv ‚die Natur erleben' mit einem Mittelwert von 4,3 (basierend auf einer Ratingskala von 1 = „sehr unwichtig" bis 5 = „sehr wichtig") von allen Wandernden (n = 1.456) die größte Bedeutungszuschreibung (vergleiche Abbildung 2.1). Daran schließen sich ‚frei sein' und ‚sich bewegen, aktiv sein' mit einem Mittelwert von jeweils 4,1 an, gefolgt von ‚den Kopf frei bekommen', ‚etwas für die Gesundheit tun' und ‚Spaß haben' (jeweils Mittelwert von 4,0). Die geringste Bedeutung als Wandermotiv haben ‚religiöse/spirituelle Gründe' (Mittelwert 2,0) und ‚alleine sein' (Mittelwert 2,9).

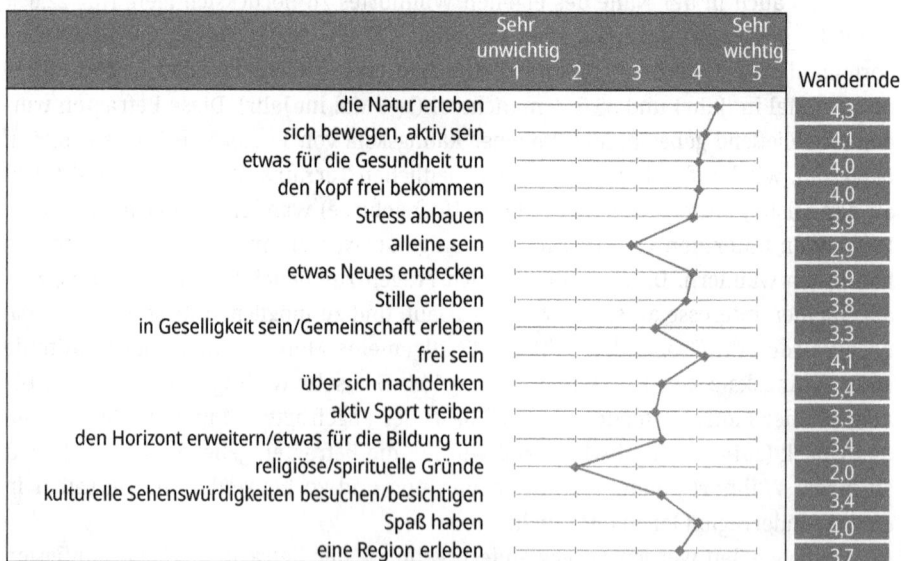

Abbildung 2.1: Mittelwerte der Wandermotive aller Wandernden (n = 1.456) (Quelle: eigene Darstellung).

Zusammenfassung der Motive zu Motivclustern

Nach der Analyse der einzelnen Motive hinsichtlich ihrer Wirkmächtigkeit sollte im Anschluss ermittelt werden, ob und wieweit sich diese bündeln ließen und dabei zusätzlich Zielgruppen ableitbar waren, welche sich letztendlich in ihrer Präferenz für bestimmte Terrains unterscheiden würden. Hierzu wurden zwei multivariate Verfahren angewandt. Zunächst wurde eine Hauptkomponentenanalyse[3] gerechnet. Diese diente zur Bündelung der einzelnen Motive und zur Komplexitätsreduktion für die in einem zweiten Schritt durchgeführte Clusteranalyse.

Tabelle 2.1: Hauptkomponentenanalyse mit vier Komponenten (Quelle: eigene Darstellung).

Rotierte Komponentenmatrix	Komponente			
	1	2	3	4
frei sein	0,751	0,195	0,093	0,075
den Kopf frei bekommen	0,733	0,116	0,168	0,170
die Natur erleben	0,721	0,172	−0,191	0,163
Stress abbauen	0,663	0,176	0,202	0,214
Stille erleben	0,659	0,099	0,361	−0,001
kulturelle Sehenswürdigkeiten besuchen/besichtigen	0,147	0,780	0,107	−0,093
den Horizont erweitern/etwas für die Bildung tun	0,169	0,700	0,282	0,153
in Geselligkeit sein/Gemeinschaft erleben	−0,043	0,656	0,028	0,239
etwas Neues entdecken	0,382	0,610	−0,016	0,171
eine Region erleben	0,353	0,542	0,048	0,082
Spaß haben	0,422	0,399	−0,162	0,274
alleine sein	0,231	−0,084	0,791	−0,004
religiöse/spirituelle Gründe	−0,245	0,294	0,702	0,160
über sich nachdenken	0,402	0,216	0,597	0,137
aktiv Sport treiben	0,046	0,139	0,249	0,819
sich bewegen, aktiv sein	0,523	0,160	−0,060	0,623
etwas für die Gesundheit tun	0,471	0,179	0,020	0,608

Extraktionsmethode: Hauptkomponentenanalyse. Die Rotation ist in 5 Iterationen konvergiert.

Es entstanden vier Motivbündel, die sich klar voneinander unterscheiden. Im ersten Bündel dominieren Faktoren des Stressabbaus und des Naturgenusses mit den Motiven ‚frei sein‘, ‚den Kopf frei bekommen‘, ‚Stress abbauen‘ und ‚Stille erleben‘ neben

---

3 Hauptkomponentenanalyse. Varimax-Rotation mit Kaiser-Normalisierung. Stichprobeneignung nach Kaiser-Meyer-Olkin: 0,899. Sign. nach Bartlett: 0,000.

	Cluster 1	Cluster 2	Cluster 3	Cluster 4
die Natur erleben	4,6	4,5	4,6	3,2
sich bewegen, aktiv sein	4,5	4,5	3,7	3,2
etwas für die Gesundheit tun	4,4	4,5	3,6	3,2
den Kopf frei bekommen	4,3	4,4	4,2	3,1
Stress abbauen	4,0	4,3	4,0	2,9
alleine sein	2,8	3,2	2,8	2,8
etwas Neues entdecken	3,6	4,4	4,0	3,1
Stille erleben	3,8	4,1	4,0	2,9
in Geselligkeit sein/Gemeinschaft erleben	2,8	4,1	3,0	3,1
frei sein	4,2	4,4	4,3	3,0
über sich nachdenken	3,2	4,0	3,3	2,9
aktiv Sport treiben	3,8	4,1	2,2	3,0
den Horizont erweitern/etwas für die Bildung tun	2,7	4,2	3,3	2,9
religiöse/spirituelle Gründe	1,3	2,8	1,4	2,5
kulturelle Sehenswürdigkeiten besuchen/besichtigen	2,5	4,2	3,7	3,0
Spaß haben	4,0	4,4	4,0	3,2
eine Region erleben	3,4	4,3	3,9	3,0

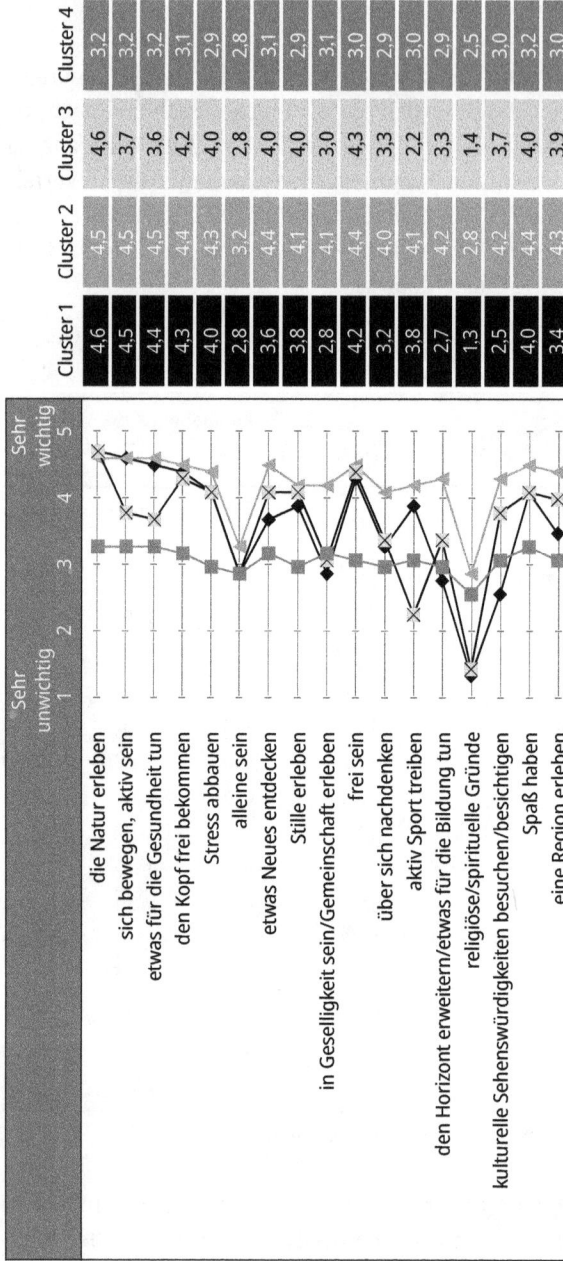

Abbildung 2.2: Mittelwerte der Wandermotive nach vier Motivclustern (Quelle: eigene Darstellung).

‚die Natur erleben' (vergleiche Tabelle 2.1). Ein zweites Motivbündel beinhaltet Motive der Geselligkeit und Gemeinschaft und das gemeinsame Entdecken neuer Räume und Lernen über diese (u. a. mit den Motiven ‚kulturelle Sehenswürdigkeiten besuchen/besichtigen', ‚etwas Neues entdecken' und ‚in Geselligkeit sein/Gemeinschaft erleben'). Ein drittes Motivbündel beinhaltet Aspekte der Kontemplation und Religiosität, während das letzte Bündel die Motive des Sports und der Gesundheit zusammenfasst.

In einem zweiten Schritt wurde eine Clusteranalyse[4] genutzt, mit deren Hilfe vier sich hinsichtlich ihrer Motive klar voneinander abgrenzende Cluster von Wandernden ermittelt werden konnten. Abbildung 2.2 zeigt die Mittelwerte der Wandermotive nach den vier Motivclustern.

Cluster 1 fasst jene Wandernden zusammen, bei denen die Motive des Naturgenusses, des Stressabbaus und der Freiheit dominieren. Es handelt sich um Bewegungsenthusiasten, für die andere Aktivitäten eine deutlich untergeordnete Rolle spielen (bspw. ‚etwas Neues entdecken' oder ‚kulturelle Sehenswürdigkeiten besuchen/besichtigen') und für die die sportliche, gesundheitsfördernde Aktivität im Vordergrund steht. Dieses Cluster könnte daher als ‚Gesundheitswandernde' beschrieben werden. Bei Cluster 2 handelt es sich um einen erlebnisorientierten Wandernden mit mannigfaltigen über die Aktivität des Wanderns hinausgehenden Interessen im Kontext einer Wanderung (bspw. hohe Bedeutung der Motive ‚etwas Neues entdecken' und ‚den Horizont erweitern/etwas für die Bildung tun'), die lieber in Gemeinschaft als alleine durchgeführt werden. Bezeichnet werden kann dieses Cluster als die ‚wandernden Entdecker'. Cluster 3 repräsentiert den Typus des ‚puristischen Naturgenießers'. Für diesen stehen Naturgenuss, Freiheit und Stille an erster Stelle. Cluster 4 misst keinem der abgefragten Motive eine überdurchschnittlich hohe oder niedrige Bedeutung bei. Hierfür sind zwei Erklärungen denkbar. Entweder war das Hauptmotiv dieser Gruppe unter den gelisteten Motiven nicht vorhanden, was jedoch wenig wahrscheinlich ist. Möglich wäre auch, dass es sich um Wandernde handelt, die mit jemanden wandern, der oder die diese Form der Freizeitgestaltung gerne unternimmt, ohne eine eigene Vorliebe in diesem Bereich zu haben. Daher wird dieses Cluster als ‚Gelegenheitswandernde' beschrieben.

Unterschiede zwischen den Motivclustern hinsichtlich der häufigsten Wanderterrains

Um zu analysieren, ob sich die Motivcluster dahingehend unterscheiden, in welchem Terrain sie am häufigsten wandern, wurde eine Kreuzauswertung zu den insgesamt häufigsten Wanderterrains nach Motivcluster mit Z-Test zum Vergleich der Spaltenanteile und Anpassung der p-Werte (Bonferroni-Methode) durchgeführt.

---

4 K-Means-Verfahren aufgrund der Stichprobengröße mit mehr als 800 Fällen.

Tabelle 2.2: Terrains nach Wanderhäufigkeit der vier Motivcluster (Quelle: eigene Darstellung).

	Cluster 1	Cluster 2	Cluster 3	Cluster 4	Gesamt
Küste	14,3 %$_a$	28,5 %$_b$	16,9 %$_a$	28,0 %$_b$	21,9 %
Flachland (nicht an der Küste)	40,3 %$_{a, b}$	41,5 %$_{a, b}$	47,3 %$_b$	35,9 %$_a$	41,0 %
Mittelgebirge/Hügelland	37,6 %$_a$	24,6 %$_b$	32,2 %$_{a, b}$	29,0 %$_{a, b}$	31,1 %
Hochgebirge	7,8 %$_a$	5,3 %$_a$	3,6 %$_a$	7,1 %$_a$	6,0 %
Gesamt	100,0 %	100,0 %	100,0 %	100,0 %	100,0 %

Jeder tiefgestellte Buchstabe gibt pro Zeile an, welche Cluster sich auf dem 0,05-Niveau nicht signifikant voneinander unterscheiden.

Es zeigen sich für alle Terrains bis auf das Hochgebirge signifikante Unterschiede zwischen den Motivclustern (vergleiche Tabelle 2.2). Das Flachland (nicht an der Küste) bildet für alle Cluster das häufigste Wanderterrain. Signifikant am häufigsten wandert Cluster 3 im Flachland, während Cluster 4 signifikant am wenigsten im Flachland wandert. Cluster 1 und 2 unterscheiden sich hier nicht signifikant. Das Mittelgebirge/ Hügelland bildet das zweithäufigste Wanderterrain für alle Cluster. Hier zeigen sich signifikante Unterschiede nur zwischen Cluster 1 und 2: Während Cluster 1 überdurchschnittlich häufig im Mittelgebirge/Hügelland wandert, ist Cluster 2 signifikant unterdurchschnittlich dort unterwegs. Cluster 3 und 4 unterscheiden sich nicht signifikant. Die Küste zeigt erneut signifikante Unterschiede zwischen Cluster 1 und 2 sowie zwischen Cluster 3 und 4. Cluster 2 und 4 wandern dabei signifikant häufiger an der Küste, während Cluster 1 und 3 signifikant weniger an der Küste wandern.

Diskussion

Forschungsfrage 1: Wo sind die deutschen Wandernden am häufigsten unterwegs?

Die Ergebnisse der hier vorgestellten Studie ergeben, dass mit 41,0 % die Mehrheit der deutschen Wandernden am häufigsten im Flachland (nicht an der Küste) unterwegs ist, gefolgt vom Mittelgebirge/Hügelland (31,1 %), der Küste (21,9 %) und dem Hochgebirge (6,1 %). Damit bestätigen die Ergebnisse die von Eilzer et al. (2022) und korrespondieren mit den Ergebnissen zum bevorzugten Schwierigkeitsgrad der Wanderungen anhand von Geländeform und Steigungen (BTE, 2024). Im Gegensatz dazu stehen beispielsweise nicht bevölkerungsrepräsentative Befragungsergebnisse von Wanderverein-Mitgliedern (BTE, 2024) und Wandernden auf Wanderwegen (Quack, 2024), die deutliche Präferenzen für Mittelgebirge und anspruchsvollere Touren zeigen. Diese Unterschiede können in den soziodemografischen Unterschieden (beispielsweise Alter oder geografische Verteilung) zwischen den Stichproben begründet liegen sowie einer häufigeren Wanderaktivität der Wanderverein-Mitglieder und anderen Anforderungen an Wanderungen.

Forschungsfrage 2: Welche Motive haben für Wandernde den höchsten Stellenwert?

Mit ‚die Natur erleben' und ‚sich bewegen, aktiv sein' stehen zwei Motive auf den ersten beiden Rangplätzen, die sich auch in anderen Studien (BMWi, 2010; Quack, 2014, 2024) und im größeren zeitlichen Verlauf als die beiden wichtigsten Wandermotive gezeigt haben. Dahinter folgt mit ‚frei sein' ein Motiv, das in den Vergleichsstudien nicht auf den vorderen Rängen platziert ist, sondern eher im hinteren Mittelfeld. Daran schließen mit ‚den Kopf frei bekommen' und ‚etwas für die Gesundheit tun' zwei Motive an, die in den Vergleichsstudien ebenfalls vordere Rangplätze belegten. Dabei liegt das Motiv ‚etwas für die Gesundheit tun' auf Rang 5 (Vergleichsstudien: Rang 3). Eine weitere deutliche Abweichung zeigt sich beim Motiv ‚eine Region erleben', welches im Mittelfeld auf Rang 9 liegt (Vergleichsstudien: Rang 4). Hinsichtlich der hinteren Rangplätze zeigen sich deutliche Übereinstimmungen. ‚Religiöse/spirituelle Gründe' belegen auch hier den letzten Rangplatz, während ‚alleine sein' (vorletzter Rangplatz) in den Vergleichsstudien nicht abgefragt wurde. Dagegen scheint das Motiv ‚in Geselligkeit sein/Gemeinschaft erleben' (drittletzter Rangplatz) im Zeitverlauf an Bedeutung zu verlieren: Erreichte das Motiv bei der ersten Erhebung (BMWi, 2010) noch einen Rangplatz im vorderen Mittelfeld, wurde es wenige Jahre später im hinteren Mittelfeld (Quack, 2014) verortet und lag im Jahr 2023 ebenfalls auf dem drittletzten Rangplatz (Quack, 2024). Somit bestätigen die vorliegenden Ergebnisse zu großen Teilen die Vergleichsstudien (BMWi, 2010; Quack, 2014, 2024).

Forschungsfrage 3: Welche Motivcluster lassen sich aus den Motiven bilden?

Ausgehend von der durchgeführten Faktoranalyse, die vier Motivbündel (‚Stressabbau und Naturgenuss', ‚Geselligkeit, Gemeinschaft und Entdecken', ‚Kontemplation und Religiosität' und ‚Sport und Gesundheit') unterscheidet, lassen sich innerhalb der Stichprobe vier Cluster identifizieren, die sich eindeutig hinsichtlich ihrer Wandermotive unterscheiden. Cluster 1, der ‚Gesundheitswandernde', ist ein bewegungsaffines Cluster, welches Wandern als sportliche, gesundheitsfördernde Aktivität betreibt. Cluster 2 (der ‚wandernde Entdecker') ist multioptional und erlebnisorientiert. Bei Cluster 3 steht der Naturgenuss im Vordergrund (der ‚puristische Naturgenießer'). Ein viertes Cluster (‚Gelegenheitswandernde') verfügt über keine besonders stark hervorstechenden Motive. Es könnte sich um Mitwandernde und nicht um wirklich Wanderinteressierte handeln, ein empirischer Nachweis hierfür ist mit den vorhandenen Daten aber nicht abschließend möglich.

Einzelne Motivbündel und -cluster lassen sich auch in den Vergleichsstudien erkennen. So identifizierten Bichler und Peters (2021) ebenfalls die Motivbündel ‚Geselligkeit' und ‚Entdeckung', jedoch separat voneinander; so wie das Motivbündel ‚Entspannung' einen Teil des Motivbündels ‚Stressabbau und Naturgenuss' abdeckt. Auch die fünf Motivbündel des BMWi (2010) spiegeln die hier beschriebenen Motivbündel wider, wenn auch zum Teil in anderen Kombinationen. Annähernd deckungsgleich ist das Motivbündel ‚Gesundheit/Aktivität' (BMWi, 2010) mit dem hier beschriebenen Motivbündel ‚Sport und Gesundheit'. Hinsichtlich der Motivcluster lässt sich der ‚wandernde Entdecker' (Cluster 2) am ehesten bei Blume et al. (2020) im Typ des ‚experience-oriented hiker' wiederfinden sowie der ‚puristische Naturgenießer' im ‚minimalist hiker'. Auch bei Schumacher (2016) wurde ein Entdecker-Typ identifiziert. Der ‚Gesundheitswandernde' sowie der ‚Gelegenheitswandernde' wurden in den Vergleichsstudien dagegen nicht identifiziert.

Forschungsfrage 4: Wie unterscheiden sich die Motivcluster hinsichtlich der häufigsten Wanderterrains?

Mit der Ausnahme des Hochgebirges zeigen die Motivcluster deutliche Unterschiede in Bezug auf die Häufigkeit der Nutzung der verschiedenen Wanderterrains. Während für alle Cluster das Flachland das häufigste Wanderterrain darstellt, wandert Cluster 1, der ‚Gesundheitswandernde', überdurchschnittlich häufig im Mittelgebirge und unterdurchschnittlich an der Küste. Dagegen ist Cluster 2, der ‚wandernde Entdecker' überdurchschnittlich häufig an der Küste unterwegs und unterdurchschnittlich häufig im Mittelgebirge. Cluster 3, der ‚puristische Naturgenießer', wandert überdurchschnittlich häufig im Flachland sowie unterdurchschnittlich an der Küste, während Cluster 4, der ‚Gelegenheitswandernde', unterdurchschnittlich im Flachland und überdurchschnittlich häufig an der Küste unterwegs ist. Somit zeigen Cluster 1 und 2 sowie Cluster 3 und 4 jeweils die gegensätzlichen Ausprägungen zur Wanderhäufigkeit in den verschiedenen Terrains. Obwohl die Auswertung keine Aussage zur Kausalität erlaubt, ist es denkbar, dass die Auswahl der Terrains durch die Motive beeinflusst wird.

Fazit und Ausblick

Die Ergebnisse zeigen, dass die Deutschen nicht mehr nur in den ‚klassischen' Wanderregionen der Mittelgebirge (Menzel et al., 2008) unterwegs sind, sondern am häufigsten im Flachland wandern und damit in Regionen, die erst in den letzten Jahren das Thema durch Investitionen in die wandertouristische Infrastruktur, Angebotsentwicklungen und Qualitätsinitiativen zu besetzen versuchen (Eilzer, 2017; Quack, 2014). Diese Investitionen zahlen sich somit offenbar aus. Hinsichtlich der Wandermotive bestätigen die Ergebnisse vor allem die wichtigsten Wandermotive der Deutschen, während einzelne Motive ihre Rangplätze im Zeitverlauf geringfügig ändern oder an Bedeutung verlieren. Dies stellt ebenfalls eine wichtige Erkenntnis für Destinationen und Tourismusanbieter dar, die den Fokus somit je nach Situation vor Ort eher auf andere Zielgruppen als auf Wandergruppen legen könnten.

Die identifizierten Motivbündel und -cluster lassen sich zum Teil ebenfalls in anderen Studien wiederfinden und zeigen deutliche Unterschiede in der Häufigkeit der Nutzung der verschiedenen Terrains. Damit ist denkbar, dass die Wandermotive die Auswahl der Terrains beeinflussen. Dies kann mit den vorliegenden Daten jedoch nicht nachgewiesen werden, sodass weiterer Forschungsbedarf zur Kausalität zwischen den Motiven und der Terrainwahl besteht. Für Destinationen und Tourismusanbieter bieten die beschriebenen Motivbündel und -cluster jedoch Ideen für die Ausgestaltung der eigenen Angebote. So können Destinationen an der Küste von Themenangeboten profitieren, da diese insbesondere für ‚wandernde Entdecker‘ und ‚Gelegenheitswandernde‘ zusätzliche Attraktionspunkte schaffen. Dagegen bringt die Ausweisung von besonders naturnah gestalteten Wanderwegen im Flachland insbesondere Angebote für die ‚puristischen Naturgenießer‘, die dort überdurchschnittlich häufig wandern. Für Mittelgebirgsdestinationen, die überdurchschnittlich von ‚Gesundheitswandernden‘ besucht werden, könnte ein Fokus demnach auf der Ausweisung von sportbetonten oder gesundheitsfördernden Routen liegen.

Weiterer Forschungsbedarf ergibt sich aus den Limitationen der Studie, die vor allem in der Konzentration auf die deutsche Bevölkerung einer bestimmten Altersspanne bestehen. Weitere Forschungen könnten Vergleiche zum DACH-Raum oder anderen Nationalitäten erarbeiten. Um die zeitliche Entwicklung der Wandermotive und der häufigsten Wanderterrains zu beobachten, sind ebenfalls weitere Studien notwendig.

Literatur

Antoušková, M., Mikulec, J. & Koláová, A. (2014). Hikers' Motives for Choosing a Hiking Trail – Evidence from the Czech Landscape Protected Areas. *SHS Web of Conferences, 12*, Artikel 01075.

Bichler, B. F. & Peters, M. (2021). Soft adventure motivation: an exploratory study of hiking tourism. *Tourism Review, 76*(2), 473–488. https://doi.org/10.1108/TR-10-2019-0403

Bichler, B. F. & Peters, M. (2022). Hiking Tourism. In D. Buhalis (Hrsg.), *Encyclopedia of Tourism Management and Marketing* (S. 533–536). Edward Elgar Publishing. https://doi.org/10.4337/9781800377486.hiking.tourism

Blume, J., Müller, D. & Quack, H.-D. (2020). Trends in the German hiking market until 2030. In P. Vidal-González (Hrsg.), *Hiking in European Mountains* (S. 91–106). De Gruyter.

BTE Tourismus und Regionalberatung (Hrsg.). (2024). *BTE-Wanderstudie 2024: Mediennutzung der Wandernden – Bedeutung digitaler und analoger Medien*. Ergebnisbericht. https://www.bte-tourismus. de/wp-content/uploads/2024/10/BTE-Wanderstudie-2024-1.pdf (letzter Aufruf: 13.03.2025)

Bundesamt für Naturschutz (Hrsg.). (2011). *Naturräume und Großlandschaften Deutschlands*. https://www. bfn.de/sites/default/files/2021-06/grossraum.pdf (letzter Aufruf: 12.03.2025)

Bundesamt für Naturschutz (Hrsg.). (2021). *Biogeografische Regionen und naturräumliche Haupteinheiten Deutschlands*. https://www.bfn.de/sites/default/files/2021-06/Naturraeumliche_Haupteinheiten_in_ Deutschland_Biogeografische_Regionen_Web.pdf (letzter Aufruf: 12.03.2025)

Bundesministerium für Wirtschaft und Energie (Hrsg.). (2010). *Grundlagenuntersuchung Freizeit- und Urlaubsmarkt Wandern: Langfassung*. Forschungsbericht Nr. 591.

Dreyer, A., Menzel, A. & Endreß, M. (2010). *Wandertourismus: Kundengruppen, Destinationsmarketing, Gesundheitsaspekte* (1. Aufl.). Oldenbourg.

Eilzer, C. (2017). Flachlandwandern in Deutschland: Küstenregionen und das Flachland als Wanderdestinationen von morgen? In B. Eisenstein, C. Eilzer & M. Dörr (Hrsg.), *Demografischer Wandel und Barrierefreiheit im Tourismus: Einsichten und Entwicklungen. Ergebnisse der 2. Deidesheimer Gespräche zur Tourismuswissenschaft* (S. 131–152). Peter Lang GmbH.

Eilzer, C., Harms, T., Dornheim, S. & Weis, R. (2022). *Untersuchung zur Nachfrage im deutschen Wandermarkt im Jahr 2020*. https://www.di-tourismusforschung.de/wp-content/uploads/2024/03/Chartbericht_Wan derbefragung_2020.pdf (letzter Aufruf: 14.03.2025)

Eilzer, C., Weis, R. & Harms, T. (2023). *Image der Wanderer: Ergebnisbericht*. https://www.di-tourismusforschung.de/wp-content/uploads/2024/10/Chartbericht-Image-der-Wanderer-2023_final. pdf (letzter Aufruf: 14.03.2025)

Ernest Dichter SA (Hrsg.). (2004). *Marktforschungsbericht „Wandern Deutschland" mit Fokus auf die Bundesländer Nordrhein-Westfalen (n=399), Baden-Württemberg (n=105) und Sachsen (n=105): Präsentation August 2003*.

Geiger, K., Sers, S., Buday, L. & Wäsche, H. (2023). Why hikers hike: an analysis of motives for hiking. *Journal of Sport & Tourism, 27*(4), 315–329. https://doi.org/10.1080/14775085.2023.2252420

Menzel, A. & Dreyer, A. (2009). Wandern – Die neue Lust. In H. Bastian (Hrsg.), *Schriftenreihe Dienstleistungsmanagement: Tourismus, Sport, Kultur: Bd. 9. Tourismus 3.0: Fakten und Perspektiven; eine Festschrift für Karl Born* (S. 263–290). ITD-Verlag.

Menzel, A., Endress, M. & Dreyer, A. (2008). *Wandertourismus in deutschen Mittelgebirgen: Produkte, Destinationsmarketing, Gesundheit. Schriftenreihe Dienstleistungsmanagement: Tourismus, Sport, Kultur: Bd. 6.* ITD-Verlag.

Molokáč, M., Hlaváčová, J., Tometzová, D. & Liptáková, E. (2022). The Preference Analysis for Hikers' Choice of Hiking Trail. *Sustainability, 14*, Artikel 6795. https://doi.org/10.3390/su14116795

Quack, H.-D. (2014). *Der deutsche Wandermarkt 2014: Wanderstudie*. Projekt M.

Quack, H.-D. (2024). *Wandermonitor 2023 – Endergebnisse*. https://www.ostfalia.de/cms/de/iftr/.galleries/ Wandermonitor-Dokumente-/Wandermonitor_Ergebnisse_2023_web.pdf (letzter Aufruf: 12.03.2025)

Schumacher, K. (2016). *Wandern als Erlebnis: Merkmale – Wahrnehmung – Analyse. Blickpunkt Wandertourismus: Bd. 2.* Erich Schmidt Verlag.

Thiele, F. (2018). *Digitale Fußabdrücke: Wandern aus der Perspektive von Bloggern. Blickpunkt Wandertourismus: Bd. 4.* Erich Schmidt Verlag.

Stefan Türk*, Arne Arnberger und Ralf Roth

Chapter 3
Erholungsnutzung in Großschutzgebieten am Beispiel des Nationalparks Eifel

Zusammenfassung: Die Beurteilung der tatsächlichen Nutzung durch Besuchende von Nationalparken benötigt valide und idealerweise zyklisch wiederholend erhobene Daten. Im Nationalpark Eifel werden im Rahmen des sozioökonomischen Monitorings diesbezüglich wiederholt Besuchszählungen und -befragungen durchgeführt. Die Auswertung der Daten zeigt, dass Großschutzgebiete eine besondere touristische Bedeutung haben und ein spezielles touristisches Segment in Deutschland ansprechen. Im Nationalpark Eifel ist die Anzahl an Besuchenden über die letzten zwanzig Jahre kontinuierlich angestiegen und liegt nun bei knapp 1,4 Millionen Besuchen im Jahr. Die Zahl an Gästen ist aus regionalökonomischer Sicht relevant, zeigt sie doch, dass der Tourismus für die Regionen, in denen Großschutzgebiete liegen, eine wichtige alternative Einnahmequelle darstellt. Für die naturschutzfachlichen Belange in solchen Großschutzgebieten ist der Besuchsandrang aber auch eine große Herausforderung, da er ein sich ständig daran orientierendes Besuchsmanagement einfordert.

Abstract: Evaluating the actual use of national parks by visitors requires valid and ideally cyclically repeated data. In the Eifel National Park, visitor counts and surveys are repeatedly carried out as part of socio-economic monitoring. The evaluation of the data shows that large-scale protected areas are particularly important for tourism and appeal to a special tourist segment in Germany. In the Eifel National Park, the number of visitors has risen continuously over the last twenty years and now stands at just under 1.4 million visits per year. The number of visitors is relevant from a regional economic perspective, as it shows that tourism is an important alternative source of income for the regions in which large-scale protected areas are located. However, the influx of visitors is also a major challenge for nature conservation issues in such national parks, as it requires visitor management that is continually adapted to it.

Schlüsselworte: Naturtourismus, Sozioökonomisches Monitoring, Besuchsmanagement, Besuchszählung, Naturschutz

*Korrespondierender Autor: Stefan Türk, Institut für Outdoor Sport und Umweltforschung, Deutsche Sporthochschule Köln Am Sportpark Müngersdorf 6, D-50933 Köln, e-mail: s.tuerk@dshs-koeln.de
Arne Arnberger, Institut für Landschaftsentwicklung, Erholungs- und Naturschutzplanung, Universität für Bodenkultur Wien, Peter-Jordan-Strasse 6, A-1180 Wien, e-mail: arne.arnberger@boku.ac.at
Ralf Roth, Institut für Outdoor Sport und Umweltforschung, Deutsche Sporthochschule Köln Am Sportpark Müngersdorf 6, D-50933 Köln, e-mail: r.roth@dshs-koeln.de

https://doi.org/10.1515/9783111706511-003

Keywords: nature tourism, socio-economic monitoring, visitor management, visitor counting, nature protection

Einleitung

Großschutzgebiete verfügen in Deutschland über eine hohe touristische Attraktivität (Revermann & Petermann, 2002). Diese Attraktivität beruht im Wesentlichen auf zwei Faktoren. Zum einen bieten diese hinsichtlich ihrer besonderen naturschutzfachlichen Bedeutung ausgewiesenen Landschaftsräume den Besuchenden hochattraktive Möglichkeiten des Naturerlebnisses. Zum anderen ist das Erleben dieser Natur- und Landschaftsräume meist nur bewegungsaktiv möglich, in der Regel durch Spazieren oder Wandern, mit dem Fahrrad oder auch reitend. Dieses bewegungsaktive Naturerlebnis steht dabei solange nicht im Widerspruch zur Unterschutzstellung, wie die Besuchenden die entsprechenden Regelungen der Schutzgebietsverwaltungen befolgen. Vielmehr bietet diese Form der Naturerfahrung gemäß der Naturschutzgesetzgebung die einzigartige Möglichkeit, durch einen interaktiven Prozess das Umweltbewusstsein zu schärfen, ein nachhaltiges Verhalten zu fördern und über die Bewegung in Natur und Landschaft einen bewussten Umgang mit seiner Umwelt zu erreichen (Beirat Umwelt und Sport, 2023).

Gerade die Corona-Pandemie hat in Deutschland gezeigt, dass die heimatlichen Naherholungsgebiete besonders stark nachgefragt wurden (Türk & Krull, 2021). Manche Großschutzgebiete meldeten gar Bedenken hinsichtlich eines übermäßigen Besuchsandrangs an (Nationalpark Eifel, 2020). Für die Beurteilung der Nutzung sind u. a. valide Messungen der tatsächlichen Besuchszahlen erforderlich. Idealerweise werden solche Messungen kontinuierlich durchgeführt oder auch zyklisch wiederholt. Neben den Besuchszahlen sind aber auch Meinungen zu den touristischen Angeboten und deren Bewertungen von einem großen Interesse. Auf dieser Basis können die erforderlichen touristischen Entwicklungen zielführend weiter vorangebracht werden. Wie ein solcher Prozess in der Praxis aussehen kann, soll an entsprechenden Erhebungen zum Nationalpark Eifel beispielhaft aufgezeigt werden. Um dabei zu bestimmen, ob und welchen Einfluss Veränderungen in den Besuchszahlen auf das tatsächliche Besuchsverhalten haben, wurden neben systematischen Zählungen zeitgleich auch Befragungen der Nationalparkgäste durchgeführt (Wölfle et al., 2016; Türk & Arnberger, 2024).

Material und Methode

Erhebung und Berechnung der Besuchszahlen

Im Nationalpark Eifel wurden 2014/15 und 2023/23 nach identischen Methoden Besuchszahlen erhoben. Über jeweils den Erhebungszeitraum eines ganzen Jahres wurden die in den Nationalpark hineingehenden Besuchenden an 19 ausgewählten Standorten mittels permanenter Zählungen mit Infrarot-empfindlichen Wärmesensoren erfasst. Eine hohe Aussagegenauigkeit wurde über die Einbindung von Korrekturfaktoren erzielt, die für jeden Messstandort mit Hilfe von visuellen Korrekturzählungen bestimmt wurden. Auf diesem Weg konnten systematische Über- oder Unterzählungen ausgeschlossen werden.

An weiteren gut 40 Eingängen in den Nationalpark Eifel wurden darüber hinaus an 25 Tagen visuelle Kurzzeitzählungen durch Zählpersonal durchgeführt. Hierzu wurden zwischen 09:00 und 17:00 Uhr in halbstündigen Intervallen alle in den Park hineingehenden Personen erfasst. Dabei wurde auch notiert, ob die Personen allein, in Paaren oder als Gruppe hineingehen, ob Kinder dabei sind oder auch Hunde mitgenommen werden.

Einige kaum oder wenig relevante Eingänge der fast 100 möglichen Zugänge in den Nationalpark konnten über Zählanlagen oder Zählpersonal nicht erfasst werden. Für diese Zugänge wurden Besuchszahlen auf Basis der Erfahrungswerte der Nationalpark Ranger/-innen mit in die Gesamtberechnung einbezogen. Weitere zu berücksichtigende Faktoren waren Wetter, Urlaubszeiten oder auch spezielle Veranstaltungen. Ihr Einfluss ließ sich auch über entsprechende mathematische Korrekturfaktoren in die Gesamtberechnung mit einbeziehen.

Befragung der Besuchenden

In beiden Erhebungsperioden wurden an bis zu 25 Befragungstagen über das gesamte Erhebungsjahr und die Eingänge zum Nationalpark verteilt standardisierte face-to-face Befragungen mit jeweils ca. 1.500 Nationalparkgästen durchgeführt. Dabei wurden die Befragten zunächst getrennt nach Touristen oder Einheimischen. Des Weiteren wurden in jeder Gruppe mit den Fragebögen zwei unterschiedliche thematische Schwerpunkte gelegt. Dabei standen neben allgemeinen soziodemographischen Daten insbesondere das touristische Verhalten und daraus abzuleitende regionalökonomische Themen sowie die tatsächliche räumliche Verteilung der Gäste auf der Fläche des Nationalparks Eifel im Zentrum des Interesses.

Ergebnisse

Besuchszahlen

Aus der Kombination der Ergebnisse der permanenten Zählung mit jenen der Kurzzeit-zählungen konnten im einjährigen Erhebungszeitraum 2014/15 Besuchszahlen von 868.000 Besuchen bestimmt werden. Im Vergleichszeitraum 2022/23 wurden dann 1.381.000 Besuche erhoben. Bezieht man in den Vergleich auch noch die, wenn auch mit anderen Methoden bestimmten, Besuchszahlen aus der ersten Vollerhebung 2007 mit ein, zeigt sich eine Verdreifachung der Besuchszahlung innerhalb der letzten 15 Jahre.

Grundsätzlich zeigen die Ergebnisse der einjährigen Zählungen für die beiden Untersuchungszeiträume auf prozentualer Ebene einen ähnlichen Jahresverlauf und größ-tenteils ähnliche Muster hinsichtlich der saisonalen Besuchsverteilung über das Jahr. Mit den ersten warmen Tagen im April steigt das Besuchsaufkommen im Nationalpark deutlich an und liegt bis in den Oktober je Monat zwischen knapp 10 und gut 14 % der Gesamtbesuchenden. In der Sommerferienzeit werden im Juli und August die meisten Besuche festgestellt, aber auch Mai und Oktober sind relativ besuchsstark. Zu den besu-cherstärksten Tagen zählen dabei die Sonn- und Feiertage, wie z. B. Christi Himmelfahrt und Fronleichnam. Von Dezember bis März sind dann deutlich weniger Besuchende im Nationalpark Eifel. Nur an einem siedlungsnahen Eingang zeigt sich über das Jahr eine relativ gleichbleibende Besuchsverteilung, wahrscheinlich bedingt durch die entspre-chende Erholungsnutzung der lokalen städtischen Bevölkerung.

Die Verteilung der Besuchenden über die Woche erfolgt ebenfalls in beiden Erhe-bungszeiträumen sehr ähnlich. So sind von montags bis freitags jeweils etwa 10 % der Gesamtbesuchenden im Nationalpark, samstags steigt die Anzahl auf knapp 20 % und die restlichen 30 % sind dann sonntags im Nationalpark anzutreffen. Somit werden an fast allen Standorten die meisten Besuche am Wochenende verzeichnet, wobei Sonn- und Feiertage nochmals deutlich höhere Besuchszahlen aufweisen als Samstage.

Und auch über den Tag verteilt zeigen sich in beiden Untersuchungsperioden keine signifikanten Unterschiede. Mit Sonnenaufgang sind zwar schon die ersten Besuchen-den festzustellen, wirklich nennenswert wird es an den meisten Eingängen aber erst ab etwa 10 Uhr. Dabei befinden sich die Eingänge, an denen bereits morgens nennens-werte Besucher/-innenmengen anzutreffen waren, nicht etwa in unmittelbarer Sied-lungsnähe, sondern eher in der Nähe von attraktiven Einrichtungen des Nationalparks wie dem Wilden Weg/Wilden Kermeter. Zwischen 11:00 und 14:00 Uhr sind die meisten Besuchenden auf der Fläche, danach sinken die Zahlen wieder kontinuierlich ab. Nur an wenigen Standorten konnte nachmittags oder auch zum Feierabend noch einmal ein leichter Anstieg der Besuchszahlen festgestellt werden. Spätestens mit Sonnenunter-gang ist dann aber nahezu niemand mehr im Nationalpark Eifel unterwegs.

Betrachtet man neben der prozentualen Verteilung nun auch die tatsächliche An-zahl an Besuchenden zeigen sich aber durchaus Veränderungen zwischen den beiden Erhebungsperioden. An den meisten Standorten hat sich die Zahl der Besuchenden

2022/23 deutlich erhöht, an manchen ist sie relativ gleichgeblieben und an einigen wenigen ist sie im Vergleich leicht abgesunken, bleibt aber immer noch auf einem hohen
Niveau. Grundsätzlich lassen sich die Eingänge in vier unterschiedliche Nutzungsstär-
ken einteilen, von wenig genutzten Zugängen mit unter 20 Besuchen am Tag,
über mäßig (um 30 Besuche/Tag) bis gut (50–100 Besuche/Tag) oder sehr gut besuch-
ten Zugängen (>100 Besuche/Tag). Ein extrem genutzter Zugang mit 400 und mehr Be-
suchen/Tag ist der Paulusdamm in Rurberg. Der besuchsstärkste Monat ist der Juli
mit über 80.000 Besuchen im Erhebungszeitraum 2022/23.

Im Jahresverlauf 2022/23 verteilen sich die besucherstärksten Tage über das ganze
Jahr und sind nicht mehr nur auf den Frühling und Herbst, wie noch in 2014/15, beschränkt. Interessanterweise zeigt sich auch ein Rückgang der Besuchskonzentration
auf einzelne Tage. So liegen die Besuche pro Tag an den stärksten Tagen nicht mehr bei
6.000 bis 8.000 (2014/15), sondern nur noch bei 5.000 bis 6.000 (2022/23). Dafür ist die Anzahl solch gut besuchter Tage angestiegen. Und diese konzentrieren sich nach wie vor
auf das Wochenende sowie auf Feiertage. Grundsätzlich haben 2022/23 alle Wochentage
und auch der Samstag im Vergleich zu 2014/15 an Beliebtheit zugenommen.

Soziodemographische Charakterisierung

In Abhängigkeit zu den tatsächlichen Besuchszahlen am Befragungsort zeigen sich unterschiedlich hohe Befragungsdichten. So werden die meisten Antwortbögen an den
Orten gewonnen, an denen tatsächlich auch die höchsten Besuchszahlen erhoben
werden. Für die Befragung auch bedeutsam sind die im Süden des Nationalparks
nahe der Grenze zu Belgien sowie auf der Dreiborner Hochfläche gelegenen National-
parkeingänge. Diese Eingänge bieten je nach Jahreszeit eine besondere Teilhabe an
lokalen Besonderheiten wie der Narzissenblüte oder der Rothirschbrunft.

Die Besuchenden lassen sich relativ gut typisieren: So verfügt das Gros der Befragten oft über ein abgeschlossenes Hochschulstudium oder eine sonstige relativ
hohe Berufsqualifikation und entsprechende Anstellung bzw. Verbeamtung. Auch
wenn sich das Durchschnittsalter von etwa 50 Jahren nicht zwischen den beiden Erhebungsperioden verändert hat, so lässt sich aktuell ein zunehmend jüngeres Publikum
mit einem Alter unter 35 Jahren feststellen. Etwa 50% der Besuchenden kommen zu
zweit in den Nationalpark, nur selten finden sich Gruppen von fünf und mehr Personen, die dann meist Wandern oder Spazierengehen bzw. mit dem Fahrrad vor Ort
unterwegs sind. Die Anreise in den Nationalpark erfolgt zu 85 % mit dem PKW. Ein
nennenswerter Teil der Gäste kann der Gruppe der körperlich oder kognitiv eingeschränkten Menschen zugewiesen werden. Tatsächlich ist der Schutzstatus Nationalpark den meisten Gästen (knapp 85 %) bekannt, und mittlerweile auch für die meisten
Besuche (80 % gegenüber 58 % in 2014/15) ein wesentlicher Reiseentscheidungsgrund.
So sind aktuell dann auch 75 % Nationalparkbesuchende im engeren Sinne.

Touristische Aspekte und Wertschöpfung

Die touristischen Tagesgäste sind mit ihrem Besuch im Nationalpark Eifel so zufrieden, dass nahezu alle (99 %) von ihnen einen Besuch des Nationalparks empfehlen. Den Beherbergungs- und den Gastronomiebetrieben werden für Angebot, Service, Qualität und Preis-/Leistungsverhältnis durchweg gute bis sehr gute Noten gegeben. Auch für die einheimischen Gästen ist die Existenz des Nationalparks Eifel von zunehmender Bedeutung. War der Nationalpark Eifel 2014/15 bereits 77,5 % der befragten Einheimischen wichtig, so sind es 2022/23 knapp 90 %. In allen Nationalparkgemeinden trifft die Einrichtung des Nationalparks auf eine hohe Akzeptanz.

61 % der touristischen Besuche sind Tagesgäste, 39 % entsprechend Übernachtungsgäste. Auch wenn damit 2022/23 prozentual etwas weniger Übernachtungsgäste anzutreffen sind, liegt die Aufteilung der touristischen Ankünfte noch in einem zu 2014/15 vergleichbaren Rahmen. Und in absoluten Zahlen haben tatsächlich zuletzt deutlich mehr Gäste vor Ort übernachtet. Die Übernachtungsgäste bleiben zum Großteil zwischen zwei und vier Tagen in der Nationalparkregion. Der Anteil an Erstbesuchenden hat gegenüber der letzten Erhebung zugenommen und liegt bei knapp der Hälfte aller Übernachtungsgäste. Und über 80 % der Übernachtungsgäste sind erst seit Gründung des Nationalpark Eifel Feriengast in der Region geworden.

Diese Entwicklungen lassen sich auch monetär erfassen und berechnen. Der aktuelle Bruttoumsatz von fast 76 Millionen Euro entspricht etwa 1500 Vollzeitbeschäftigungsäquivalenten. Gegenüber 2014/15 haben sich die Werte damit mehr als verdoppelt und machen die tatsächliche wirtschaftliche Bedeutung des Nationalparks Eifel für die Region mehr als deutlich. Der Nationalpark bietet 20 Jahre nach seiner Gründung aufgrund seiner touristischen Bedeutung zunehmend mehr Menschen eine Beschäftigung.

Räumliche Verteilung

Die räumliche Verteilung des Besuchenden zeigt einen eindeutigen Schwerpunkt bei der Wegewahl im zentral im Nationalpark gelegenen Kermeter. Auch von Bedeutung ist der nahezu steigungsfreie Weg entlang des Obersees bis zur Urftseestaumauer. Sogenannte Pausenräume oder Aufenthaltsorte lassen sich über den gesamten Nationalpark Eifel verteilt finden, aber auch hier spielt die touristische Attraktivität des Kermeter sowie der Stauseen wieder eine herausragende Rolle. So sind das Kloster Mariawald und die Urftseestaumauer mit ihren gastronomischen Angeboten oder auch kulturhistorische Orte wie Vogelsang IP besonders attraktiv. Aber auch besondere Attraktionen wie die Narzissenblüte in den Bachtälern nahe der belgischen Grenze laden zum Verweilen ein.

Sowohl die Einheimischen als auch die Gäste nutzen bei ihren Aufenthalten Wege im gesamten Nationalpark Eifel. Gerade für Familien sind dabei Rundwege eine wichtige Entscheidungsoption. Bei den Gästen lässt sich zwischen 2013/14 und 2022/23 hinsichtlich der Verteilung auf die Fläche kein nennenswerter Unterschied finden, allerdings ist die Nutzungsintensität merklich angestiegen. Bei den Einheimischen zeigt sich ein ähnliches Bild, auch wenn in den letzten Jahren in jedem Fall einige Orte und Wege hinzugekommen sind bzw. an Beliebtheit gewonnen haben. Grundsätzlich spiegelt sich bei der räumlichen Verteilung der Besuchenden des Nationalparks Eifel die Bedeutung touristisch relevanter Attraktionen wider, sei es in Form von interessanten Wanderrouten, tollen Aussichts- bzw. Pausenpunkten oder auch kulinarischen Stopps.

Diskussion

Studien zum Sozioökonomischen Monitoring (SÖM), wie sie insbesondere in Großschutzgebieten angedacht sind, dienen dazu, ökonomische, politische, kulturelle und sozialpsychologische Aspekte von Akteuren und deren Interaktionen mit solchen Schutzgebieten in festgelegten Zeiträumen zu erfassen und zu analysieren (Lass & Reuswigg, 2002). Sie ergänzen damit die bekannten naturwissenschaftlich ökologischen Erhebungen, die in der Forschung bei deutschen Großschutzgebieten bislang meist im Vordergrund standen (Buer et al., 2013). Neben dem Nationalpark Schleswig-Holsteinisches Wattenmeer und einigen Biosphärenreservaten zählt der Nationalpark Eifel zu den ersten deutschen Großschutzgebieten, die solche Studien durchführen und veröffentlichen (Job et al., 2007; EUROPARC Deutschland, 2010). Aufgrund der methodologisch einheitlichen Vorgehensweise können im vorliegenden Fall die gewonnenen Daten direkt miteinander verglichen und auf Ihre Entwicklung analysiert werden, was dabei hilft, die Besuchenden des Nationalparks Eifel nicht nur quantitativ zu erfassen, sondern auch umfassend beschreiben zu können (Wölfle et al., 2016; Türk et al., 2024).

Die Ausweisung als Großschutzgebiet stellt für die wirtschaftlich gegenüber den Ballungszonen im Rheinland benachteiligte Region der Nordeifel durch die Förderung der touristischen Attraktivität einen messbaren Erfolg dar. Im Rahmen der SÖM-Studie 2014/15 wurde im Nationalpark Eifel ein permanentes quantitatives Besuchsmonitoring etabliert (Wölfle et al., 2016). Die in der Folge gemachten Erhebungen zeigen, dass erstmals mit der Corona-Pandemie die Besuchszahlen im Nationalpark Eifel die 1 Millionen Grenze überschritten haben (Nationalpark Eifel, 2022). Im letzten Vollerhebungszeitraum 2022/23 wurden 1,38 Millionen Besuchende gezählt, was einem Anstieg um 60 % gegenüber 2014/15 entspricht. Die Anwesenheit so vieler Menschen bestätigt eindrucksvoll, dass Großschutzgebiete eine besondere touristische Bedeutung haben und ein spezielles touristisches Segment in Deutschland ansprechen können, welches einen messbaren Nutzwert für eine Nationalparkregion liefern kann (Job et al., 2009). Dabei kommen mittlerweile die meisten Gäste in die Region, um bewusst und gezielt den Nationalpark Eifel aufzusuchen. Der Anstieg der Gesamtbesuchszahl ist eindeutig auf dieses spezielle Klientel zurückzuführen. Im Vergleich mit anderen Nationalparks im deutschsprachigen Raum ist diese enge Nationalparkaffinität relativ hoch (Arnberger et al., 2019; Job et al., 2007, 2016). Der Nationalpark Eifel ist definitiv eine touristische Destination von Wert.

Ein spezielles touristisches Element ist offensichtlich das Thema Waldwildnis, welches nicht nur für die Nationalparkverwaltung eine wichtige Rolle spielt. Auch die Besuchenden wünschen sich eine natürliche bzw. eine naturnahe Waldentwicklung und sehen den Nationalpark Eifel als einen zentralen Ort für eine solche Umsetzung. Und auch im Nationalpark Eifel wird die Natur seit 20 Jahren ihrer Eigendynamik überlassen (Pardey et al., 2008). Die entstehenden wilden Wälder sind dabei nicht allein für Naturenthusiasten interessant, sie befriedigen auch die wachsende Sehnsucht der Bevölkerung nach Waldwildnis und tragen damit entscheidend zu den Erholungsfunktionen des Waldes bei (Kirchhoff, 2017; Kühne et al., 2017). Dies ist auch ein Grund dafür, dass das Wildniserlebnis so positiv bewertet wird.

In der präferierten Nutzung am Wochenende oder an Feiertagen werden zwei Aspekte deutlich: Zum einen ist der Nationalpark aufgrund seiner Lage ein sehr bedeutsames Reiseziel für die in der Region lebenden Menschen. Eine Anreisedauer von 1 bis 2 Stunden wird für halb- bis ganztägige Aufenthalte durchaus in Kauf genommen. Und in dieser Reisentfernung liegen die Ballungsräume entlang der Rheinschiene zwischen Bonn, Köln und Düsseldorf, die Städteregion Aachen sowie Lüttich (Belgien) und Maastricht (Niederlande). Viele der dort lebenden Menschen nutzen die Nationalparkregion offensichtlich gerne als Kurzreiseziel. Zum anderen führt die bevorzugte Nutzung am Wochenende oder an Feiertagen zu Crowding-Effekten. Der deutliche Anstieg an Besuchenden führt bei einem Teil dieser zu einem Ausweichen auf andere, weniger genutzte Wegeoptionen oder andere Nutzungszeiten, um der kognitiven oder auch physischen Belastung durch zu viele Besuchende auszuweichen. Dadurch wird aber auch der Nutzungsdruck auf den gesamten Naturraum gesteigert (Burns et al., 2013; Arnberger & Eder, 2012a, b).

Die Optionen für die Gäste des Nationalparks Eifel sind trotz der deutlichen Zunahme an Besuchenden aber offensichtlich noch so vielseitig und gut, dass der an sich schon hohe Zufriedenheitsgrad mit dem Nationalpark, mit der Anzahl seiner Wanderwege und mit dem Wegezustand gegenüber 2014/15 nochmals signifikant angestiegen ist. Dabei wird das Landschafts- und Naturerlebnis als Besuchsmotiv immer wichtiger, gleichzeitig ist aber auch das Störungsbewusstsein gegenüber 2014/15 deutlich gestiegen. Der Anteil von Personen mit hohem Störungsbewusstsein ist damit vergleichsweise hoch (Sterl et al., 2008). Zwanzig Jahre nach Gründung des Nationalparks Eifel sind die Verbundenheit mit sowie die Akzeptanz und das Verantwortungsbewusstsein der Besuchenden für den Nationalpark erkennbar gestiegen und bestätigen eine auch anderen Ortes erkennbare Entwicklung (Huber & Arnberger, 2016; Eder & Arnberger, 2021; Wynveen et al., 2020). Die Gäste sind zufrieden mit der sich um ihre Gäste kümmernden Region. Die regionalökonomische Entwicklung zeigt deutlich, dass es sich dabei nicht um eine kurzfristige Modeerscheinung handelt, sondern um eine kontinuierliche Entwicklung. Dies ist hervorzuheben, da die touristische Region der Nordeifel in den letzten Jahren nicht nur mit den Auswirkungen der Corona-

Pandemie zu kämpfen hatte, sondern bis heute auch noch durch die Flutkatastrophe 2021 vor große Probleme gestellt wird (Held et al., 2023).

Letztendlich spiegelt sich in den Zahlen die erfolgreiche Arbeit des Nationalparks Eifel wider, dem es bis heute gelingt, seinen Gästen einen attraktiven und gerne aufgesuchten Aufenthaltsort zu offerieren und dabei gleichzeitig und ausreichend über die wichtigen naturschutzfachlichen Bestimmungen eines Nationalparks zu informieren. Darin muss aber auch die entscheidende Herausforderung für die Zukunft gesehen werden. Denn eine Gefährdung der Schutzziele des Nationalparks Eifel würde nicht nur das Schutzgebiet, sondern insbesondere auch die Grundlage der positiven touristischen Entwicklung gefährden.

Danksagung

Die Studie wurde von Wald und Holz NRW unterstützt und von Michael Lammertz, Anne Kockelmann und Juliana Dörstel vom Nationalpark Eifel koordiniert. Wir danken Claudia Weidl, Hemma Preisel, Eva Konrad, Renate Eder, Simon Dittrich, Julia Doerfer und Nina Döring für ihre Unterstützung bei der Projektdurchführung.

Literatur

Arnberger, A., & Eder, R. (2012a). The influence of place attachment and experience use history on perceived depreciative visitor behavior and crowding in an urban national park. *Environmental Management*, 50, 566–580. https://doi.org/10.1007/s00267-012-9912-8

Arnberger, A., & Eder, R. (2012b). Exploring coping behaviours of Sunday and workday visitors due to dense use conditions in an urban forest. *Urban Forestry & Urban Greening*, 11(4), 439–449. https://doi.org/10.1016/j.ufug.2012.08.002

Arnberger, A., Eder, R., Allex, B., Preisel, H., & Husslein, M. (2019). National park affinity segments of overnight tourists differ in satisfaction with, attitudes towards, and specialization in national parks: Results from the Bavarian Forest National Park. *Journal for Nature Conservation*, 47, 93–102. https://doi.org/10.1016/j.jnc.2018.09.005

Beirat Umwelt und Sport. (2023). *Nachhaltiger Sport 2030 – Verantwortung für Natur, Umwelt und Gesellschaft*. Bundesministerium für Umwelt, Naturschutz, nukleare Sicherheit und Verbraucherschutz.

Buer, C., Solbrig, F., & Stoll-Kleemann, S. (2013). *Sozioökonomisches Monitoring in deutschen UNESCO-Biosphärenreservaten und anderen Großschutzgebieten*. BfN-Skripten 329, 200 S. https://bfn.bsz-bw.de/frontdoor/deliver/index/docId/456/file/Skript_329.pdf

Burns, R. C., Arnberger, A., & von Ruschkowski, E. (2010). Social carrying capacity challenges in parks, forests, and protected areas: An examination of transatlantic methodologies and practices. *International Journal of Sociology*, 40(3), 30–50. https://doi.org/10.2753/IJS0020-7659400302

Eder, R., & Arnberger, A. (2021). Local residents' place attachment and the perceived benefits for them of the UNESCO Wienerwald Biosphere Reserve. *ECO MONT*, 13, 49–57. https://dx.doi.org/10.1553/eco.mont-13-sis49

EUROPARC Deutschland. (2010). *Evaluierung Nationalpark Eifel – Endbericht des Evaluierungskomitees –* *Berlin*.

Held, B., Rodenhäuser, D., & Diefenbacher, H. (2023). *NWI 2022 – Corona-Pandemie und Flutkatastrophe* *führen zu sinkender Wohlfahrt*. IMK Study, 85. Hans-Böckler-Stiftung, Institut für Makroökonomie und Konjunkturforschung (IMK).

Huber, M., & Arnberger, A. (2016). Opponents, waverers or supporters: The influence of place-attachment dimensions on local residents' acceptance of a planned biosphere reserve in Austria. *Journal for* *Environmental Planning and Management*, 59, 1610–1628. https://doi.org/10.1080/ 09640568.2015.1083415

Job, H., Woltering, M., Metzler, D., & Harrer, B. (2007). *Wirtschaftsfaktor Großschutzgebiete:* *Regionalökonomische Effekte des Tourismus in Nationalen Naturlandschaften – Abschlussberichtsteil zum* *BMU/BfN Forschungsprojekt (FKZ 806 82 030)*. Bundesamt für Naturschutz & Naturpark Nordeifel e.V.

Job, H., Woltering, M., & Harrer, B. (2009). Regionalökonomische Effekte des Tourismus in deutschen Nationalparken. *Naturschutz und Biologische Vielfalt*, 76.

Job, H., Merlin, C., Metzler, D., Schamel, J., & Woltering, M. (2016). *Regionalwirtschaftliche Effekte durch* *Naturtourismus in deutschen Nationalparken als Beitrag zum integrativen Monitoring-Programm für* *Großschutzgebiete*. BfN-Skripten 431, 40 S. https://www.bfn.de/sites/default/files/BfN/service/Doku mente/skripten/skript431.pdf

Kirchhoff, T. (2017). Sehnsucht nach Wald als Wildnis. *Bundeszentrale für politische Bildung*. https://www. bpb.de/shop/zeitschriften/apuz/260678/sehnsucht-nach-wald-als-wildnis/

Kühne, O., Megerle, H., & Weber, F. (Hrsg.). (2017). *Landschaftsästhetik und Landschaftswandel*. Springer Fachmedien Wiesbaden.

Lass, W., & Reusswig, F. (2002). *Social monitoring: Meaning and methods for an integrated management in* *Biosphere Reserves (BRIM)*. Report of an International Workshop. *Series No. 1 – Paris (UNESCO)*.

Nationalpark Eifel. (2020). *Leistungsbericht 2020: Wald, Wasser, Wildnis*. Nationalparkforstamt Eifel.

Nationalpark Eifel. (2022). *Leistungsbericht 2022: Wald, Wasser, Wildnis*. Nationalparkforstamt Eifel.

Pardey, A., Röös, M., Spors, H. J., Dalbeck, L., & Petrak, M. (2008). *Nationalparkplan: Band 1: Leitbild und* *Ziele*. Gemünd.

Revermann, C., & Petermann, T. (2002). *Tourismus in Großschutzgebieten – Wechselwirkungen und* *Kooperationsmöglichkeiten zwischen Naturschutz und regionalem Tourismus*. TAB Arbeitsbericht, 77.

Sterl, P., Brandenburg, C., & Arnberger, A. (2008). Visitors' awareness and assessment of recreational disturbance of wildlife in the Donau-Auen National Park. *Journal for Nature Conservation*, 16(3), 135–145. https://doi.org/10.1016/j.jnc.2008.06.001

Türk, S., & Krull, R. (2021). *Naturbezogene Naherholung und Tagestourismus in der Region Köln/Bonn –* *Interaktions- und Bewegungsmuster sowie daraus abgeleitete Befunde und Maßnahmen/Projektvorhaben* *für eine zukunftsfähige Besucherlenkung*. Forschungsbericht. https://www.region-koeln-bonn.de/aktuel les/downloads

Türk, S., & Arnberger, A. (2024). *Abschlussbericht zum Sozioökonomischen Monitoring 2022–2023:* *Besuchermonitoring und regionalwirtschaftliche Effekte im Nationalpark Eifel*. Deutsche Sporthochschule Köln & Universität für Bodenkultur Wien. https://www.nationalpark-eifel.de/de/infothek/soem/

Wölfle, F., Preisel, H., Heinlein, V., Türk, S., & Arnberger, A. (2016). *Abschlussbericht zum Sozioökonomischen* *Monitoring 2014–2015: Besuchermonitoring und regionalwirtschaftliche Effekte im Nationalpark Eifel*. Deutsche Sporthochschule Köln & Universität für Bodenkultur Wien. https://www.nationalpark-eifel. de/de/infothek/soem/

Wynveen, C. J., Schneider, I. E., Arnberger, A., Cottrell, S., & von Ruschkowski, E. (2020). Integrating place attachment into management frameworks: Exploring place attachment across the Recreation Opportunity Spectrum. *Environmental Management*, 66(2), 248–262. https://doi.org/10.1007/s00267-020-01292-7

Marina Bergler*, Dominik Rebholz, Robert Keller and Julian Reif

Chapter 4
Understanding Crowding Dynamics: The Relationship Between Subjective Crowding and Objective Visitor Numbers in Touristic City Centers

Zusammenfassung: Crowding ist ein häufig diskutiertes Thema im Tourismus, das sowohl Gäste als auch Bewohner/innen von touristischen Stadtzentren betrifft. Crowding als subjektives Konstrukt wird hierbei zunächst eingehend beleuchtet, indem auf beeinflussende Faktoren sowie negative und positive Crowding-Erscheinungen Rücksicht genommen wird. Weiterführend wird in dieser Studie dann die Beziehung zwischen subjektivem Crowding und tatsächlichen Besucherzahlen in der Stadt Füssen im Allgäu untersucht, indem mittels Feldforschung vor Ort das Zusammenspiel objektiver Zähldaten und subjektivem Crowding-Empfinden untersucht wird. Es wird ein mixed-methods Ansatz verwendet, der subjektives Feedback von Gästen über Terminals mit objektiven Zählungen von Kamerasensoren kombiniert. Zusätzlich werden externe Faktoren wie Wetter und Feiertage berücksichtigt, um deren Einfluss auf die Wahrnehmung von Crowding zu untersuchen. Durch die Identifizierung von Mustern in der Crowding-Wahrnehmung mithilfe von SHAP Values zielt diese Studie darauf ab, die Forschung in diesem Feld um neue Erkenntnisse eines innovativen Forschungsansatzes zu bereichern sowie das Management von Besucherströmen voranzutreiben. Damit sollen sowohl das touristische Erlebnis als auch die Lebensqualität der Bewohner/innen in touristisch geprägten Stadtzentren verbessert werden.

Abstract: Crowding is a frequently discussed issue in tourism, impacting both visitors and residents of touristic city centers and beyond. Initially, crowding as a subjective construct is examined in detail by taking into account influencing factors as well as negative and positive crowding phenomena. Subsequently, this study examines the

*Korrespondierender Autor: Marina Bergler**, Institut für Nachhaltige und Innovative Tourismusentwicklung (INIT) der Hochschule Kempten, Bahnhofstraße 61, D-87435 Kempten, e-mail: marina.bergler@hs-kempten.de
Dominik Rebholz, Forschungsinstitut für Informationsmanagement, Alter Postweg 101, D-86159 Augsburg, e-mail: dominik.rebholz@fim-rc.de
Prof. Dr. Robert Keller, Institut für Nachhaltige und Innovative Tourismusentwicklung (INIT) der Hochschule Kempten, Bahnhofstraße 61, D-87435 Kempten, e-mail: robert.keller@hs-kempten.de
Prof. Dr. Julian Reif, Deutsches Institut für Tourismusforschung, FH Westküste, Fritz-Thiedemann-Ring 20, D-25746 Heide, e-mail: reif@fh-westkueste.de

https://doi.org/10.1515/9783111706511-004

relationship between subjective crowding and actual visitor numbers in the town of Füssen in the Allgäu region by investigating the interplay between objective counting data and subjective crowding perceptions with on-site field research. The research employs a mixed-methods approach, combining subjective feedback from visitors via terminals with objective counts from camera sensors. In addition, external factors such as weather and public holidays are taken into account in order to investigate their influence on the perception of crowding using SHAP values. By identifying patterns in crowding perceptions, this study aims to enrich research in this field with new insights from an innovative research approach and to advance the management of visitor flows. Thereby, both tourist experiences and residents' quality of life in touristic city centers should be enhanced.

Schlagwörter: Crowding, Besuchermanagement, Besucherlenkung, Sensordaten, Destinationen

Keywords: Crowding, visitor management, visitor steering, sensor data, destinations

Introduction

Carrying capacity limits play a relevant role in tourist destinations (McCool & Lime, 2001). There are different forms of carrying capacity limits such as social, ecological or psychological limits (Swarbrooke, 2011). In this study, the focus is on the psychological dimension, i. e. the perception of guests. The feeling of crowding can play a decisive role in whether the psychological carrying capacity limit is exceeded by visitors on site. The discrepancy between objectively measured visitor numbers and the individual perception of crowding poses a challenge for visitor management. While high visitor numbers are often associated with negative effects such as stress or discomfort, studies show that dense crowds can also be perceived as positive in certain contexts – for example at events or in lively city centers (Popp, 2012).

Therefore, this study examines the interplay between objective visitor numbers and subjective crowding perceptions using the example of the town of Füssen in the Allgäu region. A mixed-methods approach is used, which combines visitor counts using optical sensors in form of counting cameras with direct feedback from visitors via a user-friendly terminal that is positioned close to the camera, so that counting data and voting data can be referred to the same location. External influences such as weather and seasonal effects are also taken into account, as previous studies indicate that the perception of crowding is influenced by a variety of factors such as personal characteristics, social aspects as well as situational circumstances (Neuts & Nijkamp, 2012; Westover & Collins, 1987). We apply correlation-based and SHAP value analyzes to identify the influencing factors on perceived crowding. The aim of the study is to gain new insights into the perception of crowding in urban tourism destinations and thus provide a data-based foundation for improved visitor management.

Theoretical Background

Crowding describes the subjective perception of objective physical density, which is not sufficient to evoke a feeling of crowding (Stokols, 1972). Instead, perception depends on various personal, social, and situational variables (Neuts & Nijkamp, 2012). Personal variables include sociodemographic factors, individual expectations, and tolerance toward crowds (Papadopoulou et al., 2023; Rasoolimanesh et al., 2019; Schuckert & Wu, 2021). Especially demographic attributes such as gender or age play a role in crowding perception (Absher & Lee, 1981; Eroglu et al., 2005; Fleishman et al., 2004; Navarro Jurado et al., 2013; Zehrer & Raich, 2016). Looking at travel experience, more experienced travelers tend to experience less crowding compared to those with less experience (Jin & Pearce, 2011). On the other hand, increased familiarity with a location can also lead to heightened crowding perception, especially among locals and regional visitors (Arnberger & Brandenburg, 2007). However, some studies found no significant relationship between travel experience and perceived crowding (Rasoolimanesh et al., 2019).

Social variables encompass aspects such as the behavior and group size of other individuals on site (Neuts & Nijkamp, 2012). The quality of encounters is of importance, meaning that meeting visitors e.g. of the same educational level induces a lower feeling of crowding (Fleishman et al., 2004). Situational variables may include environmental factors such as weather conditions and the design of public spaces (Neuts & Nijkamp, 2012). A study in Iceland found differences in crowding perception depending on the season, with high perceptions in winter (similar to summer) despite of fewer visitors (Sæþórsdóttir et al., 2019). Conversely, some studies measured higher crowding during high seasons than off season (Shelby et al., 1989). Additionally, research found less crowding being perceived in the morning than later throughout the day (Schmücker et al., 2023a; Tiede et al., 2025). Lastly, good weather can increase the appeal of a destination, leading to a high density of people but still end up in positive experiences (Manning & Ciali, 1980).

Generally, a distinction is made between spatial and human crowding. The spatial dimension is characterized by restrictions in movement, whereas human crowding is defined by the presence of large numbers of people (Sanz-Blas et al., 2024). The latter is described as "the maximum number of people who can use a site without an unacceptable alteration in the physical environment and the social, cultural, and economic fabric of the destination and without an unacceptable decline in the quality of the experience gained by visitors" (Wall & Mathieson, 2006, p. 33).

Examining the relationship between objectively measured amounts of people and subjectively perceived crowding, research found varying results. Whereas Li et al.

(2017) report a significant negative relationship between crowding and visitor satisfaction, other research did not proof this (Ruiz et al., 2021). There is high complexity in the topic of crowding perception and its implications (Schmücker et al., 2023b). A methodologically very comparable investigation to the present study was carried out at Lake Hopfensee in the Allgäu region. Comparing the results obtained in this study with those of the present study reveals interesting differences with regard to different destination types (urban and rural) (Reif et al., 2025).

While crowding is often perceived negatively, there are situations in which it can be experienced positively. For example, in a vibrant urban setting, crowding can be perceived as enriching (Popp, 2012), and during events, it may contribute to a heightened sense of atmosphere and excitement (Wickham & Kerstetter, 2000). Especially human crowding can enhance visitor satisfaction as dense crowds may contribute to a more enjoyable experience (Kim et al., 2016; Mowen et al., 2003). Crowding can be perceived as beneficial when it aligns with visitors' expectations (Sun & Budruk, 2017). This concept of good crowding highlights its strong contextual dependency. Research shows that crowding perception is shaped by a variety of factors and can elicit both positive and negative responses (Neuts & Nijkamp, 2012; Zhang et al., 2023).

For the measurement of crowding, surveys are used most commonly to collect visitors' subjective assessments on site (e.g. Zehrer & Raich, 2016). A widely applied approach is the 9-point Likert scale, which labels responses with non-crowded for categories 1 and 2 and crowded for categories 3 to 9 (Heberlein & Vaske, 1977). Other studies utilize a 5-point scale, offering response options such as too many, many, neutral, not many, few visitors (Zehrer & Raich, 2016). Alternative methods involve photo-based evaluations (Wang & Ackerman, 2019) or integrate on-site surveys with aerial imagery captured by drones (Szuster et al., 2023). Modern techniques also involve the combination of counting WiFi-sensors and brief surveys to gain insights into the interplay between objective amounts of people and subjective perceptions (De Cock et al., 2024).

In addition, papers have recently been published dealing with the role of counting data and forecast mechanisms for smart and data-driven destination management (Bollenbach et al., 2024; Keller et al., 2024).

Methodology

Study Area and Measurement Technology

The study area is Füssen in Ostallgäu, Germany, a small town with a population of just under 16,000 inhabitants (stadtistik.de, 2025). In contrast to this number of residents, Füssen recorded 1.02 million overnight stays in 2024, which reflects the strength of tourism in this small town in the Ostallgäu region (Bayerisches Landesamt für Statistik, 2025). Due to its location in the foothills of the Allgäu Alps, its historic old town and its proximity to popular lakes and the royal castles of Neuschwanstein and Hohenschwangau, Füssen is very attractive to tourists.

More specifically, the study was carried out in the historic center of Füssen, which also represents the pedestrian zone. There are two counting cameras in the Reichenstrasse (black pins), although only the northernmost of the two was used for the study, as the feedback terminal for recording subjective impressions of crowding (white pin) was located in close proximity (see Figure 4.1).

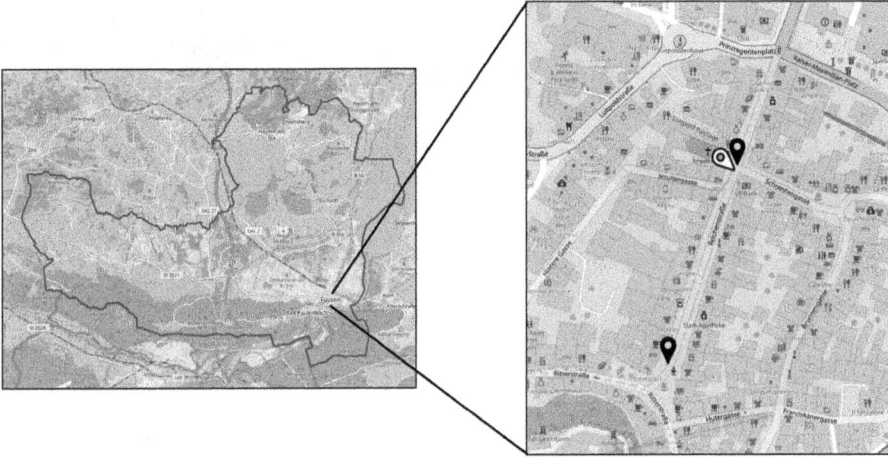

Figure 4.1: Research area Füssen (own illustration).

The optical cameras count the number of road users and detect different traffic categories as well as movement directions. Pedestrians can be automatically identified using AI, with data processing occurring directly within the device. Images are converted in real-time into a privacy-compliant JSON format, ensuring that no personal data is stored or further processed (Edge Computing) (Engelhardt et al., 2024).

To assess subjective crowding perception in a simple and staff-free manner, the Smilio Signature on Stand feedback terminal by Skiply was selected. This terminal was placed in the pedestrian zone, in close proximity to the optical camera, allowing pedestrians to easily notice it and provide feedback. The terminal can be equipped with any question, provided that responses follow a 4-point scale using color-coded smiley icons. In this study, the displayed question was "How crowded do you perceive Füssen city centre today?" The response categories associated with the smiley icons ranged from not crowded at all (green smiley) over barely crowded (yellow smiley) and relatively crowded (orange smiley) to very crowded (red smiley). For this study, data from a 71-day period (July 22, 2024 – September 30, 2024) were analyzed.

Data Preparation and Analysis

We performed an exploratory data analysis to detect any outliers and missing values in both the measured visitor data and the terminal data. We then applied minor data cleaning and preparation steps such as removing all votes outside the considered time period between 8am and 8pm. We merged the two datasets and kept an inner join, meaning that only the hours where visitors were captured by the camera and visitors voted on the terminal remain in the new dataset. As a preparation for the data analysis, the different ratings collected from the terminal are combined into a single variable called Relative Crowding Perception (RCP) (Reif et al., 2025). The RCP is calculated for each hour and represents the weighted sum of the four rating categories divided by the total number of ratings in that hour. The values range from 0 to 1, where lower values tend to indicate a more positive perception of crowding, while higher values tend to indicate a more negative perception.

$$RCP_t = \frac{0 * v0_t + \frac{1}{3} * v1_t + \frac{2}{3} * v2_t + 1 * v3_t}{v0_t + v1_t + v2_t + v3_t}$$

where:

RCP_t = Relative Crowding Perception at time t (hour).
$v0_t$ = Number of ratings for Not crowded at all
$v1_t$ = Number of ratings for Barely crowded
$v2_t$ = Number of ratings for Relatively crowded
$v3_t$ = Number of ratings for Very crowded

Pearson's correlation coefficient is used to assess the relationship between the measured number of visitors and the RCP. This statistical measure quantifies the strength and direction of a linear association between the two variables, ranging from -1 to 1. A positive correlation would indicate that higher visitor counts are associated with increased perceived crowding, while a negative correlation would suggest an inverse relationship. A correlation close to zero would imply little to no linear association between the variables. By applying Pearson's correlation coefficient, the analysis can determine whether and to what extent the objectively recorded visitor numbers align with subjective crowding perceptions (Sedgwick, 2012).

Additionally, we explore what other features have influence on RCP. We added weather data via Meteostat which uses data provided by the Deutscher Wetterdienst (DWD) (Deutscher Wetterdienst, 2024). We include the air temperature, dew point, sea-level air pressure, wind direction, relative humidity, average wind speed, weather condition, daylight, and total precipitation. In addition to weather data, we incorporated temporal factors such as public holidays, weekends, school holidays, hour of day, and the month of the year to examine their influence on visitor numbers and perceived crowding. The school and public holidays are separated into holidays in Bavaria and holidays outside of Bavaria.

We trained an XGBoost model and utilized SHAP (Shapley Additive Explanations) values to analyze the contribution of each feature to the model's predictions. We chose XGBoost due to its high performance in handling diverse feature types (Hernandez et al., 2024). SHAP values provide a transparent and interpretable way to quantify the impact of individual variables on the predicted RCP (Lundberg & Lee, 2017). By examining these values, we can determine which factors, such as weather conditions, and temporal factors, play the most significant role in shaping perceived crowding.

Results

Visitor Numbers and Perception of Crowding

The terminal and cameras were collecting data from July 22nd, 2024 to September 30th, 2024. We consider the data from 8am to 8pm. In total, 1,082,309 visitors were counted which averages to 15,244 persons per day. Most people per day were measured on August 3rd, 2024. On this day the "Streetfestival Füssen" took place, attracting many visitors to the city center (44,790 measured persons). The maximum number of persons per hour was on the same day with 4,573 measured visitors from 6pm to 7pm. Figure 4.2 displays the sum of visitors per day over the time period in the black line plot. The number of visitors decreases from August to the end of September.

Furthermore, Figure 4.2 displays the number of votes per day. In total, 6,879 votes were cast, averaging 96.9 votes per day. The number of votes per day varies strongly, ranging from 5 votes on September 29th, 2024, to 467 total votes on August 24th, 2024. Table 4.1 displays the number of votes per category. While most votes were for low crowding numbers, there is also a large number of votes indicating an increased crowding perception. Especially from the beginning of the measurement until August 18th, 2024, 51.1% of the votes represent high crowding (relatively crowded or very crowded). The following days vary strongly with some days having only high votes and on the contrary one day only having 5.5% high votes. On the second half of the time period the visitors voted for more low crowding, with barely crowded being the most voted category.

After combining measured density via cameras and perceived crowding via the terminals, we calculated the Pearson's correlation coefficient of both factors. The correlation is at 0.1176, indicating a small positive correlation.

Influential Factors

Additional weather-related and temporal variables were incorporated into the dataset to investigate their influence on crowding perception. An XGBoost regression model was trained on the data, and explainable AI techniques were applied to quantify the

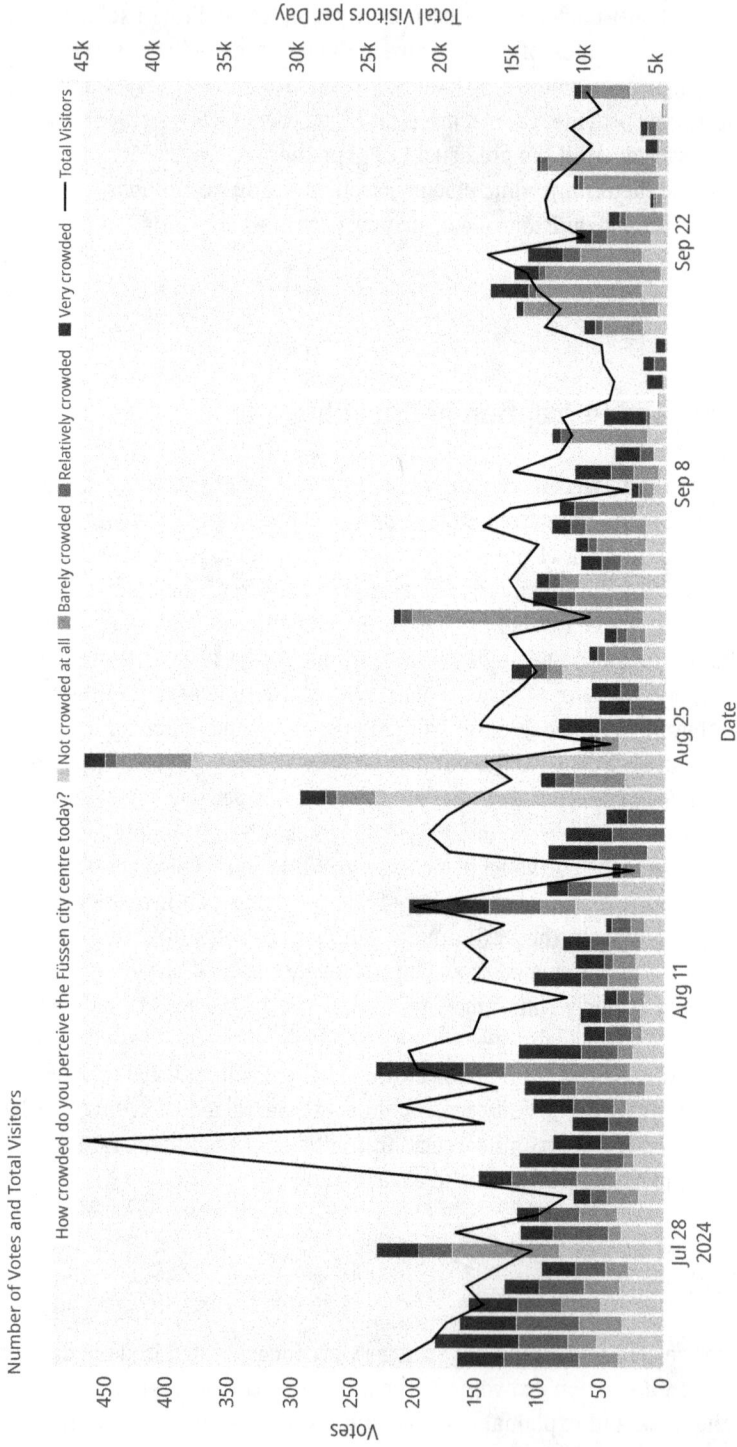

Figure 4.2: The number of visitors and votes per day (own illustration).

Table 4.1: The number of votes per category.

Vote	No. of votes	Percentage
Not crowded at all	2,100	30.53%
Barely crowded	1,999	29.06%
Relatively crowded	1,259	18.30%
Very crowded	1,521	22.11%
	n = 6,879	100%

impact of individual features. Figure 4.3 presents the SHAP value analysis, providing insights into the factors influencing crowding perception (Lundberg & Lee, 2017).

First, the vertical order of the features displays the importance of the feature relative to each other. In this case the season is the most important feature for the XGBoost model. Furthermore, the air temperature, dew point, sea-level air pressure and mostly other weather features have a high importance. On the other hand, most temporal features besides the hour of day and the season only have a minor or no influence on the model, such as the public and school holidays.

Second, the horizontal axis of the plot displays the impact on the model output. A SHAP value point on the left side implies a negative impact on the model output, meaning that the predicted RCP is lower, while a point on the right side implies a positive impact on the model output, meaning that the predicted RCP is higher and therefore implying that visitors perceive more crowding. For example, the season feature is very spread out, meaning that the feature can have both a strong impact on lower and a higher predicted RCP. Other features, for example the weekend, have a more neutral influence on the model with some outliers having a strong influence.

Third, the color of the points shows which feature values where high and low, e.g., for the air temperature the high and low feature values are well-separated, while the wind direction is very mixed.

Fourth, combining the previous points, a pattern can be derived from the data, which can be explained using the season feature: The season value is represented by a cosine function with dates close to July having high values close to 1 and dates around January having low values close to 0. In the plot, most points with a high feature value are on the right side of the plot and have a positive influence on the model output, while most points with a low feature value are towards the left side of the plot (negative influence on the model output). Therefore, in days closer to summer more crowding is perceived more strongly. On the other hand, we have a negative correlation between the air temperature and the predicted RCP value. When the temperature is lower (low feature value) the data shows a positive impact on the model output (high predicted RCP).

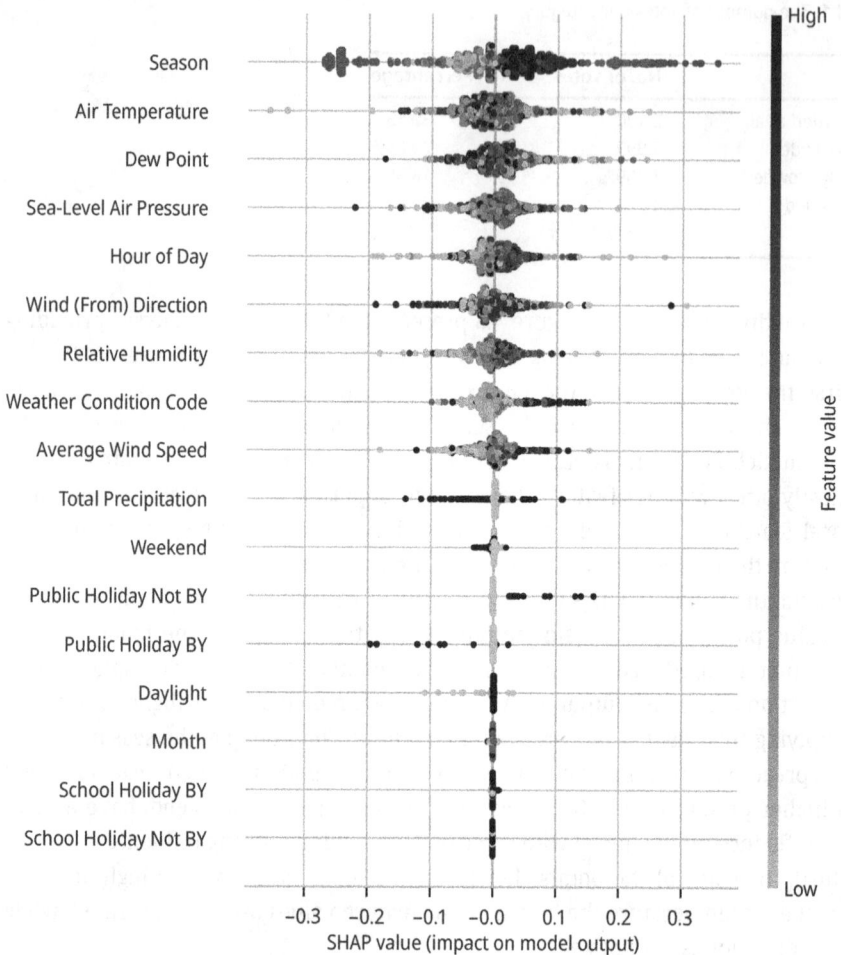

Figure 4.3: SHAP value analysis of the influencing factors on RCP (own illustration).

Discussion and Limitations

In this paper, regression models were used to investigate the relationship between the number of people in Füssen and the crowding perception of people on site. The correlation between measured density and perceived crowding was found to be rather low (0.1176), compared to a similar experiment at Lake Hopfensee (rural area) with a correlation of 0.3869 (Reif et al., 2025). This fits in with the previously explained concept of positive crowding, which suggests that crowding is perceived less negatively in an urban environment than in a rural setting.

Comparing our research approach to the ones of previous studies, we could achieve a larger data set without conducting face-to-face surveys but following a simple and uncomplicated research approach with low-entry barriers (no contact to interviewers, only one quick, not time-consuming question). Additionally, also previous study results are very different in terms of the correlation between high numbers of people and perceived crowding. Thus, our study provides a new research approach and new findings that enrich this field of research. It is barely possible to compare studies in this field as destinations or PoIs are very different in their type, offers, etc., meaning that findings cannot be applied to other (similar) places. Nevertheless, our methodological approach for investigating crowding perception can be applied quite easily and quickly to other destinations, which in turn can support a comparison of crowding perception between different destinations based on the same method.

Appropriate visitor management measures can improve situations when perceived crowding lowers the wellbeing of people. One can use several approaches such as nudging via the decoy effect (Chvirova et al., 2025) or augmented reality (Brysch et al., 2025).

In order to address some limitations, it must be said that due to the research method with feedback terminals, the investigation did not provide any insights into the type of people giving their ratings (locals, guests, age, first or repeat visitors, etc.). Consequently, there is no assessment of different target groups possible. Another limitation is that the feedback terminal recorded data using a 4-point Likert scale. On the one hand, this ensures a certain simplicity in answering, but in future it is recommended to use a finer scale based on Heberlein and Vaske (1977), as long as the terminal software supports this.

Another limitation concerns data cleansing and aggregation. The relatively strong abstraction of the data both in terms of time (aggregation to the hours in which ratings were available) and qualitatively, in the sense that data on crowding perception was calculated in a relative crowding perception and broken down to a single variable (RCP) for each hour, must be taken into account. Future research should ensure that as many ratings as possible are available in a temporally granular resolution in order to increase the significance of the data.

Furthermore, the applicability of the data to other Points of Interest (PoI) is limited. Depending on the location, there may be different levels of acceptance for crowding. The perceived crowding described in this article relates to the physical conditions in Füssen during a specific period and therefore cannot be generalized. Future research should address this aspect and generate reference values at other PoIs.

There are also limitations regarding the described features that influence crowding perception. For example, other features may be important that were not taken into account (e.g. the Austrian vacation periods, which could be relevant due to Austria's geographical proximity). In addition, the weekend is considered as one variable, but since Füssen city center does not have any stores open on Sundays, there are significant differences in the number of visitors between Saturdays and Sundays.

In addition, these are very subjective and individual measurements. Both the actual number of visitors and the crowding perception are strongly influenced by external factors. These external factors can not only influence the variables individually but also cause cross-influences. This should be the subject of future research in order to investigate deeper insights for different seasons. Furthermore, we cannot determine any causal relations, but only correlations between the features.

Conclusion

The study on the relationship between the subjective perception of crowding and the actual number of visitors in Füssen shows that the experience of crowds is not perceived as exclusively negative. While the objective counts showed a high visitor frequency, the subjective perception proved to be quite complex and dependent on various contextual factors such as weather, time of day and individual expectations. The methodology, a combination of sensor counts and a feedback terminal, allowed an analysis of crowding perception. A low correlation was found between measured visitor numbers and crowding. This indicates that crowding is not only determined by the number of people, but also by situational and personal factors. It also confirms earlier research findings that show that positive crowding can occur in urban areas.

In addition, a clear difference was found between urban and rural areas, meaning that the actual number of visitors in rural (recreational) areas appears to be more decisive for the perception of crowding than in urban areas. The findings thus provide a valuable basis for visitor management in touristic city centers.

For future research, it is worth considering other influencing factors such as the origin of the respondents (tourists vs. locals) or their individual expectations and satisfaction. This would provide further insights into whether crowding arouses different emotions (satisfaction, discomfort, safety, etc.) depending on the type of destination or not. In addition, the methodology could be extended to other tourist destinations in order to gain more general insights into the perception of crowding and its impact on destination management.

References

Absher, J. D., & Lee, R. G. (1981). Density as an incomplete cause of crowding in backcountry settings. *Leisure Sciences, 4*(3), 231–247. https://doi.org/10.1080/01490408109512965

Arnberger, A., & Brandenburg, C. (2007). Past On-Site Experience, Crowding Perceptions, and Use Displacement of Visitor Groups to a Peri-Urban National Park. *Environmental Management, 40*(1), 34–45. https://doi.org/10.1007/s00267-004-0355-8

Bayerisches Landesamt für Statistik. (2025). *Tourismus: Gemeinden, Übernachtungen/Ankünfte, Herkunft der Gäste, Monate, Jahr (ab 2006)* (45511–002r) [Dataset]. https://www.statistikdaten.bayern.de/genesis//

online?operation=table&code=45511-002r&bypass=true&levelindex=1&levelid=1741763997552#abread crumb

Bollenbach, J., Neubig, S., Hein, A., Keller, R., & Krcmar, H. (2024). Enabling active visitor management: Local, short-term occupancy prediction at a touristic point of interest. *Information Technology & Tourism*, *26*(3), 521–552. https://doi.org/10.1007/s40558-024-00291-2

Brysch, A., Keller, R., Komenda, N., & Stengel, N. (2025). Effects of augmented reality visitor guides under consideration of nudging and visual design. *Proceedings of the ENTER25*, 264–270.

Chvirova, D., Keller, R., Stöbe, L., & Wolf, L. (2025). The decoy effect in Recommender Systems: Leveraging digital nudging for sustainable tourism. *Proceedings of the ENTER25*.

De Cock, L., Vandeviver, C., Verstockt, S., Treille De Grandsaigne, G., De Doncker, P., Huang, H., & Van De Weghe, N. (2024). Comparing crowding perception and sensor counts at the Ghent festivities. *Safety Science*, *171*, 106399. https://doi.org/10.1016/j.ssci.2023.106399

Deutscher Wetterdienst. (2024). *Open Data Server*. DWD – Deutscher Wetterdienst. Wetter Und Klima Aus Einer Hand. https://www.dwd.de/EN/ourservices/opendata/opendata.html

Engelhardt, D., Naschert, L., Reif, J., & Schmücker, D. (2024). *Bewertung von Datenquellen für die Besuchermessung – Standortmessungen*. https://doi.org/10.5281/ZENODO.10628831

Eroglu, S. A., Machleit, K., & Barr, T. F. (2005). Perceived retail crowding and shopping satisfaction: The role of shopping values. *Journal of Business Research*, *58*(8), 1146–1153. https://doi.org/10.1016/j.jbusres.2004.01.005

Fleishman, L., Feitelson, E., & Salomon, I. (2004). The Role of Cultural and Demographic Diversity in Crowding Perception: Evidence from Nature Reserves in Israel. *Tourism Analysis*, *9*(1), 23–40.

Heberlein, T. A., & Vaske, J. J. (1977). *Crowding and visitor conflict on the Bois Brule River* (7704). Water Resources Center, University of Wisconsin.

Hernandez, J. I., Van Cranenburgh, S., De Bruin, M., Stok, M., & Mouter, N. (2024). Using XGBoost and SHAP to explain citizens' differences in policy support for reimposing COVID-19 measures in the Netherlands. *Quality & Quantity*. https://doi.org/10.1007/s11135-024-01938-2

Jin, Q., & Pearce, P. (2011). Tourist Perception of Crowding and Management Approaches at Tourism Sites in Xi'an. *Asia Pacific Journal of Tourism Research*, *16*(3), 325–338. https://doi.org/10.1080/10941665.2011.572667

Keller, R., Neubig, S., Rebholz, D., & Schmücker, D. (2024). How Many Tourists Next Weekend? : Conceptualizing AI-Based Forecasts For Visitor Management in Tourism. *Marketing Review St. Gallen*, *41*(4), 14–21.

Kim, D., Lee, C.-K., & Sirgy, M. J. (2016). Examining the Differential Impact of Human Crowding Versus Spatial Crowding on Visitor Satisfaction at a Festival. *Journal of Travel & Tourism Marketing*, *33*(3), 293–312. https://doi.org/10.1080/10548408.2015.1024914

Li, L., Zhang, J., Nian, S., & Zhang, H. (2017). Tourists' perceptions of crowding, attractiveness, and satisfaction: A second-order structural model. *Asia Pacific Journal of Tourism Research*, *22*(12), 1250–1260. http://dx.doi.org/10.1080/10941665.2017.1391305

Lundberg, S. M., & Lee, S. I. (2017). A unified approach to interpreting model predictions. *Advances in Neural Information Processing Systems*, *30*.

Manning, R. E., & Ciali, C. P., (1980). Recreation Density and User Satisfaction: A Further Exploration of the Satisfaction Model. *Journal of Leisure Research*, *12*(4), 329–345.

McCool, S. F., & Lime, D. W. (2001). Tourism Carrying Capacity: Tempting Fantasy or Useful Reality? *Journal of Sustainable Tourism*, *9*(5), 372–388. https://doi.org/10.1080/09669580108667409

Mowen, A. J., Vogelsong, H. G., & Graefe, A. R. (2003). PERCEIVED CROWDING AND ITS RELATIONSHIP TO CROWD MANAGEMENT PRACTICES AT PARK AND RECREATION EVENTS. *Event Management*, *8*(2), 63–72. https://doi.org/10.3727/152599503108751711

Navarro Jurado, E., Damian, I. M., & Fernández-Morales, A. (2013). CARRYING CAPACITY MODEL APPLIED IN COASTAL DESTINATIONS. *Annals of Tourism Research*, *43*, 1–19. https://doi.org/10.1016/j.annals.2013.03.005

Neuts, B., & Nijkamp, P. (2012). Tourist crowding perception and acceptability in cities: An Applied Modelling Study on Bruges. *Annals of Tourism Research*. https://doi.org/10.1016/j.annals.2012.07.016

Papadopoulou, N. M., Ribeiro, M. A., & Prayag, G. (2023). Psychological Determinants of Tourist Satisfaction and Destination Loyalty: The Influence of Perceived Overcrowding and Overtourism. *Journal of Travel Research*, *62*(3). https://doi.org/10.1177/0047287522108904

Popp, M. (2012). Positive and Negative Urban Tourist Crowding: Florence, Italy. *Tourism Geographies*, *14*(1), 50–72. http://dx.doi.org/10.1080/14616688.2011.597421

Rasoolimanesh, S. M., Jaafar, M., Marzuki, A., & Abdullah, S. (2019). *Examining the effects of personal factors and travel characteristics on tourists' perceived crowding*.

Reif, J., Bergler, M., Keller, R., & Rebholz, D. (2025). Ab wann ist es zu voll? Der Zusammenhang von Crowding-Wahrnehmung und Besucheranzahl am Beispiel vom Hopfensee im Allgäu. In C. Eilzer, B. Eisenstein, & M. Dörr (Eds.), *Tourismus in einer komplexen Welt Interdisziplinäre Einblicke und Perspektiven (Ergebnisse der 6. Deidesheimer Gespräche zur Tourismuswissenschaft)* (Vol. 3, pp. 29–44). Erich Schmidt Verlag GmbH & Co. KG. https://doi.org/10.37307/b.978-3-503-24071-5.02

Ruiz, C., Delgado, N., García-Bello, M. Á., & Hernández-Fernaud, E. (2021). Exploring crowding in tourist settings: The importance of physical characteristics in visitor satisfaction. *Journal of Destination Marketing & Management*, *20*, 100619. https://doi.org/10.1016/j.jdmm.2021.100619

Sæþórsdóttir, A. D., Hall, C. M., & Stefánsson, Þ. (2019). Senses by Seasons: Tourists' Perceptions Depending on Seasonality in Popular Nature Destinations in Iceland. *Sustainability*, *11*(11), 3059. https://doi.org/10.3390/su11113059

Sanz-Blas, S., Buzova, D., & Garrigos-Simon, F. J. (2024). Understanding crowding perceptions and their impact on place experience: Insights from a mixed-methods study. *Psychology & Marketing*, *41*(5), 1022–1035. https://doi.org/10.1002/mar.21964

Schmücker, D., Reif, J., & Bergler, M. (2023a). *Perception of Crowding* (Version 2). AIR project. https://zenodo.org/doi/10.5281/zenodo.8362809

Schmücker, D., Reif, J., & Bergler, M. (2023b). *Wahrnehmung von Crowding*. https://doi.org/10.5281/ZENODO.7874757

Schuckert, M., & Wu, J. (2021). Are neighbour tourists more sensitive to crowding? The impact of distance on the crowding-out effect in tourism. *Tourism Management*, *82*(104185). https://doi.org/10.1016/j.tourman.2020.104185

Sedgwick, P. M. (2012). Pearson's correlation coefficient. *BMJ*, *345*(jul04 1), e4483–e4483. https://doi.org/10.1136/bmj.e4483

Shelby, B., Vaske, J. J., & Heberlein, T. A. (1989). Comparative analysis of crowding in multiple locations: Results from fifteen years of research. *Leisure Sciences*, *11*(4), 269–291. https://doi.org/10.1080/01490408909512227

stadtistik.de. (2025). *Füssen – Zahlen, Daten und Fakten*. https://stadtistik.de/stadt/fuessen-09777129/?utm_content=cmp-true

Stokols, D. (1972). A Social-Psychological Model of Human Crowding Phenomena. *Journal of the American Institute of Planners*, *38*(2), 72–83. https://doi.org/10.1080/01944367208977409

Sun, Y.-Y., & Budruk, M. (2017). The moderating effect of nationality on crowding perception, its antecedents, and coping behaviours: A study of an urban heritage site in Taiwan. *Current Issues in Tourism*, *20*(12), 1246–1264. https://doi.org/10.1080/13683500.2015.1089845

Swarbrooke, J. (2011). Sustainable tourism management. *CABI*.

Szuster, B., Needham, M. D., Lesar, L., & Chen, Q. (2023). From a drone's eye view: Indicators of overtourism in a sea, sun, and sand destination. *Journal of Sustainable Tourism*, *31*(7), 1538–1555. https://doi.org/10.1080/09669582.2020.1866586

Tiede, L., Szelepusa, A., Dubbert, L., Ellger, D., Heinl, V., Krug, L., Mahlstedt, M.-L., Schott, V., Wirth, L., & Reif, J. (2025). Zwischen Glitzer und Gedränge: Analyse der Wahrnehmung von Crowding und des Sense of Place von Touristinnen und Touristen auf dem Las Vegas Strip. *Working Paper Series Des Deutschen Instituts Für Tourismusforschung*, 6, 1–24. https://doi.org/10.48590/XQ3V-GV43

Wall, G., & Mathieson, A. (2006). *Tourism: Change, impacts and opportunities*. Pearson Education Limited.

Wang, I. M., & Ackerman, J. M. (2019). The Infectiousness of Crowds: Crowding Experiences Are Amplified by Pathogen Threats. *Personality and Social Psychology Bulletin*, 45(1), 120–132. https://doi.org/10.1177/0146167218780735

Westover, T. N., & Collins, J. R. (1987). Perceived Crowding in Recreation Settings: An Urban Case Study. *Leisure Sciences*, 9(2), 87–99.

Wickham, T. D., & Kerstetter, D. L. (2000). The Relationship Between Place Attachment and Crowding in an Event Setting. *Event Management*, 6(3), 167–174. https://doi.org/10.3727/096020197390248

Zehrer, A., & Raich, F. (2016). The impact of perceived crowding on customer satisfaction. *Journal of Hospitality and Tourism Management*, 29, 88–98. http://dx.doi.org/10.1016/j.jhtm.2016.06.007

Zhang, J., Qi, R., & Zhang, H. (2023). *Examining the Impact of Crowding Perception on the Generation of Negative Emotions among Users of Small Urban Micro Public Spaces*.

Erlebnis, Wahrnehmung, Herausforderung

Kirsten Harms und Kerstin Heuwinkel*

Chapter 5
Murmelbahn, Mikroabenteuer und Multimedia – Trends bei Familienreisen

Zusammenfassung: Etwa die Hälfte der in Deutschland ansässigen Menschen lebt in Familien, 30 % der Reisen werden als Familienurlaub bezeichnet und mehr als 40 % haben Interesse an einem Urlaub mit der Familie in den nächsten drei Jahren. Die Bedeutung gemeinsamer Reisen steigt u. a. deswegen, weil sich Menschen der Wertigkeit von Familie vor dem Hintergrund wirtschaftlicher, politischer und sozialer Krisen bewusstwerden. Familien versuchen, den Zusammenhalt zu stärken, gemeinsame Zeit zu verbringen und Erinnerungen zu kreieren. Dennoch ist die tourismuswissenschaftliche Betrachtung bislang lückenhaft. Der Beitrag liefert einen tiefergehenden Einblick in Trends und Entwicklungen im Bereich des Familienurlaubs, indem er den Schwerpunkt auf die Wechselwirkungen von gesellschaftlichen Trends und den Potenzialen sowie Herausforderungen, die sich daraus für Destinationen, Beherbergung, Transportunternehmen, Veranstaltende etc. ergeben, legt. Der Beitrag kombiniert die Ergebnisse einer einjährigen kontinuierlichen Recherche mit einer systematischen Literaturanalyse. Aus den mehr als zehn definierten Trends werden im Abgleich mit der generellen Familienforschung die Themen Natur und Digitale Transformation detailliert beschrieben. Der bislang noch wenig berücksichtigte Familientourismus wird aufgrund gesellschaftlicher Veränderungen weiterwachsen und bietet für touristische Leistungsträger/-innen viele Möglichkeiten, sich zu positionieren. Das gilt insbesondere für die Bereiche Naturerleben und Digitale Transformation.

Abstract: Around half of the people living in Germany live in families, 30 per cent of trips are family holidays, and more than 40 per cent are interested in taking a vacation with their family in the next three years. The importance of travelling together is increasing, partly because people are becoming aware of the value of family against the backdrop of economic, political and social crises. Families are trying to strengthen cohesion, spend time together and create memories. Nevertheless, there are still gaps in the scientific study of tourism. This article provides a deeper insight into trends and developments in family tourism by focusing on the interactions between social trends and the potentials and challenges that arise for destinations, hospitality, transportation, tour operators, etc. The article combines the results of continuous data research with a systematic literature analysis. Nature and digital transformation are de-

*Korrespondierende Autorin: Kerstin Heuwinkel**, htw saar, Waldhausweg 14, D-66123 Saarbrücken,
e-mail: kerstin.heuwinkel@htwsaar.de
Kirsten Harms, Gäste von Morgen, kirsten.harms@gäste-von-morgen.de

https://doi.org/10.1515/9783111706511-005

scribed in detail from the more than ten defined trends. Family tourism, which has received little attention to date, will continue to grow due to social changes and offers many opportunities for tourism service providers to position themselves. This applies in particular to the areas of experiencing nature and digital transformation.

Schlüsselwörter: Tourismus, Familie, Trends, Natur, Digitale Transformation

Keywords: Tourism, Family, Trends, Nature, Digital Transformation

Einleitung

Tourismus kann aus unterschiedlichen Perspektiven beschrieben werden. Innerhalb der wissenschaftlichen Betrachtung reicht das Spektrum von einem betriebswirtschaftlichen Fokus über geografische Fragestellungen bis zu gesellschaftlichen Bezügen. Bei Letzteren stehen Fragen nach der Verwobenheit von Gesellschaft und Tourismus, verstanden als eine Vielzahl menschlicher Handlungen und Praktiken, im Mittelpunkt (Heuwinkel, 2023). Der vorliegende Beitrag veranschaulicht anhand von Familienreisen, wie Gesellschaft und Tourismus miteinander verbunden sind. So führt erstens eine Veränderung vom Verständnis davon, was Familie ist und welchen Wert diese in der Gesellschaft hat, zu neuen Anforderungen an die Gestaltung von Familienreisen. Zweitens wirken sich gesellschaftliche Umbrüche wie eine Entfernung von der Natur oder eine stärkere digitale Durchdringung von Gesellschaft ebenfalls auf Bedürfnisse von Familien aus (Harms & Heuwinkel, 2025).

Bevor jedoch auf Veränderungen von Familie, Gesellschaft und Reisen eingegangen werden kann, ist die Betrachtung der aktuellen Situation essentiell: Als Familie gelten laut Statistischem Bundesamt (2024) alle Eltern-Kind-Konstellationen, bei denen mindestens ein Elternteil und mindestens ein lediges Kind, unabhängig vom Alter, gemeinsam in einem Haushalt leben. Einbezogen sind – neben leiblichen Kindern – auch Stief-, Pflege- und Adoptivkinder. In Deutschland leben gemäß dieser Definition 12,0 Mio. Familien, was 49 Prozent der Bevölkerung bzw. 41,3 Millionen Menschen entspricht (Statistisches Bundesamt, 2024a, o. S.). Ergänzend zu diesen Zahlen belegt die Familienforschung die wirtschaftliche, gesellschaftliche und politische Bedeutung von Familien (Harms & Heuwinkel, 2025; Steinbach & Hank, 2020).

Der Stellenwert von Familien setzt sich auch im Tourismus fort. So kann ein Drittel aller Haupturlaubsreisen von Deutschen als Familienreisen bezeichnet werden (Harms & Heuwinkel, 2025, S. 54) und mehr als 40 Prozent haben Interesse an einem Familienurlaub in den nächsten drei Jahren (2025–2027) (FUR, 2024). Familien sind darüber hinaus als Zielgruppe für deutsche Regionen von hohem Interesse. Das gilt insbesondere für Familien mit jüngeren Kindern (bis 14 Jahren). In Brandenburg liegt der Anteil bei 34 Prozent. Als besonders beliebte Reiseziele (Regionen) werden Ostsee, Nordsee, Bayern, Schwarzwald und Bodensee genannt (Köchling, Kampen & Weis, 2021).

Die tourismuswissenschaftliche Behandlung von Familienreisen ist – zumindest im deutschsprachigen Raum – ähnlich lückenhaft wie Genderthematiken (Heuwinkel, 2021; Heuwinkel, 2024a). Schänzel (2011) sowie Schänzel & Yeoman (2015) haben mehrfach auf die nur unsystematische und undifferenzierte Betrachtung hingewiesen. Sie machen sowohl die Bedeutung als auch die Herausforderungen von Reisen als Familie deutlich, die sich aus gesellschaftlichen Strukturen und Konstrukten, z. B. Genderstereotype, ergeben.

Gegenstand dieses Beitrags ist eine auf den deutschsprachigen Raum fokussierte Analyse von für die Tourismusbranche relevanten Trends im Kontext von Familienreisen. Ausgehend von einer systematischen Literaturanalyse werden exemplarisch zwei Trends detailliert beschrieben und hinsichtlich der Potenziale für Destinationen und Tourismusunternehmen untersucht.

Die Forschungsfragen für diesen Beitrag lauten: Welche gesellschaftlichen Entwicklungen und Veränderungen bestimmen den Familienurlaub? Welche Herausforderungen ergeben sich daraus für Familien und wie können touristische Leistungserbringende Angebote machen, um Familien dabei zu helfen den Herausforderungen zu begegnen?

Methode

Im Rahmen einer Publikation zu Familienreisen (Harms & Heuwinkel, 2025) wurde eine einjährige kontinuierliche Sichtung von wissenschaftlichen Publikationen, Statistik, Marktanalysen, Unternehmensberichten und Zeitungsartikeln durchgeführt. Ergänzend wurden Experten- und Expertinneninterviews zu den Bereichen Familienferienstätten, Reiseblogs, Kurverwaltung, Beherbergung und gesundes Kinderessen geführt.

Die in diesem Jahr gewonnenen Erkenntnisse wurden mittels einer systematischen Literaturanalyse (durchgeführt im März 2025) überprüft und ergänzt. Im Rahmen der systematischen Literaturanalyse wurde in EBSCOhost nach (family tourism) AND (trend) sowie (family holiday) AND (trend) gesucht. Es wurden 30 Ergebnisse gefunden.

Nach der Löschung von Duplikaten wurden alle Abstracts inhaltlich analysiert und die Ergebnisse in eine Excel Mappe übertragen.

Ergebnisse der Analyse

Die enge Suchanfrage nach Trends im Familientourismus lieferte 30 Artikel, abzüglich von zwei Duplikaten und eines Titels, welche die Adoption im Ausland thematisiert. Von den restlichen 27 Artikeln bezogen sich 10 auf Trends im Familienurlaub und 17 auf Veränderungen von Familienbetrieben im Tourismus oder auf die Chancen für Betriebe im ländlichen Raum, wobei die Zielgruppe Familien nur selten explizit bearbeitet wird. Fünf der 10 relevanten Artikeln sind Metaanalyse und die restlichen beziehen sich auf einzelne Trends wie Slow Tourism, Authentizität, Verantwortung, Campingurlaub und Social Media.

Artikel mit Fokus auf reisende Familien thematisieren a) Trends in der Familienreise- bzw. Familienurlaubsforschung. Im Vordergrund stehen methodische Fragen, wie die Einbeziehung von Kindern in den Untersuchungsprozess (Hay, 2017) durch die direkte Befragung von Kindern oder die Messung des Einflusses von Kindern auf die Reiseentscheidung (Koc, 2004; Silva et al., 2017). Ein weiterer Untersuchungsansatz steht in Verbindung mit Erholung und Well-Being (Backer & Schänzel, 2013). Die Betonung des Nutzens von Urlaub steht in Bezug zu einer kritischen Hinterfragung der Situation von benachteiligten Familien oder von Familien mit besonderen Herausforderungen. Stichworte sind hier *Social Tourism* (Hazel, 2005) sowie *Disadvantaged Families* (Smith & Hughes, 1999).

Weiterhin werden b) thematische Trends, welche Familienreise und -urlaub bestimmen, untersucht. Dabei finden die Aspekte Authentizität, Erlebnisse, soziale Verantwortung, Natur und der Einfluss sozialer und digitaler Medien besondere Beachtung (Heuwinkel 2024b). Es ist jedoch nicht möglich, ein klares Bild zu zeichnen, da die Anzahl der Beiträge zu gering ist. Tabelle 5.1 fasst zentrale Ergebnisse zusammen.

Tabelle 5.1: Ausgewählte Artikel zu Familienreisen und Trends (nur Metaanalysen).

Autor:innen, Jahr	Themen	
Qiao et al. (2018) 2008–2021: 132 Artikel	1. 2. 3.	Motivation Benefit Social tourism
Li, Lehto, & Li (2020) 1978–2019: 131 Artikel	1. 2. 3. 4. 5. 6. 7. 8.	Foundations Family roles Place (research area or attraction) Family structure and function Psychological factors Behavior Experience Methodology and theory
Wu, & Wall (2016) 1995–2015: 66 Artikel aus chinesischen Journals	1. 2. 3. 4. 5.	Listening to children's voices Paying attention to diverse family types Influence of social media on family travel Collaboration among researchers Thinking through the role of Chinese culture

Tabelle 5.1 (fortgesetzt)

Yi & Wu (2020) 2000 bis 2019: 136 Artikel	**Research topics:** 1. Consumption 2. Decision-making 3. Experience 4. Benefits **Theoretical basis:** 5. Family consumption model 6. Family role and family resource/power theory 7. Experience theory 8. Family systems theory 9. Informal learning.
Schänzel & Yeoman (2015)	1. Changing family structures 2. Immigration 3. Multi generation travel 4. Social capital and creating memories 5. Helicopter parents 6. Experiential family holidays 7. Children as sophisticated consumers 8. Blended families 9. New family markets 10. Gender (diversification)
Whittington (2014) Hinweis: Auswahl von an anderer Stelle bereits genannter Punkte	**Social** 1. Family and kinship redifined 2. Parenting Cultures 3. School Calendars Changing **Technology** 4. Persistence of Social Media Sharing 5. Google Glass, Wearable Technology and 6. Artificial Reality 7. Virtual Customer Service **Environment** 8. Diminishing Natural Resources 9. Ecotourism 10. Climate Change **Economic** 11. Increased Gap Between Rich and Poor

Tabelle 5.1 (fortgesetzt)

Harms & Heuwinkel (2025)		
	1.	Vielfalt der Familienformen und Ausweitung des Familienbegriffs
	2.	Alleinerziehende und Alleinreisende mit Kindern
	3.	Mehrgenerationen Familien
	4.	Patchwork- und Stieffamilien
	5.	Qualitätszeit mi der Familie und Erlebnisse
	6.	Natur erleben und Nachhaltigkeit
	7.	Urlaub und Lernen verbinden
	8.	Städtereisen
	9.	Workation
	10.	Digitale Transformation

Wie Tabelle 5.1 deutlich zeigt, finden Familienreisen insbesondere in China eine starke wissenschaftliche Berücksichtigung. Yi und Wu (2020) heben die enge Kopplung von kultureller Wertschätzung von Familie und dem daraus resultierenden Wunsch, gemein zu verreisen, hervor. Die Autor/innen empfehlen eine stärkere Berücksichtigung der kulturellen Besonderheiten der chinesischen Kultur, die sich deutlich von US-amerikanischen und europäischen Modellen der Kernfamilie unterscheidet, die Berücksichtigung des Wandelns von Familienstrukturen und Rollen innerhalb der Familie, des touristischen Marktes für Familienreisen und die Übernahme der Perspektive von benachteiligen Familien.

Die insgesamt 56 Begriffe wurden kategorisiert und mittels MS Copilot ausgezählt (Tab. 5.2). Grundlage für die Kategorienbildung war die Analysestruktur aus Harms und Heuwinkel (2025). Es wurde versucht, eine eindeutige Zuordnung vorzunehmen, was aber nicht immer möglich war. Weiterhin besteht eine starke Nähe zwischen den Kategorien psychologische und soziale Faktoren und Erlebnisse und Erfahrungen. Letztere sind besonders relevant für Natur, Nachhaltigkeit und Umwelt.

Tabelle 5.2: Gruppierte Begriffe.

Kategorie	Begriffe	Anzahl
Theorien und Methodologie	Family systems theory, Experience theory, Family resource/power theory, Informal learning, Methodology and theory, Thinking through the role of Chinese culture	6
Familienstruktur und -rollen	Family roles, Family structure, Family systems theory, Vielfalt der Familienformen, Alleinerziehende, Mehrgenerationen Familien, Patchworkfamilien, Blended families, Family role and family resource/power theory, New family markets	10

Tabelle 5.2 (fortgesetzt)

Psychologische und soziale Faktoren	Psychological factors, Behavior, Social capital, Creating memories, Children as sophisticated consumers, Gender (diversification)	6
Erlebnisse und Erfahrungen	Experience, Experiential family holidays, Quality time with family, Listening to children's voices, Experience theory, Family consumption model, Consumption, Decision-making, Urban tourism, Erlebnisse und Nachhaltigkeit	10
Natur, Nachhaltigkeit, Umwelt	Diminishing Natural Resources, Climate Change, Ecotourism, Natur erleben	4
Technologie und Digitalisierung	Influence of social media on family travel, Persistence of Social Media Sharing, Social media sharing, Google Glass & Wearable Technology, Artificial Reality, Virtual Customer Service, Digital Transformation	7
Reisetrends und neue Märkte	Multi-generation travel, New family markets, Urban tourism, Städtereisen, Workation, Helicopter parents, Parenting Cultures, Changing school calendars	8
Soziale und ökonomische Veränderungen	Social tourism, Immigration, Increased Gap Between Rich and Poor, Family and kinship redefined, Vielfalt der Familienformen	5

Ziel des Beitrags ist die Analyse der praktischen Implikationen von gesellschaftlichen Trends im Bereich Familie und Familienreisen für touristische Leistungstragende. Für diese Fragestellung sind insbesondere die Kategorien „Natur, Nachhaltigkeit, Umwelt" in Kombination mit „Erlebnisse und Erfahrungen" sowie „Technologie und Digitalisierung" relevant.

Trends bei Familienreisen

Die Analyse hat bestätigt, dass die tourismuswissenschaftliche Beschäftigung mit gesellschaftlichen Trends und den Auswirkungen auf Familien beim Reisen noch gering ist. Vor diesem Hintergrund empfiehlt sich der Blick in andere Wissenschaften, die sich mit Familien beschäftigen. Familientourismus erlaubt den Zugang aus unterschiedlichen Wissenschaften. Beispiele stammen aus Pädagogik, Psychologie, Soziologie und Politikwissenschaften. Im Bereich der Wirtschaftswissenschaften steht das Konsumverhalten im Vordergrund. Eine wichtige Quelle ist der Familienbericht des Bundesministeriums für Familien, Senioren, Frauen und Jugend (BMFSFJ). Dieser analysiert sowohl die aktuelle Situation von Familien als auch Trends (BMFSFJ, 2024). Der Begriff Trends beschreibt in diesem Zusammenhang Veränderungen in den Familienkonstellationen, wichtige Themen, Anforderungen und Hilfebedarfe, die adressiert und abgedeckt werden müssen, um den Ansprüchen von Familien gerecht zu werden.

Der aktuelle Bericht ist aus dem Jahr 2021 (19. Wahlperiode des Deutschen Bundestages) und hat den Titel „Eltern sein in Deutschland – Ansprüche, Anforderungen und Angebote bei wachsender Vielfalt". Es werden steigende Anforderung an Elternschaft beschrieben, wie die Schaffung von Erlebnissen. Gleiches gilt für Herausforderungen im Umgang mit der Digitalen Transformation.

Zwischen digitalen Welten und Natur-Erleben

In den letzten Jahrzehnten hat sich der Lebensstil vieler Kinder grundlegend gewandelt. Die fortschreitende Urbanisierung, der Rückgang von Frei- und Grünflächen sowie eine immer stärker strukturierte Freizeitgestaltung führen dazu, dass der direkte Kontakt zur Natur deutlich abnimmt. Das Interesse an Natur bleibt jedoch konstant (Kleinhückelkotten, Neitzke & Moser, 2016). Während das freie Spielen im Freien früher als selbstverständlich galt, dominieren heute digitale Medien und indoor-basierte Aktivitäten den Alltag. Dies hat nicht nur Auswirkungen auf das körperliche Wohlbefinden, sondern auch auf kognitive und soziale Entwicklungsprozesse (Bowers, Larson & Parry, 2021).

Mehrere Faktoren tragen zu dem beobachteten Rückgang bei: In Ballungsräumen verringern sich kontinuierlich die verfügbaren Grün- und Spielflächen und die Digitalisierung und strukturierte Freizeit haben eine Auswirkung auf die Entwicklung der Kinder. Bereits im frühen Kindesalter wird Freizeit häufig durch feste Programme, digitale Angebote und institutionalisierte Betreuung geprägt. Weiterhin haben ein zunehmendes Sicherheitsbedenken und veränderte Erziehungsmuster zur Folge, dass Eltern ihre Kinder mehr schützen und beaufsichtigen, sodass unabhängiges Erkunden der Natur seltener wird.

Diese Veränderungen führen dazu, dass Kinder heute seltener in der Lage sind, unstrukturiert in der Natur zu spielen und selbst Erfahrungen mit natürlichen Umgebungen zu sammeln.

Die Reduktion des Naturkontakts hat vielfältige Folgen für die kindliche Entwicklung, die sich in unterschiedlichen Bereichen manifestieren: Studien zeigen, dass regelmäßige Bewegung an der frischen Luft essentiell für die Entwicklung motorischer Fähigkeiten ist: Kinder, die draußen aktiv sind, trainieren ihre Koordination, Gelenkigkeit, Balance und Ausdauer. Dadurch sinkt auch das Risiko von Übergewicht und von durch Bewegungsmangel bedingten Erkrankungen (Konrad Adenauer Stiftung, 2018). Der Aufenthalt in der Natur wirkt sich positiv auf die mentale Gesundheit und kognitive Funktionen aus. Untersuchungen (Van den Berg & Van den Berg, 2011) belegen, dass natürliche Umgebungen die Aufmerksamkeitsspanne und Kreativität fördern.

Kinder, die Zeit im Freien verbringen, berichten häufig von einem gesteigerten Wohlbefinden, einem verbesserten Selbstwertgefühl und einer natürlichen Stressreduktion. Neben den individuellen gesundheitlichen Vorteilen fördert der direkte Kontakt zur Natur auch soziale Kompetenzen und ein nachhaltiges Umweltbewusstsein.

Das gemeinsame Spielen in der Natur bietet vielfältige Gelegenheiten zur Interaktion und stärkt die soziale Kompetenz. Eigene Naturerfahrungen sind die Basis für ein fundiertes Verständnis ökologischer Zusammenhänge und führen langfristig zu einem verantwortungsbewussten Umweltverhalten (Groß & Sand, 2022; Raith & Lude, 2014; Sand, 2019).

In der Gestaltung des Familienurlaubs können Destinationen, Beherbergung und andere touristische Einrichtungen gezielt naturpädagogische Programme in ihr Freizeitangebot integrieren und mit Aktivitäten, wie bspw. Schnitzeljagden, Schatzsuchen oder Waldbingos, den spielerischen und entdeckenden Umgang mit der Natur fördern. Auch „Mikroabenteuer", wie das Entzünden eines Feuers oder das Übernachten unter freiem Himmel, bringen Familien die Natur näher und stärken das Selbstvertrauen und die Problemlösungsfähigkeiten der Kinder.

Ein großzügig gestalteter und sicherer Außenbereich lädt Kinder zum Draußenspielen ein – mit vielfältigen Sinnesanreizen wie Kräutergärten, Streuobstwiesen oder versteckten Spielinseln ermöglicht er Kindern, die Natur intensiv zu erleben. Ebenso fördern Workshops wie bspw. zu „Landart" oder „Waldküche" die Auseinandersetzung der Kinder mit der Natur (Harms & Heuwinkel, 2025).

Um ältere Kinder und Jugendliche für Natur und das „Draußen" zu begeistern ist es förderlich, sich digitaler Hilfsmittel zu bedienen. Eine Schnitzeljagd, die als digitale Schnitzeljagd angelegt ist und mit Unterstützung des Smartphones gespielt wird, ist in der Regel reizvoller und erreicht diese Zielgruppe besser – ob dabei auf einen professionellen Anbieter zurückgegriffen wird, eine Geo-Cache-Rallye angelegt wird oder QR-Codes für die Aufgaben zu verwendet werden. Bekanntes aus dem digitalen Leben oder den konsumierten Medien in das Analoge zu übertragen ist ein weiterer Weg, um Angebote für ältere Kinder interessant zu machen. Das kann beispielsweise eine Variante eines Computerspiels (wie Fortnite) sein, das als Gruppenspiel in das reale Leben transferiert wird. Ein Praxis-getestetes Konzept für ein Kinder-Jugendprogramm (Harms, 2023), orientiert sich an dem Format „7 vs. Wild" und knüpft als „Kids vs. Wild" daran an. Hier werden angelehnt an das bekannte Konzept zwei Gruppen mit Survival-Aufgaben (und unter Aufsicht einer Betreuung) in die nahe „Wildnis" geschickt. Nach der Auswahl der Hilfsmittel, die sie mitnehmen, um die Herausforderungen zu bestehen, gestalten sie den Wildnistag in eigener Absprache. So lernen sie an diesem Tag viel (voneinander) über die Natur, sind den Tag über draußen in Bewegung, organisieren sich selbst und stärken damit ihre Natur- und Kommunikationskompetenz – und kehren mit einem einmaligen Erlebnis zurück,

Die abnehmende Naturerfahrung bei Kindern stellt ein komplexes Problem dar, das weitreichende Konsequenzen für die körperliche, kognitive und soziale Entwicklung hat. Gerade im Segment des Familientourismus gibt es zahlreiche Ansatzpunkte, um diesen Trend umzukehren. Durch die Integration naturpädagogischer Angebote, die Gestaltung kindgerechter Außenanlagen und die Förderung von Bewegung in Verbindung mit kognitivem Lernen können touristische Anbieter/innen aktiv zur Wiederherstellung und Stärkung des Naturkontakts beitragen.

Digitale Transformation

Der Begriff Digitale Transformation betont, die mit der Digitalisierung einhergehenden gesellschaftlichen Veränderungen. Im Kontext von Familien und Familienreisen findet eine Betrachtung der Folgen des (steigenden) Medienkonsums insbesondere durch Kinder und Jugendliche statt. Digitale Medien werden oft unter den Begriffen Social Media, Neue Medien und Gaming diskutiert. Die Kopplung mobiler Endgeräte, wie Smartphone, Tablet und Konsolen, mit Technologien der drahtlosen Datenübertragung führt zur Möglichkeit, immer erreichbar zu sein, mit anderen zu spielen, Bilder und Videos zu teilen oder auf Nachrichten zu reagieren. Momente ohne digitale Medien sind selten und das Handyverbot in Schulen führt zu Widerständen bei den Schülern/Schülerinnen. Die ständige Erreichbarkeit und die Push-Dienste resultieren schnell in einer Überforderung, die nicht unbedingt als solche empfunden wird. Hinzu kommt der soziale Druck, erreichbar zu sein und schnell zu reagieren (Bundeszentrale für gesundheitliche Aufklärung, 2024).

Zahlen zur Nutzung digitaler Medien zeigen einen Anstieg der Nutzung in allen Altersgruppen und eine tiefe Durchdringung der Gesellschaft (Medienpädagogischen Forschungsverbund Südwest MPFS, 2020). Es besteht Bedarf an sinnvollen medienpädagogische Angeboten und konstruktiven Ansätzen zur Mediennutzung innerhalb der Familie (BMFSFJ, 2024, S. 140). Ein Setting könnte der Familienurlaub sein, da dort auseichend Zeit zur Verfügung steht und der Wunsch nach gemeinsamen Aktivitäten sowohl von Kindern als auch von Eltern geäußert wird (Harms & Heuwinkel, 2025, S. 86 ff.). Allerdings haben Eltern Unsicherheiten und Ängste bezüglich des Umgangs mit digitalen Medien. Gründe dafür sind der überzogene Medienkonsum, die Gefahr des Mobbings, Konfrontation mit Hassbotschaften und Fake-News sowie sexualisierte digitale Gewalt und Pornografie (BMFSJ, 2024, S. 137). Hinzu kommt, dass viele Eltern nicht genau wissen, was die Kinder online machen, wieviel Zeit sie dort verbringen und wie häufig sie mit den zuvor genannten Themen in Kontakt kommen. Das alles führt zu einer Überforderung und somit zu einem negativen Gefühl, was im Widerspruch zum Wunsch nach einem schönen Urlaub steht.

Destinationen, Beherbergungsbetriebe und andere Einrichtungen können Familien im Umgang mit digitalen Medien unterstützten, indem sie Angebote machen, die der gesamten Familie die Möglichkeit geben, gemeinsam digital aktiv zu werden. Gemeinsamkeit kann auf drei Wegen erreicht werden: a) Einzelspiele gemeinsam spielen, b) gemeinsam kooperativ zu spielen, c) über Spiele zu reden (Pfister, 2024). Es kann hilfreich sein, die digitale Überlegenheit der Kinder zu betonen, z. B. wenn Kinder die Eltern mittels Geocaching durch die Natur leiten (Eifel, 2025; Feldberg, 2025). Bei den Spielen ist zu prüfen, welche Altersklassen adressiert werden und ob es möglich ist, diese Spiele gemeinsam mobil zu spielen und womöglich aktiv das Urlaubsumfeld zu erkunden und Natur erleben zu können. Eine andere Option ist die im vorherigen Abschnitt beschriebene Umwandlung medialer Inhalte (7 vs. Wild) in ein Angebot im Freien (Kids versus wild).

Ergebnisse

Die Beschreibung der Bereiche Natur und Digitale Transformation zeigt deutlich, dass gesellschaftliche Veränderungen nicht nur Familie und Familienleben beeinflussen, sondern ebenfalls Einfluss auf den Familienurlaub haben. Defizite des Alltags können durch Angebote im Urlaub aufgegriffen werden. Allerdings setzt das voraus, dass touristische Leistungserbringende Unterstützung erhalten. Anregungen und Impulse sind bislang in der Tourismuswissenschaft kaum zu finden. Eine Ausnahme ist der Bereich des Outdoor- und Adventure-Tourismus sowie grundlegend die Freizeit- und Naturpädagogik, da dort die aktive Einbeziehung von Menschen im Vordergrund steht. Allerdings sind Familien als Gesamtheit und vor dem Hintergrund aktueller Herausforderungen in diesem Bereich bislang wenig berücksichtigt.

Diskussion

Der Artikel verbindet einen explorativen Ansatz mit einer systematischen Literaturanalyse. Bei letzterer ist die Anzahl der untersuchten Artikel zwar gering, entspricht jedoch den Werten anderer Analysen. Die geografische Streuung fokussiert auf den englischsprachigen Raum, Publikationen aus China und einige weitere u. a. aus Brasilien und Spanien. Es kann vermutet werden, dass weitere Artikel existieren, aber nicht erfasst wurden. Eine Ausweitung von untersuchten Räumen sowie eine Erweiterung der Methoden um Interviews, auch mit Kindern und Jugendlichen, ist dringend erforderlich. Darüber hinaus besteht Forschungsbedarf in der Kopplung von Naturerleben und Digitaler Transformation.

Der Artikel macht die enge Verwobenheit von Familie und Gesellschaft deutlich und zeigt, dass Veränderungen in Familienform, -struktur und -rollen zu neuen Trends im Familienurlaub führen können. Die tourismuswissenschaftliche Forschung thematisiert zwar im Rahmen von Metaanalysen eine Vielzahl von Trends resp. familialen Veränderungen, bleibt aber oft an der Oberfläche (Yi & Wu 2020). Der Artikel bestätigt wie bereits ältere Studien sowohl die Potenziale als auch die Lücken der Familienreiseforschung. Er betont mit den inhaltlichen Themen Natur und Digitale Transformationen zwei zentrale Elemente, die in direktem Zusammenhang mit dem Reiseerleben als Familie stehen, welches durch das Verständnis von Familie, von Erwartungen und familieninternen Dynamiken geprägt ist. Dringend gefordert ist eine engere Verzahnung von Familienwissenschaft(en) und Tourismusforschung.

Zwei andere Entwicklungen, die in diesem Artikel nicht weiter behandelt wurden, die aber großes Potenzial haben, sind erstens die Berücksichtigung und Einbeziehung von Kindern, wobei diese nicht auf ihre konsumentscheidende Rolle reduziert werden sollten. Ziel sollte es sein, kindliche Bedürfnisse ernst zu nehmen und mehr über das Urlaubserleben zu erfahren. In eine ähnliche Richtung geht zweitens die

Analyse der Erholung im Urlaub in Kombination mit Genderfragen sowie die Diskussion von Ungleichheit in der Gesellschaft. Smith und Hughes (1999) stellten bereits vor mehr als zwanzig Jahren die Frage, wie sozial benachteiligte Familien den Urlaub erleben.

Literatur

Backer, E., & Schänzel, H. (2013). Family holidays – Vacation or obli-cation?. *Tourism Recreation Research*, 38(2), 159–173. https://doi.org/10.1080/02508281.2013.11081742

Bowers, E. P., Larson, L. R., Parry, B. J., (2021). Nature as an ecological asset for positive youth development: Empirical evidence from rural communities. *Frontiers in Psychology*, 12 https://doi.org/10.3389/fpsyg.2021.688574

Bündnis gegen Cybermobbing (2024). *Für Eltern*. Abgerufen am 14.3.2025 von https://buendnis-gegen-cybermobbing.de/ratgeber/fuer-eltern.html

Bundesministerium für Familie, Senioren, Frauen und Jugend (2024). *Familienreport 2024*. Abgerufen am 14.3.2025 von https://www.bmfsfj.de/bmfsfj/service/publikationen/familienreport-2024-239470.

Bundeszentrale für gesundheitliche Aufklärung (2024). *Wie Medien Kindern schaden können*. Abgerufen am 14.3.2025 von https://www.kindergesundheit-info.de/themen/medien/mediennutzung/medien-gefahren/.

Eifel (2025). GPS-Rallye in Nideggen-Brück. Abgerufen am 19.3.2025 von https://www.eifel.info/o-gps-rallye-in-nideggen-brueck

Feldberg (2025). Baden-Württemberg, Schatzsuche. Abgerufen am 19.3.2025 von https://www.familien-ferien.de/aktivitaeten/wandern/geocaching/geocaching-feldberg.

FUR e. V. (2024). Zahlen zu Familienreisen bereitgestellt von F. Kuhn. Internes Dokument.

Groß, S. & Sand, M. (2022). *Draußen erleben! Abenteuer – Outdoor – Tourismus*, UVK Verlag

Harms, K. (2023). *Freiraum für Kinder – vom Glück in der Natur zu spielen*. https://tourismus.mv/artikel/freiraum-fuer-kinder-vom-glueck-in-der-natur-zu-spielen

Harms, K, Heuwinkel, K. (2025). *Familien reisen*. München: UVK.

Hay, B. (2017). Missing voices: Australian children's insights and perceptions of family holidays. *Hospitality & Society*, 7(2), 133–155. https://doi.org/10.1386/hosp.7.2.133_1

Hazel, N. (2005). Holidays for children and families in need: An exploration of the research and policy context for social tourism in the UK. *Children & Society*, 19(3), 225–236. https://doi.org/10.1002/chi.838

Heuwinkel, K. (2021). *Frauen im Tourismus*. München: UVK.

Heuwinkel, K. (2023). *Tourismussoziologie*. 2. A. München: UTB.

Heuwinkel, K. (2024a): Gender Inequity in Tourism: A Policy Challenge. In: Pforr, C., Pillmayer, M., Joppe, M., Scherle, N., & Pechlaner, H. (Hrsg.) *Tourism Policy-Making in the Context of Contested Wicked Problems: Politics, Paradigm Shifts and Transformation Processes*. 231–248. Emerald Publishing Limited.

Heuwinkel, K. (2024b). *Community-based Tourism*. München: UVK

Kleinhückelkotten, S., Neitzke, H., & Moser, S. (2016). Repräsentative Erhebung von Pro-Kopf-Verbräuchen natürlicher Ressourcen in Deutschland (nach Bevölkerungsgruppen). Umweltbundesamt. Abgerufen am 19.3.2025 von https://boris.unibe.ch/85892/1/texte_39_2016_repraesentative_erhebung_von_pro-kopf-verbraeuchen_natuerlicher_ressourcen.pdf

Koc, E. (2004). The role of family members in the family holiday purchase decision-making process. *International journal of hospitality & tourism administration*, 5(2), 85–102. https://doi.org/10.1300/J149v05n02_05

Konrad Adenauer Stiftung (2018). Draußen spielen – ein unterschätzter Motor der kindlichen Entwicklung. Abgerufen am 19. März 2025 von https://lmy.de/RVgDm

Köchling, A., Kampen, J., & Weis, R. (2021). Familienurlaub: Volumenstarkes Urlaubssegment mit sich wandelnden Ansprüchen. In: B. Eisenstein, J. Kampen, R. Weis, J. Reif, C. Eilzer (Hrsg.). *Tourismusatlas Deutschland*. München: UVK. 84–85.

Li, M., Lehto, X., & Li, H. (2020). 40 years of family tourism research: Bibliometric analysis and remaining issues. *Journal of China Tourism Research*, *16*(1). https://doi.org/10.1080/19388160.2020.1733337

Medienpädagogischer Forschungsverbund Südwest (2020). *JIM-Studie 2020*. Abgerufen am 14.3.2025 von https://www.mpfs.de/fileadmin/files/Studien/JIM/2020/JIM-Studie-2020_Web_final.pdf.

Pfister, E. (2024). Digital mit Kindern spielen (6–10): Gemeinsam Spielen und gemeinsam über Spiele reden. *Spiel-Kultur-Wissenschaft*. Abgerufen am 14. März 2025 von https://doi.org/10.58079/12l8l

Qiao, G., Cao, Y., Chen, Q., & Jia, Q. (2022). Understanding family tourism: a perspective of bibliometric review. *Frontiers in Psychology*, 13, 937312. https://doi.org/10.3389/fpsyg.2022.937312

Raith, A. & Lude, A. (2014). *Startkapital Natur. Wie Naturerfahrung die kindliche Entwicklung fördert*. Oekom Verlag.

Sand, M. (2019). *Outdoor, Mensch, Natur: Adventuremanagement in Theorie und Praxis*. UVK Verlag.

Schänzel, H. (2011). *Family time and own time on holiday: generation, gender, and group dynamic perspectives from New Zealand* (Doctoral dissertation, Open Access Te Herenga Waka-Victoria University of Wellington.

Schänzel, H. & Yeoman, I. (2015). Trends in Family Tourism. *Journal of Tourism Futures*. Vol. 1 Iss 2,141–147. http://dx.doi.org/10.1108/JTF-12-2014-0006

Silva, G., Silva, P., Melo, C., & Correia, A. I. (2017). The role of children in the family's holidays decision-making process. *Revista Turismo & Desenvolvimento*. No 27/28. 467 –469.

Smith, V., & Hughes, H. (1999). Disadvantaged families and the meaning of the holiday. *International Journal of Tourism Research*, *1*(2), 123–133. https://doi.org/10.1002/(SICI)1522-1970(199903/04)1:2 < 123::AID-JTR146 > 3.0.CO;2-R

Statistisches Bundesamt (2024). Familien. Zahlen. Abgerufen am 11.3.2025 von https://www.destatis.de/DE/Presse/Pressemitteilungen/Zahl-der-Woche/2024/PD24_20_p002.html.

Steinbach, A., & Hank, K. (2020). Familie. In: H. Joas & S. Mau (Hrsg.) (4. A.), *Lehrbuch der Soziologie*, S. 439–470. Frankfurt a. M: Campus Verlag.

Van den Berg, A. & van den Berg, P. (2011). *A comparison of children with ADHD in a natural and built setting*.

Whittington, A. (2014). Family vacation 2050: Socially and technologically-driven scenarios of the future of family travel, recreation and tourism. *Tourism Recreation Research*, 39(3), 379–396. https://doi.org/10.1080/02508281.2014.11087007

Wu, M. Y., & Wall, G. (2016). Chinese research on family tourism: Review and research implications. *Journal of China Tourism Research*, *12*(3–4), 274–290. https://doi.org/10.1080/19388160.2016.1276873

Yi, L. S., & Wu, M. Y. (2020). Progress in family tourism research-a literature review of English publications (2000–2019). https://doi.org/10.19765/j.cnki.1002-5006.2020.04.014

Christian Mayer* und Björn Baltzer

Chapter 6
Strategische Herausforderungen für Campingplätze – Eine Studie unter bayerischen Campingplätzen zu Wahrnehmung, Bewertung und Umgang

Zusammenfassung: Camping liegt im Trend. Das enorme Wachstum der Branche stellt auch Campingplätze vor zahlreiche zukünftige Herausforderungen. Im Rahmen einer Studie unter bayerischen Campingplatzmanagern wurde deren Wahrnehmung und Bewertung zu diesen Herausforderungen untersucht. Im Ergebnis werden wichtige Herausforderungen durchaus wahrgenommen. Eine Beschäftigung mit Strategie sowie Erfahrungen im Strategiefindungsprozess sind hingegen nur teilweise vorhanden. Es werden auch Zweifel geäußert, inwieweit das bisherige Vorgehen in Zukunft erfolgsversprechend sein wird.

Abstract: Camping is trending. The enormous growth of the industry also presents campsites with numerous future challenges. As part of a study of Bavarian campsite managers, their perception and assessment of these challenges was examined. As a result, important challenges are certainly perceived. However, there is only partial engagement with strategy and experience in the strategy development process. Doubts are also expressed as to the extent to which the current approach will be promising in the future.

Schlüsselwörter: Strategie, Umwelteinflüsse, Camping

Keywords: Strategy, Environmental Influences, Camping

Camping und Relevanz

Camping liegt im Trend. Es ist definiert als „die hausungebundene, mobile Form des Freizeitwohnens in selbst mitgeführten Unterkünften" (Widmann, 2021, S. 163) oder als „an accommodation and outdoor form of recreation" (Craig et al., 2021, S. 2855). Zu den Gründen für die hohe Nachfrage zählen Selbstbestimmtheit/Unabhängigkeit, Na-

---
*Korrespondierender Autor: Christian Mayer, Hochschule Kempten, Bahnhofstraße 61, D-87435 Kempten, e-mail: christian.mayer@hs-kempten.de
Björn Baltzer, Technische Hochschule Würzburg-Schweinfurt, Münzstraße 12, D-97070 Würzburg, e-mail: bjoern.baltzer@thws.de

https://doi.org/10.1515/9783111706511-006

turerlebnis und Flexibilität/Spontanität (GfK, 2019). Während der COVID-19-Pandemie war die Urlaubsform Camping zudem von weniger strengen Schließungsregelungen betroffen, was die Nachfrage weiter erhöhte (vergleiche Sommer, 2021).

In den letzten zehn Jahren ist die Anzahl der Übernachtungen von Gästen auf deutschen Campingplätzen von 27,9 Mio. in 2014 auf 42,3 Mio. in 2023 gestiegen (Statistisches Bundesamt, 2024a). Dies entspricht einer CAGR (Compound Annual Growth Rate, d. h. durchschnittliche jährliche Wachstumsrate) von 4,7%. Auf Gäste aus dem Ausland entfielen davon 4,5 Mio. Übernachtungen (Statistisches Bundesamt, 2024a). Das Bundesland Bayern hat einen Anteil von 8,4 Mio. Übernachtungen in 2023, was 19,9% der gesamten Übernachtungen entspricht. Unter allen Bundesländern verzeichnet Bayern damit vor Niedersachsen (5,7 Mio.) und Schleswig-Holstein (5,5 Mio.) die meisten Übernachtungen (Statistisches Bundesamt, 2024b). In engem Zusammenhang mit den hohen Übernachtungszahlen steht die Entwicklung der Anzahl der Neuzulassungen von Caravans und Reisemobilen in Deutschland. Von 2014 bis 2023 verzeichneten die Neuzulassungen von Reisemobilen einen Zuwachs von CAGR 11,5% und bei den Caravans von CAGR 2,7% (CIVD, 2024). Alleine im Bundesland Bayern entwickelte sich der Wohnmobilbestand in den letzten drei Jahren von 127.660 Stück in 2021 auf 158.523 Stück in 2023 (CAGR 11,4%; KBA, 2023).

Ein Rückgang der Nachfrage steht nicht zu erwarten. Zwar werden Veränderungen der Urlaubsform in den letzten Jahren attestiert, jedoch wollen 84% der Camper der Urlaubsform auch in Zukunft treu bleiben (Mayer & Stengel, 2024). Darüber hinaus zeigt sich das Interesse am Camping auch darin, dass sich 13% aller Reisenden einen Wohnmobilurlaub und 11% einen Urlaub mit Caravan vorstellen können (Lohmann, 2024). Diese Werte verzeichneten in den letzten zehn Jahren eine Steigerung von über 50%.

Das langfristige und hohe Wachstum bringt zahlreiche Veränderungen in der Branche und auf den Campingplätzen mit sich. Diesen und dem Umgang mit ihnen wurde aus wissenschaftlicher Sicht bis dato relativ wenig Aufmerksamkeit beigemessen.

Problemstellung

Den steigenden Übernachtungen steht eine nahezu unveränderte Anzahl an Campingplätzen gegenüber. Auf einen Zehnjahreszeitraum bezogen sank die Anzahl steuerpflichtiger Campingplätze in Deutschland sogar leicht um CAGR -1,1% von 2013 bis 2022 (Statistisches Bundesamt, 2024c). Die deutlich höhere Anzahl von Übernachtungsgästen trifft somit auf eine kaum veränderte Angebotszahl, was den Druck auf die bestehende Infrastruktur erhöht. Die erhöhte Nachfrage erfordert eine Auseinandersetzung mit Investitionen, z. B. in moderne Sanitäranlagen, Anpassungen bei Parzellierungen und deren Ausstattung sowie neue Buchungssysteme. Veränderte Ansprüche der wachsenden Zahl von Campern, neue Serviceangebote, etc. sind ebenfalls Beispiele für Themen und Entscheidungen, mit denen sich Campingplatzmanager/innen in Zukunft verstärkt auseinandersetzen müssen (Der Begriff Campingplatzmanager/in umfasst sowohl geschäftsführende Eigentümer/innen als auch angestellte Geschäftsführer/innen sowie leitende Angestellte).

Neben der gestiegenen Nachfrage und deren Auswirkungen auf die Campingplätze, nehmen weitere Herausforderungen aus der Umwelt Einfluss auf diese, z. B.:

- Die Erhöhung der Zinsen kann Auswirkungen auf die Finanzierung der Investitionen haben.
- Neue Gesetzgebungen können die Wirtschaftlichkeit des Betriebs beeinflussen (z. B. höherer Mindestlohn).
- Die Bürokratie ist in Deutschland in den letzten Jahren stark gestiegen (Tagesschau, 2025a). Hoher Bürokratismus wird von Unternehmern häufig als starke Einschränkung empfunden (Tagesschau, 2025b). Wenngleich z. B. Bayern dies erkannt hat und Abhilfe schaffen möchte (Söder, 2023), kann es noch viele Jahre dauern, bis Regelungen sinnvoll reduziert werden.
- Campingplätze sind häufig unmittelbar an die Verkehrsstrukturen von Dörfern und kleinen Städte angebunden. Das erhöhte Besucheraufkommen auf den Plätzen führt zu mehr Verkehr und Staus sowie zu einem erhöhtem Lärm- und Abgasabkommen. Campingplätze sind somit an Fragen zu Besuchslenkung und -management beteiligt (Campingleitsystem Bayern, 2024).
- Infrastruktur für eMobilität könnte mittel- bis langfristig auch in Campingfahrzeugen verbaut sein und eine entsprechende Versorgung wird auf den Plätzen vorausgesetzt (PiNCAMP, 2023).
- Wie nahezu alle anderen Akteure in der Wirtschaft auch, sind Campingplätze mit Fragen zur Verbesserung des CO_2-Fußabdrucks, Maßnahmen zur Digitalen Transformation und des Umgangs mit Fachkräfte- bzw. Personalmangel konfrontiert.

Herausforderungen sind jedoch nicht nur als Risiken zu verstehen, sondern können auch als Chancen wahrgenommen werden. Dies kann individuell für jeden Campingplatz variieren. Eine gute Eigenkapitalposition kann Finanzierungen auch zinsunabhängig ermöglichen, was zu Ausstattungsvorsprüngen führen kann. Das Einlassen auf neue Zielgruppen und deren Bedürfnisse kann zu einer guten Nischenposition mit geringerer Preissensitivität bei den Kunden führen. Professionelle Besuchslenkung und -management kann zu weniger Konflikten führen und gemeinsam mit der lokalen Destination zu einer höheren Gesamtzufriedenheit und Wertschöpfung beitragen (Umweltbundesamt, 2024).

Gemeinsam haben Chancen und Risiken, dass diese analysiert, abgewogen und zielorientiert gesteuert werden müssen. Um das unternehmerische Ziel jedoch zu kennen, bedarf es einer Strategie, nach der die Organisation ausgerichtet wird, Maßnahmen entschieden und Mittel allokiert werden. „A Strategy is a commitment to undertake one set of actions rather than another." (Oster, S. in Thomson et al, 2008, S. 2)

Gerade in Zeiten prosperierender Nachfrage und hoher operativer Auslastung ist es wichtig, den Blick auf die Herausforderungen in der Umwelt nicht zu verlieren. Es ist nicht erforscht, inwieweit sich Campingplatzmanager/innen mit diesen auseinandersetzen und einer bewussten Strategie folgen. Die Autoren dieses Beitrags möchten daher im Rahmen einer Studie folgende Fragen beantworten:

–   In welcher Intensität nehmen die Campingplatzmanager/innen Herausforderungen aus der Umwelt wahr?
–   Inwieweit fühlen sich Campingplatzmanager/innen befähigt, mit diesen Herausforderungen umzugehen?
–   Beschäftigen sich die Campingplatzmanager/innen mit dem Thema „Strategie"? Mit welchen Teilprozessen im Rahmen der Strategiefindung gibt es die meiste Erfahrung?

Studie und Methodik

Die Studie fokussierte sich auf Campingplätze im Bundesland Bayern. Teilweise sind die strategischen Herausforderungen für Campinglätze deutschlandweit einheitlich, was sich z. B. in Herausforderungen zur Nachhaltigkeit und zur Digitalisierung widerspiegelt. Zum anderen unterscheiden sich diese jedoch von Bundesland zu Bundesland. Dies bezieht sich auf die individuelle Entwicklung des Besuchsaufkommens ebenso wie auf unterschiedliche Rahmenbedingungen im Wettbewerb, bei der Landesgesetzgebung und bei infrastrukturellen Voraussetzungen.

Im Rahmen der Befragung wurden Einflüsse aus der unternehmerischen Umwelt vorgegeben, die von den Teilnehmenden hinsichtlich ihrer individuell wahrgenommenen Herausforderung bewertet wurden. Die Nennung der Herausforderungen durch die Autoren folgte dem Raster einer PESTEL-Analyse. Die PESTEL-Analyse ist eine Methodik zur Analyse der Unternehmensumwelt. Das Akronym steht für Political, Economic, Social, Technological, Environmental, Legal. Die Teilnehmenden wurden gebeten einzuschätzen, ob ihr bisheriges Vorgehen im Umgang mit diesen Herausforderungen auch in Zukunft erfolgversprechend sein wird. Zudem wurde abgefragt, ob und in welcher Form sich die Campingplatzmanager/innen mit Strategie beschäftigen. Abschließend wurde erfragt, mit welchen Teilprozessen im Rahmen der Strategiefindung bereits Erfahrungen vorliegen. Die erfragten Teilprozesse in der Strategiefindung entstammen etablierter Managementliteratur (Hungenberg, 2014).

Die Studie wurde als online-Umfrage konzipiert und mittels der Software „LimeSurvey" durchgeführt. Auflagen zum Datenschutz wurden durch das Tool gewährleistet. Vor Versand des Fragebogens wurde ein Pretest mit 38 Studierenden durchgeführt, wodurch sich lediglich einige formale Anpassungen ergaben.

Stichprobe und Ergebnisse

In Bayern gab es im Jahr 2020 laut Statistischen Bundesamt 421 geöffnete Campingplätze (Statistisches Bundesamt, 2024d). Im Rahmen der Umfrage konnten im April 2024 insgesamt 354 durch die Autoren recherchiert werden. 312 dieser Plätze wiesen eine E-Mailadresse aus und konnten über diese kontaktiert werden.

Die Feldzeit belief sich vom 16.04.2024 bis zum 02.05.2024. In dieser Zeit nahmen n = 61 Campingplätze an der Befragung teil. Bezogen auf die angeschriebenen Plätze entspricht dies einem Rücklauf von rund 20%. Die Teilnahmequote wurde durch eine Erinnerungsnachricht verbessert. Zudem wurde ein Zeitraum gewählt, der bei vielen Campingplätzen noch vor der Hauptsaison (z. B. Pfingsten und Sommerferien) liegt. Es wurde unterstellt, dass in dieser Zeit tendenziell eher Zeit zur Beantwortung einer Umfrage vorhanden ist.

72% der antwortenden Plätze hatten 1–10 Mitarbeiter und weitere 15% 11–20 Mitarbeiter (n = 61). Weitere 8% gaben an zwischen 21 und 40 Mitarbeiter zu beschäftigen, 5% hatten über 50 Mitarbeiter. Bezogen auf die Mitarbeiterzahl sind die teilnehmenden Campingplätze somit überwiegend als Kleinstunternehmen (bis zu 9 Mitarbeiter) zu bezeichnen (Statistisches Bundesamt, 2024e). 70% der Personen, die den Fragebogen ausgefüllt haben, sind Eigentümer/in und Geschäftsführer/in der Campingplätze (n = 61), 10% sind angestellte Geschäftsführer/in und 13% leitende Angestellte. 7% gaben „Sonstige Position" an (z. B. Vereinsvorstand, Pächter/in). Die Hauptsitze der Campingplätze sind zu 28% im Bezirk Schwaben, 25% Bezirk Oberbayern, jeweils 11% Bezirk Unterfranken und Bezirk Oberpfalz, 10% Bezirk Niederbayern und 8% bzw. 7% aus den Bezirken Ober- und Mittelfranken (n = 61).

Folgende Abbildung 6.1 zeigt die wahrgenommenen Herausforderungen der Campingplatzmanager (n = 55). In der Abbildung wurden die Bewertungen 1 + 2 sowie 4 + 5 zusammengefasst und nach den Bewertungen 4 + 5 sortiert. Darunter finden sich in Tabelle 6.1 die Beispiele, die den Teilnehmenden zur Schaffung eines besseren und gemeinsamen Verständnisses eingeblendet wurden.

Im Anschluss wurden die Teilnehmenden nach einer Gesamteinschätzung gefragt, wie sie zukünftige Herausforderungen in Summe einschätzen (n = 55). 37% erachten diese als sehr hoch oder hoch. Kein Teilnehmender gab an, dass diese sehr niedrig seien. Am häufigsten wurde auf der Skala der Wert „mittel" gewählt (45%). 18% erachten die Herausforderungen als niedrig.

29% der Teilnehmenden glauben nicht oder haben Zweifel daran, dass ihr bisheriges Vorgehen auch in Zukunft erfolgversprechend ist (n = 51). Demgegenüber stehen 71% der Teilnehmenden, die von ihrem Vorgehen auch in Zukunft überzeugt sind.

Die Ergebnisse zur Frage nach dem Strategievorgehen (n = 51) zeigen, dass sich 45% der Befragten nie oder kaum bzw. nur unregelmäßig mit Strategie beschäftigen. Lediglich 12% beschäftigen sich regelmäßig mit Strategie und haben diese auch schriftlich fixiert. 41% beschäftigen sich mit Strategie, haben diese aber nicht schriftlich fixiert. Abbildung 6.2 zeigt, mit welchen Teilprozessen im Rahmen der Strategie-

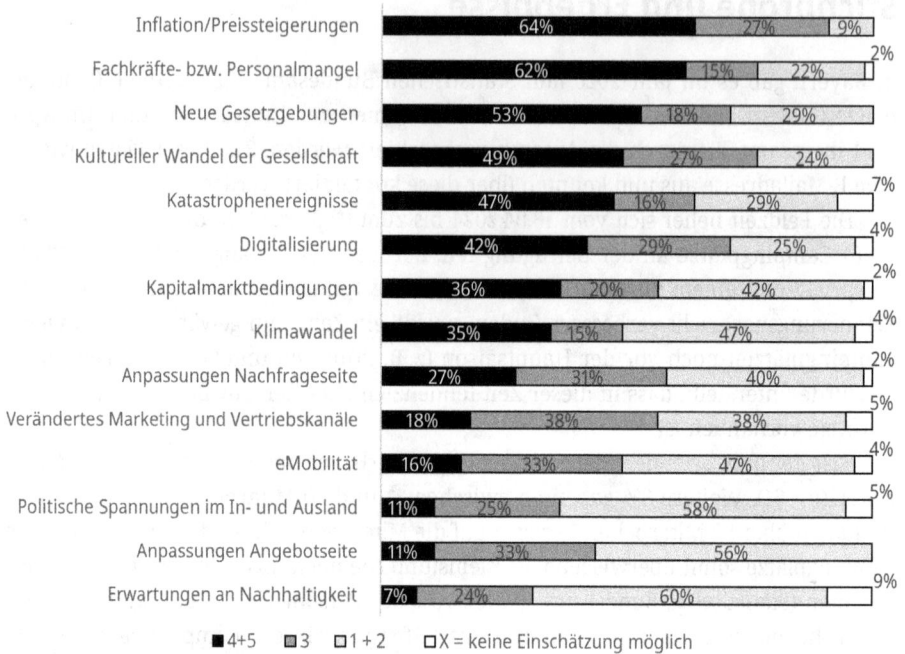

Bar chart data:

Herausforderung	4+5	3	1+2	X
Inflation/Preissteigerungen	64%	27%	9%	
Fachkräfte- bzw. Personalmangel	62%	15%	22%	2%
Neue Gesetzgebungen	53%	18%	29%	
Kultureller Wandel der Gesellschaft	49%	27%	24%	
Katastrophenereignisse	47%	16%	29%	7%
Digitalisierung	42%	29%	25%	4%
Kapitalmarktbedingungen	36%	20%	42%	2%
Klimawandel	35%	15%	47%	4%
Anpassungen Nachfrageseite	27%	31%	40%	2%
Verändertes Marketing und Vertriebskanäle	18%	38%	38%	5%
eMobilität	16%	33%	47%	4%
Politische Spannungen im In- und Ausland	11%	25%	58%	5%
Anpassungen Angebotseite	11%	33%	56%	
Erwartungen an Nachhaltigkeit	7%	24%	60%	9%

■ 4+5   ▨ 3   ▢ 1 + 2   ▢ X = keine Einschätzung möglich

Abbildung 6.1: Wahrgenommene Herausforderungen (eigene Darstellung). 1 = sehr niedrige bis keine Herausforderung, 2 = niedrige Herausforderung, 3 = mittlere Herausforderung, 4 = hohe Herausforderung, 5 = sehr hohe Herausforderung, X = keine Einschätzung möglich.

Tabelle 6.1: Beispiele für Herausforderungen.

Herausforderungen	Beispiele
Inflation/Preissteigerungen	steigende Rohstoff- und/oder Energiepreise, nicht weiterreichbarer Umsatzsteuereffekt von 7% auf 19%
Fachkräfte- bzw. Personalmangel	Probleme mit Gewinnung und Bindung von Personal
Neue Gesetzgebungen	Erhöhung Mindestlohn, Vorgaben zur Nachhaltigkeit, neue Regelungen mit Bürokratieaufbau
Kultureller Wandel der Gesellschaft	gestiegene Ansprüche an Ausstattung, Serviceangebot und Komfort, Luxuscamping
Katastrophenereignisse	Pandemien ähnlich wie COVID-19, Naturkatastrophen wie Überschwemmungen
Digitalisierung	digitales Platzmanagement, Vollabdeckung WLAN, IT-Sicherheit
Kapitalmarktbedingungen	höhere Zinsen auf Kredite, Kreditknappheit

Tabelle 6.1 (fortgesetzt)

Klimawandel	Grundwassermangel, Temperaturänderungen
Anpassungen Nachfrageseite	Kaufzurückhaltung/Verzicht
Verändertes Marketing und Vertriebskanäle	neue Zielgruppen, Umgang mit online-Rezensionen, online-Plattformen
eMobilität	notwendige Ladeinfrastruktur
Politische Spannungen im In- und Ausland	Ausdehnung Ukraine-Krieg, Streiks
Anpassungen Angebotsseite	verschärfter Wettbewerb
Erwartungen an Nachhaltigkeit	Regionalität, biologische Erzeugnisse

findung die Campingplatzmanager/innen bereits Erfahrung haben. In der Darstellung wurden die Werte 1 + 2 sowie 4 + 5 zusammengefasst, die Sortierung erfolgt chronologisch entsprechend den Phasen des Strategieprozesses.

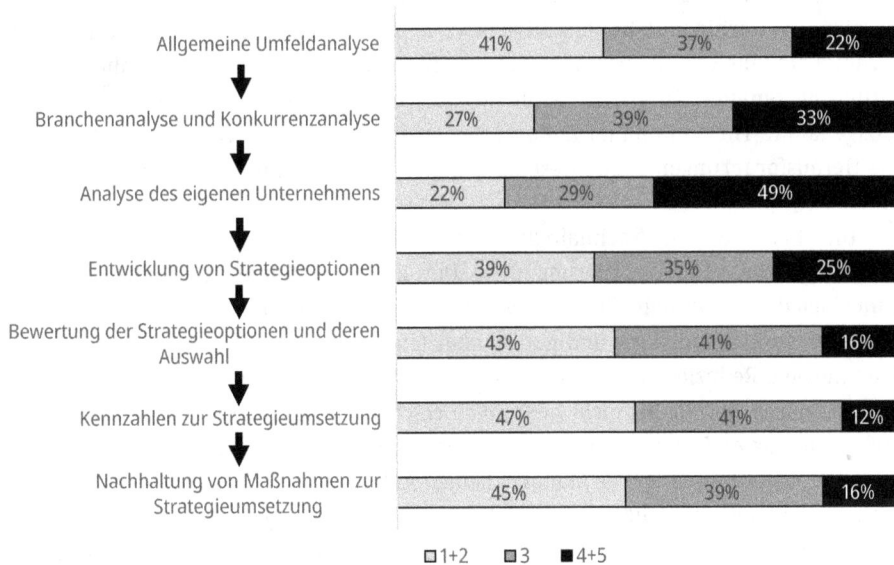

Abbildung 6.2: Erfahrungen im Strategieprozess (eigene Darstellung). 1 = sehr wenig bis keine Erfahrung, 2 = wenig Erfahrung, 3 = mittlere Erfahrung, 4 = viel Erfahrung, 5 = sehr viel Erfahrung.

Es zeigt sich, dass mit 49% vor allem Erfahrungen in der Analyse des eigenen Unternehmens bestehen. Weder mit der Analyse der externen Umwelt noch mit der Ableitung und Umsetzung einer konkreten Strategie haben die befragten Campingplatzmanager/innen nach eigenem Bekunden viel oder sehr viel Erfahrung.

Diskussion der Ergebnisse und weitere Forschung

In welcher Intensität nehmen die Campingplatzmanager Herausforderungen aus der Umwelt wahr?

Campingplätze nehmen die genannten Herausforderungen wahr, die Nennung „keine Einschätzung möglich" wurde auf der Skala nur vereinzelt angekreuzt. Die Summe der Herausforderungen wird von 37% als sehr hoch oder hoch angegeben. Bei den einzelnen Herausforderungen zeigt sich allen voran, dass die Manager/innen die Sorge vor „Inflation/Preissteigerungen" umtreibt: 67% gaben an, dass hierbei eine hohe oder sehr hohe Herausforderung besteht. Wenngleich die Intensität der Herausforderung „Inflation/Preissteigerungen" in ihrer Allgemeinheit seit Durchführung der Umfrage gesunken ist (Tagesschau, 2024b), bleiben für Unternehmer/innen relevante Bereiche weiterhin auf hohem Niveau (z. B. Baukosten; Statistisches Bundesamt, 2024e). Ebenfalls wurde „Personalmangel" mit 62% als hohe oder sehr hohe Herausforderung genannt. Aufgrund des demografischen Wandels wird sich gerade dieses letztgenannte Thema in naher Zukunft tendenziell noch weiter verschärfen. Es folgen die Herausforderungen „neue Gesetzgebungen" sowie „kultureller Wandel" mit 53% bzw. 49%.

Die „Erwartung an Nachhaltigkeit" erachten die Manager überwiegend nur als keine bis niedrige Herausforderung (60%). Dies kann der Meinung der Autoren zufolge zum einen darin begründet liegen, dass die zur Verbesserung der Situation notwendigen Maßnahmen klar umrissen und gut planbar sind (z. B. Investitionen in Photovoltaik, Dämmungen, Reduzierung des Wasserverbrauchs, regionale Wertschöpfung), weshalb diese Herausforderung als nicht bedrohlich erscheint. Zum anderen ist gegebenenfalls auf den befragten Plätzen in den letzten Jahren schon viel umgesetzt worden, weshalb diese Herausforderung für die Manager keinen Anlass mehr zur Beunruhigung gibt. Abschließend könnte auch die „Attitude-Behavior-Gap" zum Tragen kommen. Die Attitude-Behavior-Gap bezeichnet die Differenz zwischen der Einstellung und dem Verhalten der Verbraucher in Bezug auf Aspekte zur Nachhaltigkeit. Eine Studie der DHBW Heilbronn für den Lebensmitteleinzelhandel zeigt auf, dass beispielsweise beim Aspekt CO_2-Abdruck die Wichtigkeit beim Einkauf (Attitude) vom Kunden auf einer Skala von 0–100 mit 36 bewertet wurde, bei der tatsächlichen Umsetzung des Einkaufs (Behavior) jedoch nur ein Wert von 22 erreicht wurde (Berg et al., 2023). Die Differenz (Gap) beträgt in diesem Beispiel 14. Beim Kriterium „Verantwortungsbewusstes Handeln der Marke", beträgt die

Abweichung sogar 16 Punkte. Die Autoren schließen nicht aus, dass sich derartige Abweichungen zwischen Einstellung und Verhalten auch bei Campenden zeigen könnte und die Campingplatzmanager/innen davon aufgrund ihrer täglichen Erfahrung faktisch oder intuitiv wissen. Dies würde dazu führen, dem Aspekt Nachhaltigkeit nicht übermäßige Aufmerksamkeit beizumessen. Zudem könnten die Manager/innen die Urlaubsform Camping im Vergleich zu anderen Urlaubformen bereits als nachhaltiger bewerten, so dass ihr wahrgenommener Handlungsdruck geringer ist.

Inwieweit fühlen sich Campingplatzmanager/innen befähigt, mit diesen Herausforderungen umzugehen?

Knapp 30% der Manager/innen gaben an, dass sie im Zweifel sind, ob ihr bisheriges Vorgehen auch in Zukunft erfolgversprechend sein wird.

Dieser Wert erscheint auf den ersten Blick weder sonderlich niedrig noch hoch zu sein. Wird jedoch die aktuelle Situation der Branche berücksichtigt, erscheint der Wert in der Wahrnehmung der Autoren durchaus als bemerkenswert hoch. Die Branche floriert, die Auslastungssituation auf den Plätzen ist exzellent und das Einkommen dadurch – vermutlich – höher als in den letzten Jahren. Dennoch ist die Tendenz bei fast einem Drittel der Manager/innen nicht, Entwicklungen gelassen zu sehen, den Erfolg seinen eigenen Managementkompetenzen zuzuschreiben und darauf zu vertrauen, dass das Geschäft auch weiterhin funktioniert.

Die Herausforderungen der Zukunft können sich bereits im aktuellen Betrieb abzeichnen (z. B. Personalmangel) und spürbar machen, dass disruptive Einflüsse das eigene Geschäftsmodell verändern werden. Die Neuartigkeit der Einflüsse sowie die veränderte Intensität der Herausforderungen lassen die Manager/innen dahingehend Zweifel äußern, dass mit eigenen Erfahrungen und Kompetenzen zukünftige Herausforderungen erfolgreich gelöst werden können.

Beschäftigen sich die Campingplatzmanager/innen mit dem Thema „Strategie"? Mit welchen Teilprozessen im Rahmen der Strategiefindung gibt es die meiste Erfahrung?

45% der Manager/innen beschäftigen sich kaum oder nur unregelmäßig mit Strategie. 41% beschäftigen sich zwar damit, haben diese aber nicht schriftlich fixiert. Es zeigt sich keine ausgeprägte Erfahrung der Campingplatzmanager/innen in Bezug auf den klassischen Strategieentwicklungsprozess. Bei den einzelnen Stufen im Prozess haben mehrfach weit über 40% angegeben, mit diesen noch keine oder nur wenig Erfahrung gemacht zu haben. Die meisten Campingplätze der Stichprobe sind bezogen auf ihre Mitarbeitendenanzahl als kleine Unternehmen einzuordnen. In der Literatur finden sich einige Untersuchungen, wonach KMUs im Bereich der strategischen Entwicklung weniger stark ausgeprägt arbeiten und weniger formalisiert vorgehen (Stonehouse & Pemberton, 2002; Richbell et al., 2006; Woods & Joyce, 2003). Insoweit sind Campingplätze keine Ausnahme. Auffällig ist jedoch, dass beim Prozessschritt „Analyse des eigenen Unternehmens" fast die Hälfte angegeben haben, darin viel oder sehr viel Erfahrung zu besitzen. Auch mit der „Branchen- und Konkurrenzanalyse" weist ein Drittel der Befragten mehr Erfahrung auf.

In einer stabilen Umwelt war es bisher eher möglich, einen ausschließlichen Blick auf das eigene Unternehmen zu richten. Die Umwelteinflüsse ändern sich jedoch aktuell, was seitens der Campingplatzmanager/innen erkannt wird. Fehlende Kenntnisse und Instrumente, um diese zu erfassen und deren Auswirkungen auf den individuellen Betrieb abzuleiten, könnten nun die Manager/innen zu den Zweifeln führen, auch weiterhin im bisherigen Vorgehen erfolgreich zu sein.

Die Ergebnisse werfen Fragen auf, die durch Forschung in Zukunft beantwortet werden müssen. Allen voran, wie die Campingplatzmanager/innen einen auf ihre Kenntnisse und Betriebsbedürfnisse passgenauen Strategieprozess durchführen können, um sich auf zukünftige Herausforderungen gezielt vorzubereiten zu können. Die Kombination aus externen Herausforderungen mit den Ergebnissen der internen Analyse soll dazu führen, dass ein Campingplatz einerseits Risiken managen kann, andererseits jedoch vor allem auch gezielt Chancen erkennt und somit die Zukunft seines Unternehmens langfristig sichern kann.

Literatur

Berg, N., Kortum, C., Rüschen, S., & Schumacher, J. (2023). *Attitude-Behavior-Gap im LEH – eine empirische Analyse und Handlungsempfehlungen (Entwicklung 2021 bis 2023)*. DHBW Heilbronn. In Statista. https://de.statista.com/statistik/daten/studie/1374926/umfrage/attitude-behavior-gap-nachhaltiger-konsum/

Campingleitsystem Bayern. (2024, 1. November). *Camping in Bayern*. https://camping-bayern.info/blog/campingleitsystem-bayern

Craig, C. A., Ma, S., & Karabas, I. (2021). COVID-19, camping and construal level theory. *Current Issues in Tourism*, 24(20), 2855–2859. https://doi.org/10.1080/13683500.2021.1895730

CIVD. (2024, 15 Januar). Anzahl der Neuzulassungen von Caravans und Reisemobilen in Deutschland von 2013 bis 2023. In Statista. https://de.statista.com/statistik/daten/studie/662102/umfrage/neuzulassungen-von-caravans-und-reisemobile-in-deutschland/

Gesellschaft für Konsumforschung (GfK). (2019). *Potenzial für den Caravaning-Markt in Deutschland*. Caravan Salon Düsseldorf. https://www.civd.de/wp-content/uploads/2019/09/262019_GfK-Studie_Wie-relevant-ist-Caravaning-in-Deutschland.pdf

Hungenberg, H. (2014). *Strategisches Management in Unternehmen* (8. Aufl.). Springer Gabler.

Kraftfahrt-Bundesamt (KBA). (2023). Anzahl der Wohnmobile in Deutschland nach Bundesländern in den Jahren 2021 bis 2023. In Statista. https://de.statista.com/statistik/daten/studie/154493/umfrage/bestand-an-wohnmobilen-in-den-bundeslaendern/

Lohmann, M. (2024). *Urlaubsreisetrends 2024 – Vortrag auf der CMT Urlaubsmesse am 12.01.2024*. https://reiseanalyse.de/downloadbereich/cmt/

Mayer, C., & Stengel, N. (2024). Camping im Trend – Veränderungen der Branche und Erwartungen von Campern in Zukunft. In M. Langer, R. Roth, J. Schmude & H. Siller (Hrsg.), *Zukunftsfähige Tourismusentwicklung – Neue Perspektiven für Politik und Praxis*. Erich-Schmidt-Verlag.

Oster, S. in Thompson, A., Strickland, A., Gamble, J. (2017). *Crafting and Executing Strategy: The Quest for Competitive Advantage: Concepts and Cases*, (21. Edition), New York: McGraw-Hill Education, p. 3

PiNCAMP. (2023, 5. Juni). *Camping und Elektromobilität – ein Gespann für die Zukunft*. https://www.pincamp.de/magazin/ratgeber/camping-und-elektromobilitaet

Richbell, S., Watts, H., & Wardle, P. (2006). Owner-managers and business planning in the small firm. *International Small Business Journal*, 496–514. https://doi.org/10.1177/0266242606067275

Söder, M. (2023). *Damit Bayern stark und stabil bleibt – Regierungsprogramm der Zukunft*. Bayerische Staatsregierung. https://www.bayern.de/damit-bayern-stark-und-stabil-bleibt-regierungsprogramm-der-zukunft/

Statistisches Bundesamt. (2024a). Anzahl der Übernachtungen auf deutschen Campingplätzen von 2001 bis 2023 (in Millionen). In Statista. https://de.statista.com/statistik/daten/studie/3126/umfrage/anzahl-der-uebernachtungen-auf-deutschen-campingplaetzen/

Statistisches Bundesamt. (2024b). Anzahl der Übernachtungen auf deutschen Campingplätzen im Jahr 2023 nach Bundesländern und Herkunft (in Millionen). In Statista. https://de.statista.com/statistik/daten/studie/202779/umfrage/uebernachtungen-auf-campingplaetzen-nach-bundeslaendern-und-herkunft/

Statistisches Bundesamt. (2024c). Anzahl der steuerpflichtigen Campingplätze in Deutschland von 2002 bis 2022. In Statista. https://de.statista.com/statistik/daten/studie/259189/umfrage/anzahl-der-steuerpflichtigen-campingplaetze-in-deutschland/

Statistisches Bundesamt. (2024d). Baukostenindex für Wohngebäude in Deutschland in den Jahren 2000 bis 2023. In Statista. https://de.statista.com/statistik/daten/studie/70266/umfrage/entwicklung-des-preisindex-fuer-baukosten-seit-2002/

Statistisches Bundesamt. (2024e). Statistik für kleine und mittlere Unternehmen 2021. https://www.destatis.de/DE/Methoden/Qualitaet/Qualitaetsberichte/Unternehmen/kmu-2021.pdf?__blob=publicationFile

Stonehouse, G., & Pemberton, J. (2002). Strategic planning in SMEs – some empirical findings. *Management Decision*, 40(9). https://doi.org/10.1108/00251740210441072

Tagesschau.de. (2025b). Bürokratieabbau ist Konjunkturprogramm. https://www.tagesschau.de/wirtschaft/arbeitsmarkt/arbeitgeberverband-kritik-ampel-100.html

Tagesschau.de. (2025a). Immer mehr Gesetze, Verordnungen und Normen. https://www.tagesschau.de/inland/gesellschaft/buerokratie-regelungsdichte-zunahme-100.html

Umweltbundesamt. (2024, 26. April). *Lenkung der Gäste durch Informationen und gezielte Angebote*. https://www.umweltbundesamt.de/lenkung-der-gaeste-durch-informationen-gezielte#zusatzliche-anregungen

Widmann, T. (2021). Camping. In M. Fuchs (Hrsg.), *Tourismus, Hotellerie und Gastronomie von A bis Z*. De Gruyter.

Woods, A., & Joyce, P. (2003). Owner-managers and the practice of strategic management. *International Small Business Journal*, 21(2), 181–195. https://doi.org/10.1177/0266242603021002003

Jannika Eisele, Johannes Schubert, Dominik Rebholz, Franka Menke,
Benjamin Dietz, Jana Köberlein, Philipp Reisigl, Christoph Brunner,
Robert Keller* und Guido Sommer

Chapter 7
Der Allgäuer Erlebnisbus als Instrument des digitalen Besuchermanagements sowie der Verkehrs- und CO₂-Reduktion

Zusammenfassung: Dieser Beitrag untersucht die Rolle innovativer Mobilitätskonzepte bei der Reduktion des motorisierten Individualverkehrs (MIV), der Einsparung von CO₂-Emissionen und des digitalen Besuchsmanagements. Die Analyse basiert auf dem Forschungsprojekt „Flexibler Erlebnisbus für nachhaltigen Freizeitverkehr" (FEB-NAFV), das mit der Pilotierung des Allgäuer Erlebnisbusses neue Ansätze zur nachhaltigen Mobilität im Tourismus erprobt. Im Fokus stehen die technischen Aspekte des Projekts, insbesondere Sensorik und Prognoseverfahren, sowie die operativen Komponenten des Busbetriebs. Der Beitrag beleuchtet die Effekte einer mehrtägigen Pilotphase auf die Verringerung des MIV und der Treibhausgasemissionen.

Abstract: This article examines the role of innovative mobility concepts in the reduction of motorized private transport (MIV), the reduction of CO₂ emissions and digital visitor management. The analysis is based on the research project „Flexibler Erlebnisbus für nachhaltigen Freizeitverkehr" (Flexible Experience Bus for Sustainable

*Korrespondierender Autor: Robert Keller, Hochschule Kempten, Bahnhofstraße 61, D-87435 Kemten, e-mail: Robert.keller@hs-kempten.de

Jannika Eisele, INIT-Füssen, Augsburger Straße 15, D-87629, Füssen, E-Mail: init.fuessen@hs-kempten.de

Johannes Schubert, INIT-Füssen, Augsburger Straße 15, D-87629, Füssen, E-Mail: Johannes.Schubert@hs-kempten.de

Dominik Rebholz, Forschungsinstitut für Informationsmanagement, Alter Postweg 101, D-86159, Augsburg, E-Mail: dominik.rebholz@fim-rc.de

Franka Menke, Forschungsinstitut für Informationsmanagement, Alter Postweg 101, D-86159, Augsburg, E-Mail: franka.menke@fim-rc.de

Benjamin Dietz, Steinbacher-Consult Ing. ges. mbH &; Co. KG, Richard-Wagner-Straße 6, D-86356, Neusäß, E-Mail: b.dietz@steinbacher-consult.com

Jana Köberlein, Steinbacher-Consult Ing. ges. mbH & Co. KG, Richard-Wagner-Straße 6, D-86356, Neusäß, E-Mail: j.koeberlein@steinbacher-consult.com

Philipp Reisigl, Allgäuer Überlandwerk GmbH, Illerstraße 18, D-87435, Kempten, E-Mail: philipp.reisigl@auew.de

Christoph Brunner, Allgäuer Überlandwerk GmbH, Illerstraße 18, D-87435, Kempten, E-Mail: christoph.brunner@auew.de

Guido Sommer, Hochschule Kempten, Bahnhofstraße 61, D-87435, Kempten, E-Mail: guido.sommer@hs-kempten.de

https://doi.org/10.1515/9783111706511-007

Leisure Transportation; FEB-NAFV), which is testing new approaches to sustainable mobility in tourism by piloting the Allgäu Erlebnisbus. The focus is on the technical aspects of the project, in particular sensor technology and forecasting methods, as well as the operational components of bus operation. The article examines the effects of a pilot phase lasting several days on the reduction of MIT and greenhouse gas emissions.

Schlüsselwörter: Innovative Mobilitätskonzepte, CO_2-Emissionsreduktion, Nachhaltiger Tourismusverkehr, Sensortechnik, Prognoseverfahren

Keywords: Innovative mobility concepts, CO_2 emissions reduction, Sustainable tourism transportation, Sensor technology, Forecasting methods

Problemstellung – der motorisierte Freizeitverkehr und seine Folgen

Ein Wochenendausflug in die Berge bietet für viele Menschen die Möglichkeit, dem Alltag zu entfliehen und die Natur zu genießen. Allerdings führen hohe Besuchszahlen insbesondere in beliebten Regionen zu erheblichen Herausforderungen. Bereits die Anreise ist häufig durch Staus und überfüllte Parkplätze gekennzeichnet, Wanderwege und Aussichtspunkte sind überlaufen. Auch gastronomische Betriebe stoßen an ihre Kapazitätsgrenzen, sodass lange Wartezeiten entstehen.

Vor diesem Hintergrund stellt sich die Frage, inwieweit alternative Mobilitätskonzepte und ein gezieltes Besuchsmanagement zu einer Verkehrsentlastung und der Vermeidung von Crowding beitragen könnten (vergleiche Eisele et al., 2022). Attraktive Alternativen zum motorisierten Individualverkehr (MIV) könnten die Bildung von Staus, verkehrsbedingte Emissionen und Parkplatzengpässe vermeiden bzw. mildern. Ergänzend könnten digitale Besucherlenkungssysteme genutzt werden, um Besuchende räumlich und zeitlich zu entzerren, Crowding zu vermeiden und Cold-Spots zu aktivieren (Bollenbach et al., 2024; Keller et al., 2024).

Der MIV stellt auch aus ökologischer Perspektive eine erhebliche Herausforderung dar (vergleiche Schmücker et al., 2024). In Deutschland zählt der MIV weiterhin zu den Hauptursachen von CO_2-Emissionen, insbesondere im Inlandsreiseverkehr und Tagestourismus. Dabei dominiert das Auto mit einem Anteil von über 70% als bevorzugtes Verkehrsmittel der Reisenden (Gross & Grimm, 2018), während lediglich 10% der Tagesgäste in ländlichen Regionen den Öffentlichen Personennahverkehr (ÖPNV) nutzen (Harrer et al., 2016).

Die Auswirkungen des MIV beschränken sich jedoch nicht nur auf Umwelt- und Klimabelastungen sowie Veränderungen des Landschaftsbildes, sondern beeinflussen auch das touristische Erlebnis und die Akzeptanz des Tourismus in der lokalen Bevölkerung. Eigene Erhebungen zeigen, dass 65% der befragten Einheimischen Mobilitätslösungen wie den ÖPNV als wesentlich oder sehr wesentlich für ihre persönliche Lebenszufriedenheit erachten. Gleichzeitig bewerten lediglich rund 40% den Einfluss des Tourismus auf diese Mobilitätsangebote als positiv oder sehr positiv. (Schubert et al., 2025)

Vor diesem Hintergrund können alternative Anreise- und Nahverkehrsoptionen zur Entlastung der Verkehrsinfrastruktur und zur Reduzierung ökologischer Schäden beitragen (Bünstorf, 2022; Bayerisches Zentrum für Tourismus, 2021; Kersten, & Pinnow 2020).

Der folgende Beitrag untersucht, inwiefern datenbasierte, flexible und emissionsfreie Mobilitätskonzepte zur Verringerung des MIV beitragen und gleichzeitig die Elektromobilität im touristischen Kontext fördern können (Eisele et al, 2022). Grundlage der Analyse sind die Ergebnisse des Forschungsprojekts „Flexibler Erlebnisbus für nachhaltigen Freizeitverkehr" (FEB-NAFV). Ziel dieses Vorhabens war es, den touristischen Individualverkehr und die damit verbundenen Emissionen zu minimieren. Zudem sollte der Erlebnisbus zur Besuchslenkung und Entlastung stark frequentierter Destinationen dienen (Schmücker et al., 2023a). Vor dem Hintergrund der nachhaltigen Lebens- und Urlaubsraumentwicklung sollte das Projekt so auch zu einer langfristigen Sicherung attraktiver Lebens- und Tourismusregionen beitragen und strukturelle Konfliktursachen zwischen Reisenden und der lokalen Bevölkerung abbauen (Bauer et al., 2025).

Der konzeptionelle Ansatz des Freizeiterlebnisbusses

Das Forschungsprojekt FEB-NAFV verfolgte das Ziel, ein innovatives Mobilitätskonzept zu entwickeln, das zur Reduktion des MIV und den damit verbundenen Emissionen im Freizeitverkehr beiträgt. Gleichzeitig sollte das Konzept eine Entlastung stark frequentierter touristischer Destinationen ermöglichen. Im Fokus stand die Konzeption eines prognosebasierten sowie emissionsfreien Mobilitätsangebots für die Pilotregion Allgäu.

Das Konzept des Erlebnisbusses basierte auf einer datengetriebenen Auswahl von Zielgebieten und Planung der Einsatzzeiten. So sollte das Mobilitätsangebot nicht nur den touristischen Verkehr reduzieren, sondern auch als Instrument zur Besucherlenkung im Allgäu dienen. Hierfür war die Nutzung von Sensordaten zur Besucherzählung vorgesehen, um Prognosen zur Auslastung touristischer Gebiete zu erstellen (vergleiche Eisele et al, 2024; Schmücker et al, 2023a). Zentraler Bestandteil war zudem ein umfassendes Elektromobilitätskonzept zur Sicherstellung einer nachhaltigen Betriebsweise. Ein besonderer Fokus lag auch auf der Übertragbarkeit und Skalierbarkeit des Modells auf weitere Regionen.

Anders als bei klassischen On-Demand-Angeboten wie Rufbussen oder Sammelta-
xis, stand nicht die individuelle Flexibilität aus Kundensicht im Zentrum des Vorhabens, sondern die datengetriebene und prognosebasierte flexible Auswahl von Zielorten und Einsatzszenarien aus verkehrsplanerischer und touristischer Perspektive.
Flexibilität bezeichnet damit die Möglichkeit, die Einsatzplanung des Busses dynamisch an veränderliche Rahmenbedingungen, wie Wetterprognosen oder das erwartete Verkehrs- und Besucheraufkommen, anzupassen.

Das Projekt verfolgte also zwei zentrale Zielsetzungen: mit Hilfe eines datenba-
sierten, nutzerfreundlichen sowie erlebnisorientierten Mobilitätsangebots sollten der
MIV sowie die CO_2-Emissionen im Freizeitverkehr reduziert und ein Instrument zur
digitalen Besucherlenkung geschaffen werden. Die Entwicklung des Freizeiterlebnisbusses erfolgte in enger Zusammenarbeit mit touristischen Akteuren, Verkehrspla-
nern, Busbetreibern und Nutzergruppen. Ein iterativer Entwicklungsprozess mit mehreren Pilotfahrten ermöglichte die praxisnahe Optimierung der Mobilitätslösung.

Im Projektzeitraum wurden drei eintägige Pilotfahrten sowie eine dreiwöchige
Testphase mit 23 Einsatztagen und 445 Buchungen durchgeführt und evaluiert. Jede
Pilotfahrt beinhaltete Workshops mit Nutzendengruppen, die Entwicklung einer Bu-
chungsplattform und eines Kommunikationskonzepts sowie die Integration zielgrup-
penspezifischer Edutainment-Inhalte. Zudem wurden technische Aspekte wie Fahrplan-
und Routengestaltung, Ladeinfrastruktur und rechtliche Vorgaben berücksichtigt. Die
Fahrten wurden durch Fahrgastbefragungen begleitet und eng mit regionalen Stakeholdern abgestimmt.

Umsetzung im Projekt

Reduktion des Verkehrs

Für eine Reduktion des Verkehrs war es notwendig, Bedarfe und Vorbehalte der
Gäste zu kennen und entsprechende Angebote zu entwickeln. Dabei ging es insbeson-
dere darum, Fahrtziele zu identifizieren, die verkehrstechnisch stark belastet oder be-
sonders schützenswert sind. Für diese Ziele wurde ein Monitoring aufgesetzt, das auf
Basis historischer Daten und darauf basierender Prognosen in einem Dashboard die
Planung von Routen ermöglichte. Dieses Dashboard zeigte alle Standorte mit lokaler
Sensorik, von denen Daten bezogen wurden, für jeden Standort die Auslastung der
letzten 14 Tage und die Vorhersage für die nächsten 7 Tage.

Die entwickelte Auslastungsprognose ermöglichte eine vorausschauende Steuerung des Aufkommens an Besuchenden und unterstützte damit ein effektives Besuchermanagement. Über das Dashboard konnten Verantwortliche bereits mehrere
Tage im Voraus sehen, wie hoch die erwartete Auslastung an den verschiedenen
Standorten sein wird.

Auf Basis dieser Informationen konnte die Einsatzplanung des Busses so gestaltet werden, dass das Besuchserlebnis verbessert (Vermeidung von Crowding) und gleichzeitig das Verkehrsaufkommen reduziert wurde. So konnten beispielsweise Zielregionen und Touren je nach prognostizierter Nachfrage und Besuchermanagement-Zielsetzung aktiviert oder deaktiviert werden. Diese vorausschauende Steuerung ermöglichte es, Ressourcen effizient einzusetzen und das Mobilitätsangebot optimal an die Bedürfnisse der Besuchenden und der Zielregion anzupassen.

Operativer Betrieb eines E-Busses

Die Reduktion der verkehrsinduzierten CO_2-Emissionen sollte über zwei Ansätze erwirkt werden. Zum einen sollten durch den Betrieb des Busses Fahrten gebündelt und so eine Reduktion des MIV erzielt werden. Zum anderen sollte der Bus elektrisch betrieben werden, um so weitere Emissionen einsparen zu können. Dabei stellten die begrenzte Verfügbarkeit von E-Bussen sowie die unzureichende Ladeinfrastruktur in der ländlich geprägten Pilotregion technische Herausforderungen dar.

Für die fortschreitende Elektrifizierung des Verkehrs – insbesondere auch im Bereich des ÖPNV, in welchem durch die Clean Vehicle Directive[1] verbindliche Vorgaben für die Busbeschaffung bestehen – ist die Schaffung von langlebiger, nachhaltiger Versorgungsinfrastruktur notwendig. Für das Zwischenladen des flexiblen Erlebnisbusses bestanden grundsätzlich drei Möglichkeiten: das Laden an Zielorten, das Laden auf der Strecke und das Laden im Depot/Busbetriebshof. Längere Standzeiten, die zum Laden genutzt werden konnten, ergaben sich v. a. während Warte- und Pausenzeiten im Zielgebiet. Allerdings stand die erforderliche (private) Ladeinfrastruktur an Zielorten (wie bspw. auf Parkplätzen von Bergbahnen, Museen etc.) häufig nicht zur Verfügung. So war das Zwischenladen für einen E-Bus am Zielort sowie auf der Strecke im ländlichen Raum noch mit großen Herausforderungen verbunden. Das aktuell vorhandene Angebot an Ladeinfrastruktur war nicht auf die Nutzung durch Busse ausgelegt. Im Hinblick auf eine Verstetigung wäre die Schaffung geeigneter Lademöglichkeiten erforderlich. In der dritten Pilotfahrt, welche erstmals mit einem Elektrobus durchgeführt wurde, ist es trotz der genannten Herausforderungen gelungen, das Laden auf der Strecke zu erproben.

Dafür wurde ein entsprechendes Ladekonzept entwickelt. Da das Zwischenladen am Betriebshof des Busbetreibers aufgrund der langen Anfahrt Einschränkungen im Fahrplan bedeutet hätte, wurde das Ziel einer Zwischenladung auf der Strecke verfolgt. Hierfür wurde die Bestandsladeinfrastruktur in der Pilotregion aufgenommen und eine Machbarkeitsanalyse für die Durchführbarkeit der Pilotfahrt mit einem E-

---

1 Näheres zur Clean Vehicle Directive unter https://bmdv.bund.de/SharedDocs/DE/Artikel/G/clean-vehicles-directive-faq.html

Bus durchgeführt. Zwar waren öffentliche Ladepunkte > 50 Kilowatt (kW) in der Pilotregion vorhanden, das Befahren mit dem Bus war jedoch in nahezu allen Fällen aufgrund der zu geringen Stellplatz- und Rangierfläche und/oder Gewichtsbeschränkung
nicht möglich. Aufgrund der Tatsache, dass es sich um eine einmalige Pilotfahrt an
einem Sonntag handelte, konnte eine Ladesäule auf einem Supermarktparkplatz in
Leutkirch als Ladestandort genutzt werden. Am Tag der Pilotfahrt erfolgte ein zwei-
maliger Ladevorgang des E-Niederflurbusses, die Stellfläche wurde hierzu extra vom
Grundstückseigentümer abgesperrt.

Während der längeren vierten Pilotphase mit wechselnden Zielen und Strecken,
konnte auf die Ladeinfrastruktur im Betriebshof des den Erlebnisbus stellenden Busbetreibers zurückgegriffen werden. Da dieser in Kempten ansässig war, ließ sich dies
ohne größere Umwege oder Fahrplaneinschränkungen realisieren.

Sensorik für das Besuchermanagement

Das Zielgebiet für den Flexiblen Erlebnisbus im deutschen Teil des Naturparks Nagelfluhkette wurde in mehreren Abstimmungsrunden auf den touristisch intensiv genutzten Bereich zwischen Oberstaufen, Balderschwang, Obermaiselstein und Immenstadt
eingegrenzt. In dieser Region wurde im Rahmen des Projekts auch das LoRaWAN[2]-Netz
zur Übermittlung der Sensordaten stark ausgebaut, da in Bergregionen das Mobilfunk-
netz teilweise zu instabil zur Übermittlung der Daten ist[3].

Anhand der definierten Anforderungen und mit Hilfe von Satellitenbildern
wurde eine erste Karte mit potenziellen Standorten erstellt. Dabei wurde darauf ge-
achtet, zusammenhängende Wanderwege mit mehreren Zählstationen auszustatten,
um die räumliche Verteilung der Besuchenden im Tagesverlauf beobachten zu können. Diese Karte wurde in einem Workshop mit Naturpark-Rangern und Rangerinnen
optimiert. Das Ergebnis war eine Karte mit 35 geeigneten Sensorstandorten.

Von den drei eingesetzten Sensortypen haben sich nur die Lichtschranken und
WLAN-Zähler als praktikabel und zuverlässig erwiesen. Die Radarzähler boten theoretische Vorteile wie eine einfache Installation, keine Notwendigkeit für Batteriewechsel
und ganzjährige Einsetzbarkeit, zeigten jedoch in der Praxis erhebliche Schwächen.
Technische Probleme, eine schwache Zählgenauigkeit und wetterbedingte Fehlzählun-
gen machten sie für das Projekt ungeeignet. Die WLAN-Zähler erwiesen sich als nützlich
für die grobe Erfassung des Besuchsaufkommens, allerdings ohne absolute Zahlen zu
liefern, da dynamische MAC-Adressen moderner Handys die Interpretation der Daten

---

2 Long Range Wide Area Network (LoRaWAN) ist ein drahtloses Weitverkehrsnetz, das Fernkommu-
nikation mit niedrigen Datenraten ermöglicht und somit ideal für den autarken, batteriebetriebenen
Betrieb von Sensorik in abgelegenen Gebieten geeignet ist.
3 Dies kann auf der Mobilfunk-Monitoring Karte der Bundesnetzagentur eingesehen werden: https://
gigabitgrundbuch.bund.de/GIGA/DE/MobilfunkMonitoring/Vollbild/start.html

erschwerten. Die Lichtschranken überzeugten durch hohe Zählgenauigkeit an schmalen Wegen. Ihre Nachteile lagen in der Anfälligkeit für Vandalismus und der Notwendigkeit von zwei gegenüberliegenden Montagepunkten. Zukünftig wären stabilere Halterungen und deutliche Hinweise, dass keine Bilder aufgenommen werden, sinnvoll.

Neben den selbst erfassten Daten stellten die Auslastungsdaten von Parkplätzen im Gebiet der Nagelfluhkette, die durch die BayernCloud[4] bezogen wurden, eine weitere wichtige Datenquelle dar. Diese zeigen entweder die prozentuale Auslastung eines Parkplatzes oder die absolute Belegung an. Zu Beginn des Projekts war diese Information nur teilweise verfügbar, da diese Daten erst im Verlauf des Projekts schrittweise erfasst und öffentlich zugänglich gemacht wurden.

Bei der Prognose zukünftiger Besuchsströme erwiesen sich xgBoost-Modelle als besonders zielführend, die vergangene Besuchszahlen, meteorologische Parameter sowie kalendarische Variablen wie Wochenenden, Feiertage und Schulferien berücksichtigten (Bollenbach et al., 2022; Bollenbach et al., 2024). Eine wesentliche Einschränkung der Prognosegenauigkeit ergibt sich jedoch aus der zunehmenden Unsicherheit langfristiger Wettervorhersagen.

Evaluation

Dieses Kapitel widmet sich insbesondere der Reduktion des MIV und der ökologischen Bewertung des Freizeiterlebnisbusses. Die Evaluation basiert auf Daten, die im Rahmen einer Fahrgastbefragung während einer 23-tägigen Pilotphase erfasst wurden. Der bereinigte Datensatz umfasst 85 Fälle. Besonderes Augenmerk liegt auf der Ermittlung der PKW-Substitutionsrate und der damit verbundenen Vermeidung von CO_2-Emissionen.

Die Antriebsform des Erlebnisbusses hatte einen positiven Einfluss auf die Nutzendenakzeptanz. Ca. 70% der Fahrgäste stimmen der Aussage zu, dass der vermehrte Einsatz von E-Bussen die Attraktivität von Mobilitätsangeboten im Freizeitverkehr steigern würde. Zudem gaben über 60% der Befragten an, dass die Tatsache, dass die Fahrt mit einem E- Bus erfolgte, die Entscheidung zur Teilnahme stark oder sehr stark beeinflusst habe.

Reduktion MIV

Während der 23-tägigen Pilotphase konnten folgende Ergebnisse bezüglich der Reduktion des MIV festgehalten werden: Knapp 40% der Fahrgäste geben an, dass sie ohne

---

4 Vergleiche: https://www.stmwi.bayern.de/fileadmin/user_upload/stmwi/Foerderungen/Sonderpro gramm_Tourismus/2022-03-15_Besucherstromlenkung.pdf

den Bus nicht zum Zielort angereist wären. Ob der Bus in diesen Fällen zusätzlichen Verkehr erzeugt hat oder ob die Fahrgäste stattdessen ein anderes Ziel gewählt hätten, bleibt jedoch unklar. Etwa die Hälfte der Nutzenden hätte alternativ den PKW genutzt, was auf eine Verlagerung des Verkehrs hin zu einem kollektiven Transportmittel hindeutet. Gleichzeitig nutzten rund 40% der Fahrgäste den PKW für die Anreise zum Abfahrtsort des Erlebnisbusses, was den Effekt der Verkehrsentlastung teilweise relativiert.

Diese Ergebnisse werfen Fragen zur verkehrlichen Wirkung des Angebots auf. Einerseits zeigt sich, dass eine gezielte Lenkung von Verkehrsströmen auf alternative Transportmittel möglich ist. Andererseits entsteht durch das zusätzliche Angebot potenziell auch neue Nachfrage, deren Auswirkungen weiter untersucht werden müssen. Inwiefern dies zu einer positiven Gesamtbilanz führt, hängt vermutlich stark von der bestehenden Grundauslastung der jeweiligen Zielregion ab. Gleichzeitig sind weitere positive Effekte denkbar, etwa die Belebung weniger frequentierter Cold-Spots oder eine verbesserte soziale Teilhabe durch ein erweitertes Mobilitätsangebot. Die abschließende Bewertung solcher Effekte erfordert eine weiterführende Forschung und eine differenzierte Betrachtung der regionalen Gegebenheiten.

THG-Einsparpotenzial

Bei der ökologischen Ermittlung des Treibhausgas (THG)–Einsparpotenzials wurden die durch die Fahrgäste gemachten Angaben (Anfahrt zum Bus, Alternative Anreise, Anzahl Personen pro PKW, Anfahrtsstrecke, Auslastung Bus etc.) berücksichtigt. Für den elektrisch betriebenen Erlebnisbus wurde die Beladung von Strom aus 100% Erneuerbaren Energien (EE) – konkret PV-Strom – angenommen. Busbetreibende, welche eine Förderung für ihre Elektrobusse erhalten, sind häufig dazu verpflichtet, diese mit Grünstrom zu betanken. Tabelle 7.1 beinhaltet weiterführende Informationen, die der ökologischen Bewertung zu Grunde liegen.

Tabelle 7.1: THG-Emissionsfaktoren Verkehr.

THG-Emissionsf aktoren	CO_2-eq. [g/Pkm]	Auslastung	Quelle	zugrunde gelegt für:
Linienbus, Nahverkehr	93	16% (12,48 Pers./Fzg.)	(Umweltbundesamt (UBA), 2020; UBA, 2024)	Anreise mit Linienbus zum Startpunkt
davon Elektrobusse	72			Nicht verwendet, sondern über Strom-Mix berechnet

Tabelle 7.1 (fortgesetzt)

THG-Emissionsfaktoren	CO$_2$-eq. [g/Pkm]	Auslastung	Quelle	zugrunde gelegt für:
davon Dieselbusse	96			Dieselbus FEB (Errechnung g/(km*Bus) und daraus Berechnung der g/Pkm basierend auf der Auslastung gemäß Fragebögen, dafür UBA-Wert verrechnet mit Kapazität: 78 Plätze (durchschn. Kapazität von Nahlinienbus Diesel, verwendet von UBA (2020), basierend auf DESTATIS (2019))
Eisenbahn, Nahverkehr	58	24% (79,68 Pers./Fzg.)	(UBA, 2020; UBA, 2024)	Anreise mit Zug zum Startpunkt
davon Dieseltraktion	90			/
davon Elektrotraktion	49			/
PKW	122	1,9 Pers./ Fzg.	(UBA, 2024; FIS, 2024)	Anreise mit PKW zum Startpunkt; für Alternative Anreise PKW Verrechnung mit tatsächlichem Besetzungsgrad gemäß Fragebögen
davon Elektro	58			/

- Die verwendeten Emissionsdaten des Umweltbundesamt basieren auf dem Mix der Antriebstechnologien aus dem Jahr 2022.
- Die Treibhausgasemissionen beziehen sich auf die Energiebereitstellung und die Nutzung des Verkehrsmittels. Infrastruktur- und Fahrzeugbereitstellung werden nicht berücksichtigt.
- Öffentlicher Personennahverkehr laut § 8 PBefG: Reiseweite < 50 km oder Reisezeit < 1h; alle Ziele außer Wangen < 50 km; Wangen < 1h Nahverkehr
- Annahme Verbrauch Elektrobus FEB: 1,64 kWh/km (ViriCiti, 2020) + Annahme 30% Verluste)
- Annahme Kapazität FEB: 33 Plätze

Während der Pilotphase konnten durch den Einsatz des elektrischen Erlebnisbusses knapp 60% (entspricht ca. 1.300 Kilogramm CO$_2$-Äquivalent (kgCO$_2$-eq.)) der THG-Emissionen im Vergleich zur Alternativen Anreise eingespart werden. Wäre der Erlebnisbus dieselbetrieben gewesen, hätte der Betrieb des Erlebnisbusses nur für ausgewählte Fahrten mit hoher Auslastung zu einer Reduktion der THG-Emissionen geführt – Grund hierfür ist die teilweise in der Pilotphase noch geringe Auslastung mancher Routen.

Die Auswertungen zeigen, dass das THG-Reduktionspotenzial insbesondere abhängig von der Auslastung und damit von der Anzahl der ersetzten PKWs ist.

Werden lediglich die THG-Emissionsfaktoren (Gramm CO_2-Äquivalent pro Personenkilometer (gCO_2-eq/Pkm)) betrachtet (ohne Bezug zu den Fahrgastbefragungen der Pilotphase), zeigt sich der Vorteil des mit EE (hier: 100% PV-Strom) betriebenen Erlebnisbusses auch noch einmal deutlich. Auch der mit aktuellem Strommix betriebene Elektrobus verursacht ab einer Auslastung von ca. 20% weniger THG-Emissionen als die PKW-Anreise (1,9 Pers./PKW). Ab einer Auslastung von ca. 30% verursacht auch der dieselbetriebene Erlebnisbus weniger THG-Emissionen pro Personenkilometer als die PKW-Anreise.

Für den ökologisch vorteilhaften Betrieb des Erlebnisbusses sind somit zwei Faktoren zentral: Je mehr Fahrgäste (Auslastung) und desto höher der Anteil an EE, desto geringer das CO_2-eq/Pkm.

Implikationen für die Praxis und weiterer Forschungsbedarf

Technische Herausforderungen, bspw. in den Bereichen Datenverfügbarkeit oder Ladeinfrastruktur, konnten im Laufe des Projekts erfolgreich bewältigt werden. So gelang der „Proof of Concept", dass der Erlebnisbus für die Vermeidung von CO_2-Emissionen und das datenbasierte Besuchermanagement eingesetzt werden kann. Dennoch bleiben zentrale Fragen offen, die sowohl für die praktische Umsetzung als auch für die wissenschaftliche Forschung relevant sind.

Formulierung von Zieldimensionen

So stellt sich vor dem Hintergrund der gewonnen Erkenntnisse beispielsweise die Frage nach einer sinnvollen Interpretation der erfassten Besuchszahlen und entsprechender Prognosen. Welche Konsequenzen leiten sich daraus ab? Während Zahlen und Prognosen zunächst (vermeintliche) Objektivität und Planbarkeit suggerieren, bleiben Fragen rund um das Thema Tragfähigkeit und Belastungsgrenzen unbeantwortet:

- Wann wird aus „viele" Besuchende „zu viele" Besuchende?
- Welche der existierenden und teilweise konkurrierenden Definitionen von Tragfähigkeit (ökologisch, ökonomisch oder sozial) setzt sich in der Destination durch (vergleiche Albowitz, 2007)?
- Wessen Argumente finden Gehör?
- Wer kümmert sich überhaupt darum, eine Debatte über Besuchsmanagement und Lenkung zu initiieren und zu moderieren?

Diese und weitere Fragen entziehen sich einer rein technischen Antwort. Vielmehr verweisen sie auf tourismuspolitische Akteure, Leistungsträger, (Naturschutz-)Verbände oder die lokale Bevölkerung sowie auf das Erfordernis regionaler Debatten und Aushandlungsprozesse über Zieldimensionen, Schwellenwerte und Kipppunkte, auf die ein digitales Besuchsmanagement letztlich einzahlen soll.

Verhaltensänderung als „Enabler" technischer Lösungsansätze

Neben diesen grundsätzlichen Fragen rund um das Thema Tragfähigkeit, konnten die Bereiche Nutzungsverhalten und Wirtschaftlichkeit als erfolgskritische Faktoren identifiziert werden. Der sogenannte Attitude-Behavior-Gap[5] zeigt, dass positive Einstellungen gegenüber nachhaltiger Mobilität nicht zwangsläufig zu einer Verhaltensänderung und der tatsächlichen Nutzung von Mobilitätsalternativen führen. Die im Projekt erprobten Maßnahmen zur Verhaltenslenkung (Nudging mithilfe von Edutainment im Bus) erwiesen sich als ungeeignet und resultierten nicht in einer höheren Zahl an Fahrgästen. Die weitere Forschung kann sich der Entwicklung und Erprobung weiterer Maßnahmen und Anreizsysteme zur Steigerung der Fahrgastzahlen im Öffentlichen Verkehr widmen (Pull-Faktoren). In diesem Zuge kann sich auch die Berücksichtigung des weiteren Innovationsumfeldes als relevant erweisen, bspw. indem auch Maßnahmen zur Deattraktivierung des MIV mitgedacht und experimentell erprobt wird (Push-Faktoren), bspw. in Form reservierungspflichtiger Parkplätze (Schmücker et al., 2023b).

Wirtschaftlichkeit als Voraussetzung für Skalierung

Die Wirtschaftlichkeit alternativer Mobilitätsangebote wie dem Erlebnisbus wird auch durch die (geringe) Nutzungsbereitschaft beeinflusst. Zudem fördern Angebote wie das Deutschland-Ticket eine Art Flatrate-Mentalität seitens potenziell Nutzender, die sich im Projekt negativ auf die Zahlungsbereitschaft der Nutzenden auswirkte. Gleichzeitig sind Kommunen nicht verpflichtet, derartige Mobilitätsangebote zu finanzieren oder finanziell zu unterstützen (keine kommunale Pflichtaufgabe). Für privatwirtschaftliche Akteure bestehen aus dieser Perspektive kaum Anreize, ein Mobilitätsangebot wie den Erlebnisbus anzubieten. Die Entwicklung innovativer und tragfähiger Geschäftsmodelle stellt somit eine zentrale Voraussetzung für die Skalierung der Grundidee des Erlebnisbusses dar und Bedarf weiterer Forschung.

---

5 Der Attitude-Behavior-Gap ist bereits aus anderen Lebens- und Nachhaltigkeitsbereichen bekannt und beschreibt den Umstand, dass Einstellungen und Verhalten häufig nicht kongruent sind (Ajzen und Fishbein, 1977).

Danksagung

Wir danken dem Bundesministerium für Digitales und Verkehr für die finanzielle Unterstützung, welche die Durchführung des Projekts FEB-NAFV (FKZ 01F2198A (vormals 19F2198A)) von November 2021 bis Oktober 2024 ermöglicht hat.

Unser besonderer Dank gilt allen Verbundpartnern, die maßgeblich zur erfolgreichen Umsetzung des Projekts beigetragen haben: der Allgäuer Überlandwerk GmbH (AÜW), der Steinbacher-Consult Ingenieurgesellschaft mbH & Co. KG, der Outdooractive AG und dem Institut für Nachhaltige und Innovative Tourismusentwicklung (INIT-Füssen) der Hochschule Kempten, das die Verbundkoordination übernahm.

Zudem möchten wir die wertvolle Unterstützung unserer assoziierten Partner hervorheben, darunter die FLEXIBUS KG, die Sektion Kempten des Deutschen Alpenvereins (DAV) und dem Naturpark Nagelfluhkette e.V. Ihr Engagement und ihre Expertise haben maßgeblich zum Erfolg des Projekts beigetragen.

Literaturverzeichnis

Ajzen, I., & Fishbein, M. (1977). Attitude-behavior relations: A theoretical analysis and review of empirical research. *Psychological Bulletin, 84*(5), 888–918. https://doi.org/10.1037/0033-2909.84.5.888

Albowitz, J. (2007). Kennziffern zur Bewertung der Belastung von Tourismusgemeinden und -regionen. In C. Becker, H. Hopfinger & A. Steinecke (Eds.), *Geographie der Freizeit und des Tourismus: Bilanz und Ausblick* (S. 454–463). München: Oldenbourg Wissenschaftsverlag.

Bauer, A., Schubert, J., & Schiemenz, C. (2025). Reisende und Bereiste im ländlichen Raum. In J. Schmude, T. Freytag, & M. Bandi Tanner (Hrsg.), Tourismusforschung: Handbuch für Wissenschaft und Praxis (S. 357–365). Nomos. ISBN: 978-3-8487-8845-3.

Bayerisches Staatsministerium für Wirtschaft, Landesentwicklung und Energie (StMWi). (2022). *Besucherstromlenkung – Sonderprogramm Tourismus.* Abgerufen von https://www.stmwi.bayern.de/fileadmin/user_upload/stmwi/Foerderungen/Sonderprogramm_Tourismus/2022-03-15_Besucherstromlenkung.pdf

Bayerisches Zentrum für Tourismus. (2021). Tagesausflugsverhalten der bayerischen Bevölkerung. Abgerufen von: https://bzt.bayern/wp-content/uploads/2021/07/Tagesausflugsverhalten-der-bayerischen-Bevoelkerung_Mai-2021.pdf.

Bollenbach, J., Neubig, S., Hein, A., Keller, R., & Krcmar, H. (2022). Using machine learning to predict POI occupancy to reduce overcrowding. In D. Demmler, D. Krupka, & H. Federrath (Hrsg.), Informatik 2022: Informatik in den Naturwissenschaften (S. 393–408). Gesellschaft für Informatik. Abgerufen von: https://doi.org/10.18420/inf2022_34.

Bollenbach, J., Neubig, S., Hein, A., Keller, R., & Krcmar, H. (2024). Enabling active visitor management: Local, short-term occupancy prediction at a touristic point of interest. Information Technology & Tourism, 26(3), 521–552. https://doi.org/10.1007/s40558-024-00291-2

Bundesministerium für Digitales und Verkehr (BMDV). (o. J.). *Clean Vehicles Directive – FAQ.* Abgerufen von https://bmdv.bund.de/SharedDocs/DE/Artikel/G/clean-vehicles-directive-faq.html (zuletzt aufgerufen am 27.03.2025)

Bundesministerium für Digitales und Verkehr (BMDV). (o. J.). *Mobilfunk-Monitoring.* Abgerufen von https://gigabitgrundbuch.bund.de/GIGA/DE/MobilfunkMonitoring/Vollbild/start.html (zuletzt aufgerufen am 27.03.2025)

Bünstorf, N. (2022). Einflussfaktoren der touristischen Verkehrsmittelwahl. Zeitschrift für Tourismuswissenschaft, 14(1), 22–41. https://doi.org/10.1515/tw-2021-0021

DESTATIS. (2019). *Verkehr: Personenverkehr mit Bussen und Bahnen, 2017.* (Fachserie 8 Reihe 3.1). Wiesbaden: Statistisches Bundesamt. Artikelnummer: 2080310177004. Erschienen am 31. Januar 2019. Abgerufen von https://www.destatis.de/DE/Themen/Branchen-Unternehmen/Transport-Verkehr/Personenver kehr/Publikationen/Downloads-Personenverkehr/personenverkehr-busse-Bahnen-jahr -2080310177004.pdf

Eisele, J., Bollenbach, J., Brey, S., Schubert, J., Sommer, G., & Keller, R. (2022). Besucherlenkung und Reduktion des motorisierten Freizeitverkehrs: Das Potential datengetriebener und flexibler Busangebote. In S. Leonhardt, T. Neumann, D. Kretz, T. Teich, & M. Bodach (Hrsg.), Innovation und Kooperation auf dem Weg zur All Electric Society: Emergenzen für neue Geschäftsprozesse (S. 175–193). Springer Gabler. Abgerufen von: https://doi.org/10.1007/978-3-658-38706-8_9.

FIS. (2024). *Pkw-Besetzungsgrad bei der privaten Autonutzung.* Abgerufen von https://www.forschungsinfor mationssystem.de/servlet/is/79638/ (zuletzt abgerufen am 27.03.2025)

Groß, S., & Grimm, B. (2018). Sustainable mode of transport choices at the destination – public transport at German destinations. Tourism Review, 73(3), 401–420. https://doi.org/10.1108/TR-11-2017-0177

Harrer, B., Berndt, M., & Maschke, J. (2016). Nachhaltige Mobilitätskonzepte für Touristen im öffentlichen Verkehr mit Fokus auf Regionen im Bereich von Großschutzgebieten (dwif e.V. München, 56). Abgerufen von: https://www.dwif.de/infopool/publikation/nachhaltige-mobilitaetskonzepte-fuer-touristen-im-oeffentlichen-verkehr-mit-fokus-auf-regionen-im-bereich-von-grossschutzgebieten-heft -56-2016.html.

Keller, R., Neubig, S., Rebholz, D., & Schmücker, D. (2024). How many tourists next weekend? Conceptualizing AI-based forecasts for visitor management in tourism. Marketing Review St. Gallen, 41(4), 14–21. Abgerufen von: https://eref.uni-bayreuth.de/id/eprint/90201/.

Kersten, I., & Pinnow, M. (2020). Touristische Mobilität im ländlichen Raum (Texte 78/2020). Umweltbundesamt. Abgerufen von: https://www.umweltbundesamt.de/sites/default/files/medien/ 479/publikationen/texte_78-2020_themenpapier_mobilitaet.pdf.

Schmücker, D., Keller, R., Reif, J., Schubert, J., & Sommer, G. (2023a). Digitales Besuchermanagement im Tourismus – Konzeptioneller Rahmen und Gestaltungsmöglichkeiten. In R. Egger (Hrsg.), Digital Leadership im Tourismus (S. 293–315). Springer Gabler. Abgerufen von: https://doi.org/10.1007/978-3-658-37545-4_13.

Schmücker, D., Reif, J., Horster, E., Engelhardt, D., Höftmann, N., Naschert, L., & Radlmayr, C. (2023b). The INPReS intervention escalation framework for avoiding overcrowding in tourism destinations. Tourism and Hospitality, 4(2), 282–292. https://doi.org/10.3390/tourhosp4020017

Schmücker, D., Oldsen, R., Yarar, N., Braun, M., Kuhn, F., & Günther, W. (2024). Nachhaltigkeit bei Urlaubsreisen: Bewusstseins- und Nachfrageentwicklung und ihre Einflussfaktoren. *Monitoringbericht auf Basis von Daten der Reiseanalyse 2024.* Forschungsgemeinschaft Urlaub und Reisen, FUR e.V. https://reiseanalyse.de/wp-content/uploads/2024/09/UBA_Nachhaltigkeit_bei_Urlaubsreisen_Be richt2024.pdf

Schubert, J., Stiegelmeyr, C., Brey, S., Stiegelmeyr, A., & Bauer, A. (2025). Tourismus und Lebenszufriedenheit – eine empirische Analyse mit Fuzzy Logic am Beispiel des Allgäus. Zeitschrift für Tourismuswissenschaft / Journal of Tourism Science. Abgerufen von: https://doi.org/10.1515/tw-2024-0022.

UBA. (2020). *Ökologische Bewertung von Verkehrsarten: Abschlussbericht.* (TEXTE 156/2020, Forschungskennzahl 3716581060, FB000202). Im Auftrag des Bundesministeriums für Umwelt, Naturschutz und nukleare Sicherheit. Herausgegeben vom Umweltbundesamt. ifeu, Heidelberg; INFRAS, Zürich; Öko-Institut, Berlin. ISSN 1862-4804. Abgerufen von https://www.umweltbundesamt. de/sites/default/files/medien/479/publikationen/texte_156-2020_oekologische_bewertung_von_ver kehrsarten_0.pdf

UBA. (2024). *Emissionsdaten. Emissionen im Personenverkehr.* Abgerufen von https://www.umweltbundes amt.de/themen/verkehr/emissionsdaten#verkehrsmittelvergleich_personenverkehr_tabelle (zuletzt aufgerufen am 27.03.2025)

ViriCiti. (2020). *Studie: Energieverbrauch von Elektrobussen.* Abgerufen von https://www.nfz-messe.com/de/news/elektromobilitaet-studie-energieverbrauch-von-elektrobussen-2705.html (zuletzt aufgerufen am 27.03.2025)

Technologie, Digitalisierung

Armin Brysch* und Nico Stengel

Chapter 8
Einfluss von Technologie auf die Authentizität und Zufriedenheit mit Naturerlebnissen am Beispiel des Wandertourismus in den Allgäuer Alpen

Zusammenfassung: Der Beitrag stellt Ergebnisse einer Untersuchung zum Einfluss von Technologie auf die Wahrnehmung von Authentizität und Zufriedenheit bei Wanderungen in den Allgäuer Alpen vor. Auf Basis ausgewählter Konstrukte von Authentizität und Daten zur Mediennutzung von Wandernden wird eine explorative empirische Untersuchung durchgeführt. Diese basiert auf einer qualitativen Vorstudie mit Experteninterviews und einer quantitativen Befragung von 99 Wandernden im Allgäu. Dabei wurden Aspekte wie Nutzungshäufigkeit, bevorzugte Anwendungen und der Einfluss auf die Wahrnehmung der Umgebung analysiert. Die Ergebnisse zeigen, dass Naturerlebnisse im digitalen Zeitalter von Technologie geprägt sind, jedoch nicht zwangsläufig an Authentizität verlieren. Während Wandernde ohne oder mit geringer Techniknutzung die Natur als authentischer erleben, hat die Techniknutzung keinen signifikanten Einfluss auf die Zufriedenheit.

Abstract: This article presents the results of a study on the influence of technology on the perception of authenticity and satisfaction during hikes in the Allgäu Alps. An explorative empirical study is conducted on the basis of selected constructs of authenticity and data on hikers' media use. This is based on a qualitative preliminary study with expert interviews and a quantitative survey of 99 hikers in the Allgäu. Aspects such as frequency of use, preferred applications and the influence on the perception of the environment were analyzed. The results show that nature experiences in the digital age are characterized by technology, but do not necessarily lose their authenticity. While hikers without or with low technology use experience nature as more authentic, technology use has no significant influence on satisfaction.

Schlüsselworte: Naturerlebnisse, Technologie, Authentizität, Mediennutzung, Wandertourismus

Keywords: Nature experiences, technology, authenticity, media use, hiking tourism

---

*Korrespondierender Autor: Armin Brysch**, Fakultät Tourismus-Management, Hochschule Kempten, Bahnhofstraße 61, D-87435, Kempten
Nico Stengel, Fakultät Tourismus-Management, Hochschule Kempten, Bahnhofstraße 61, D-87435 Kempten

https://doi.org/10.1515/9783111706511-008

Einführung

Eines der bekanntesten Werke des deutschen Malers Caspar David Friedrich, dessen 250. Geburtstag in 2024 mit Sonderausstellungen gefeiert wurde (vergleiche beispielhaft Bertsch et al., 2023), hat den Titel „Wanderer über dem Nebelmeer". In diesem Ölgemälde aus dem Jahr 1817 betrachtet ein Mann in dunklem Gewand mit Wanderstock von einem Gipfel aus eine bergige Naturkulisse, die aus dem Nebel herausragt. Der Betrachter wird in seinen Bann gezogen und erahnt den unverfälschten Genuss eines besonderen Naturerlebnisses. Vor über 200 Jahren war Wandernden weder das Phänomen „Overtourism" bekannt, noch störten klingelnde Smartphones anderer Wanderer das Naturerlebnis inmitten einer unberührten Landschaft. Die Wahrnehmung der Natur hat sich seitdem durch wirtschaftliche, gesellschaftliche, technologische etc. Entwicklungen stark verändert. Vormals natürliche Landschaftsräume werden zu Erlebnisräumen, was Wöhler (2011) als synthetische Raumaneignung bezeichnet. Der Raum wird beispielsweise zum Sonnenstrand oder zum Fahrradparadies, ein authentisches Erlebnis scheint im modernen, digitalisierten Massentourismus kaum mehr möglich. „Touristische Design- und Instant-Raumangebote treten an die Stelle ehemals authentisch erlebter Räume." (ebd., S. 59).

Dennoch bleibt für viele Reiseformen die Natur und die Landschaft, materiell oder als Konstruktion verstanden, die Grundlage für Tourismus (Aschenbrand, 2019). In dieser bewegen sich Reisende, die Technologie vor, während und nach der Reise nutzen. Auf das Smartphone möchten sieben von zehn Befragten (73 Prozent) im Sommerurlaub nicht verzichten (Bitkom Research, 2018). Mit diesem werden Fotos und Videos aufgenommen und in sozialen Netzwerken gepostet, die reale oder zunehmend digital veränderte Bilder teilen. Selfies aus dem Urlaub scheinen den authentischen Blick auf die Natur zu verdrängen, die Welt im Selfie bestimmt das touristische Zeitalter (d'Eramo, 2018). Zu viele Besuchende an Orten oder Landschaften, die als „instagrammable" gelten, können zu schwierigen Szenarien für die Reiseziele selbst führen wie z. B. starkes Müllaufkommen oder Spannungen mit lokalen Gemeinschaften (Siegel et al., 2020). Zudem liegt für die Reisenden selbst ein potenzielles Problem darin, dass eine intensive Nutzung von Technologie (Information and Communication Technology in Tourism – ICTT) eine authentische Verbindung zum Reiseziel eher erschweren oder sogar unterbrechen kann (Tribe & Mkono, 2017).

Vor diesem Hintergrund soll untersucht werden, welchen Einfluss aktuell Technologie bzw. die Nutzung von technischen Geräten und Applikationen auf die Wahrnehmung von Authentizität der Naturerlebnisse hat. Dies soll am Beispiel von Naturerlebnissen beim Wandern in der Bergen betrachtet werden. Zudem soll die Frage erörtert werden, ob die Zufriedenheit mit Naturerlebnissen durch Technologie verändert wird.

Theoretischer Hintergrund

Beschreibungen und Konstrukte der Authentizität

In der Literatur ist Authentizität im Tourismus ein weithin diskutiertes Thema und erstreckt sich u. a. auf Destinationen, Unterkünfte, Essen, Museen, etc. sowie intangible Formen von Tourismusprodukten wie kulturelle Darbietungen oder historische Aufführungen (Bauer-Krösbacher, 2019). Dabei wird mit dem Begriff Authentizität allgemein Echtheit, Realität oder Wahrheit verbunden (Kennick, 1985), ebenso wie Aufrichtigkeit, Unschuld und Originalität (Fine, 2003). Bauer-Krösbacher (2019) weist darauf hin, dass bereits seit den ersten Anzeichen von Massentourismus die Authentizitätsdebatte akademische Diskussionen beherrscht und über touristische Angebote und deren Erlebnisse diskutiert wird. Cohen (1988) thematisiert die durch eine fortschreitende Kommerzialisierung verursachte Unfähigkeit von Touristen und Touristinnen authentische Erfahrungen zu machen. Dabei konterkariert eine inszenierte Authentizität den echten Wunsch dieser nach authentischen Erfahrungen. Authentizität sei auch nicht als statisches Konstrukt zu verstehen, da neue kulturelle Entwicklungen diese verändern kann – ein Prozess, der als „emergente Authentizität" (ebd) bezeichnet wird. Lovell und Bull (2017) sprechen von objektiver Authentizität im Kontext von touristischen Besichtigungen historischer, englischer Städte. Die Wahrnehmung von Touristen und Touristinnen wird dadurch getrieben, dass sie das Ursprüngliche in Städten suchen, was über die Zeit durch neue architektonische Ansichten überdeckt wurde. Für eine nachhaltige Nutzung des Tourismus in alten chinesischen Dörfern stellten Zhao et al. (2024) fest, dass Authentizität einer der grundlegenden Aspekte und Prinzipien ist und positiven Einfluss auf das Image der Destinationen hat. Auch konnten sie in ihrer Studie nachweisen, dass Authentizität einen direkten und positiven Einfluss auf die Besucherzufriedenheit hat.

Übertragen auf das Naturerleben mit verschiedenen Freizeitaktivitäten wie z. B. Wandern, Radfahren, Skilanglauf, Reiten, Kanuwandern und Campen in der Natur (Rein & Schuler, 2019) werden diese von Gästen und Besuchenden ebenso im Spannungsfeld zwischen authentisch und unauthentisch wahrgenommen. Die wahrgenommene Authentizität der Natur hat zudem einen starken Einfluss auf die Zufriedenheit von Besuchenden (Li & Li, 2022). Für die Wahrnehmung und Beurteilung von naturnahen Erholungserlebnissen entlang von Wanderwegen haben Dorwart et al. (2010) ein Modell entwickelt (Model for Nature-Based Recreation Experiences), das zum besseren Verständnis der Authentizität und Wirkungen im Wandertourismus beitragen kann. In ihrer Studie konnten sie z. B. zeigen, dass andere Wandernde (presence of other people) nicht per se das Naturerlebnis negativ beeinflussen. Vielmehr hatte die Art der Personen, auf die der Wandernde traf, und ihre Verhaltensweisen Einfluss auf positive oder negative Erfahrungen.

Vor diesem Hintergrund kann festgehalten werden, dass die Wahrnehmung von authentischen Naturerlebnissen seitens der Touristen und Touristinnen ein komplexes Konstrukt ist, das von personellen und Kontext-spezifischen Faktoren beeinflusst wird. Die Authentizität von Naturerlebnissen kann sowohl als echte bzw. unverfälschte Erfahrung, als auch als inszeniertes Erlebnis wahrgenommen werden. Für touristische Anbieter/-innen kann dies als vorteilhaft gelten, da Konsumenten bzw. Reisende besondere Erfahrungen suchen (Pine & Gilmore, 2008). Wang (1999) zeigt zentrale Ansätze und Grenzen der Authentizität auf, die ein Bild der Vergangenheit widerspiegeln kann (Essentialismus) oder zeitgenössischen Einflüssen unterliegt (Konstruktivismus). Was als authentisch bzw. unauthentisch wahrgenommen wird, unterliegt komplexen Interpretationen, ist kontextabhängig, persönlich, fließend und unvollständig (Canavan & McCamley, 2021).

Technologie und Mediennutzung im Urlaub

Vermeintlich unverfälschte oder echte Erfahrungen in der Natur werden im digitalen (Tourismus-) Zeitalter zunehmend von digitalen Anwendungen beeinflusst. Informationsbedürfnisse der Gäste wachsen stetig, Reiseentscheidungen bedürfen vorheriger digitaler Inspirationen und Smartphones mit ständigem Zugriff auf Websites oder Social-Media-Apps offerieren Informationen und Erfahrungswissen während der Reise (Brysch, 2022). Damit werden das Smartphone und die vielfältigen Applikationen zur zentralen Technologie in Alltag und Urlaub. Der Aussage, „Ich kann mir ein Leben ohne Smartphone nicht mehr vorstellen.", stimmten 82% der Personen in Deutschland zu (Bitkom Research, 2025). Privat Smartphone-Nutzende schätzen, dass sie ihr Smartphone in 2024 durchschnittlich 155 Minuten pro Tag (143 Minuten in 2023) nutzen (ebd.). Dies führt in der Folge zu einer intensiven Nutzung der sozialen Medien auch durch Reisende. So geben 65 % der Social Media-nutzenden Urlauberinnen und Urlauber an, dass sie mehr Bilder beziehungsweise Videos aus ihrem Urlaub teilen als aus ihrem Alltag (Bitkom Research, 2024). Weiter haben 62% im Urlaub schon einmal extra ein Ausflugsziel gewählt, um Fotos bzw. Videos davon in sozialen Netzwerken zu posten (74% der 16- bis 29-Jährigen!). Zudem ignorieren 26% auch Absperrungen und Verbote, um besondere Aufnahmen für die sozialen Netzwerke zu machen. Jeder Fünfte (22%) hat sich sich sogar schon einmal in Gefahr gebracht, um Fotos oder Videos vom Urlaub für Social Media zu machen und 17% haben schon einmal ein Urlaubsfoto gefälscht (24% der 16- bis 29-Jährigen).

Technologie und Wandern

Für die spezielle touristische Aktivität Wandern zeigt die BTE-Wanderstudie 2024 zur Mediennutzung der Wandernden diverse technologische Einflüsse auf. Auf die Frage „Welche Informationsquellen sind während der Wanderung für Sie zur Orientierung

von Bedeutung?" werden sowohl analoge als auch digitale Medien genannt. Die wichtigsten fünf Medien sind:
- 77%: Infotafeln – mit Übersichtskarten, z. B. am Bahnhof oder Wanderparkplatz
- 68%: Wegweiser (Beschilderung mit Richtungsangabe)
- 57%: Markierungszeichen: Routenzeichen an Bäumen oder Pfosten
- 53%: Digitale Informationen (Smartphone, Tablet), z. B. Tourenportal, App, Social Media
- 38%: Wanderkarten

Bei der Nutzung digitaler Medien während der Wanderung dominiert Google Maps (78%), gefolgt von der App Komoot (39%) und Wetter Apps (39%) sowie Apps der Reise-/Wanderregion (29%) und der App Outdooractive (13%) (BTE, 2024). In der Studie wurde auch nach der Nutzung digitaler Inszenierungen gefragt. Hier gaben 48% der Befragten an: „Ich möchte Wandern, Natur erleben und keine Technik bedienen." Daraus lässt sich das ambivalente Bild ableiten, dass bei der Technologienutzung konträre Auffassungen bestehen. Auch beim Wandern kann für das Verständnis der Nutzungsbereitschaft von Technologie das Technologieakzeptanzmodell (TAM) von Davis et al. (1989) genutzt werden. Danach ist die Verhaltensakzeptanz von den zwei zentralen Faktoren „wahrgenommener Nutzen" (perceived usefulness) und „wahrgenommene einfache Bedienbarkeit" (perceived ease of use) abhängig. Für den Einsatz der Technologie Augmented Reality (AR) haben Yung und Khoo-Lattimore (2019) festgestellt, dass durch AR eine Verbesserung der touristischen Erlebnisse und Informationsverbreitung in verschiedenen Bereichen möglich ist. Brysch (2023) stellt dazu Beispiele vor, wie AR-Anwendungen auf dem Smartphone in Museen, bei Stadtführungen, in Kulturerbe-Stätten oder Kunstgalerien Mehrwerte schaffen. Auch beim Wandern bietet der Einsatz von AR-Anwendungen einige Zusatznutzen (Frank & Pillmayer, 2022), insbesondere durch einen erweiterten Informationsgehalt, eine Navigationsfunktion sowie Möglichkeiten der Besucherlenkung. In ihrer Studie konnten Frank und Pillmayer keine eindeutigen Muster identifizieren, lediglich einen mittelstarken negativen Zusammenhang

Tabelle 8.1: Einfluss von Technologie auf das Naturerlebnis Wandern (Quelle: eigene Darstellung).

Positiv	Negativ
- Erleben innovativer Naturerlebnisse (z. B. virtueller Realität, Zeitreisen).	- Digitale Angebote verringern Naturkontakte (z. B. Videos, Spiele, VR Dienste, AR in Apps)
- Mehr Sicherheit (z. B. GPS-Tracking und Notfallkommunikation)	- Mehr Ablenkung (z. B. ständige Erreichbarkeit via Smartphone)
- Mehr Komfort (z. B. digitale Karten, Routenführung)	- Reizüberflutung durch Social Media-Nutzung (verhindert das Abschalten)
- Mehr Informationen (z. B. zu Kultur, Flora, Fauna, Geologie etc.)	- Störung der Ruhe (z. B. Klingeltöne, Telefonate, Drohnen stören Naturgeräusche)
- Einfache Dokumentation	

zwischen Akzeptanz von AR-Anwendungen und der Wanderhäufigkeit, d. h. mit steigender Häufigkeit der Wanderungen nimmt die Akzeptanz ab. Zusammenfassend kann festgehalten werden, dass der Einfluss der Technologie auf das Naturerlebnis sowohl positive als auch negative Effekte haben (vergleiche Tabelle 8.1).

Methodisches Vorgehen

Aus der Zielsetzung, eine Analyse der Technologie-Nutzung und die Wahrnehmung von Authentizität und Zufriedenheit am Beispiel von Wanderungen in den Allgäuer Alpen zu untersuchen, werden zwei Forschungsfragen abgeleitet:
- Welche Geräte und technologischen Anwendungen werden beim Wandern genutzt?
- Wie wirken sich diese auf das authentische Naturerleben und die Zufriedenheit aus?

In einem Mixed-Methods-Ansatz wurden qualitative und quantitative Forschungszugänge kombiniert. Auf Basis des „Nature-based recreation experiences model" von Dorwart et al. (2010) und der Analyse zu „Effects of involvement, authenticity, and destination image on tourist satisfaction in the context of Chinese ancient village tourism" von Zhao et al. (2024) wurden theoriegestützt Indikatoren von Authentizität identifiziert. In vier qualitativen Experteninterviews mit Wanderexperten wurden Erfolgsfaktoren für authentische Wanderungen diskutiert. Daraus wurde ein Fragebogen entwickelt, der in Pretests im September 2024 getestet und überarbeitet wurde. Primärdaten wurden in persönlicher Befragung von Wandernden im Allgäu (n = 100, erfasst 1.10.-10.11.2024) erhoben. Von den 100 erfassten Fragebögen konnten 99 in die Auswertung einbezogen werden. Die demografische Zusammensetzung der Probanden ist in Tabelle 8.2 zusammengefasst.

Die gesammelten Daten wurden mit SPSS geprüft und die verwertbaren Fragebögen wurden deskriptiv ausgewertet und auf Signifikanz geprüft. Dafür wurden neben den Häufigkeiten die Mittelwerte der Merkmalsausprägungen verglichen.

Ergebnisse

Techniknutzung während der Wanderung

Für die Frage, welche technischen Geräte die Wandernden für die Wanderung genutzt haben, wurde die überwiegende Nutzung von Smartphones festgestellt. Andere Geräte wie Smartwatches oder klassische Handys spielen kaum eine Rolle. Andere Orientierungsmittel, wie z. B. ein Navigationsgerät, finden keine Anwendung. Im

Tabelle 8.2: Zusammensetzung der Stichprobe.

Stichprobe	n = 99	in %
Geschlecht		
weiblich	48	48,5%
männlich	50	50,5%
divers	0	0,0%
ohne Antwort	1	1,0%
Alter		
30 Jahre oder jünger	21	21,2%
31–45 Jahre	38	38,4%
46–60 Jahre	25	25,3%
älter als 60 Jahre	15	15,2%
Wohnort		
in Bayern	43	43,4%
Rest Deutschland	54	54,5%
Ausland	2	2,0%
Bildungsabschluss		
Volks-/Hauptschulabschluss	7	7,1%
Mittlere Reife/Realschulabschluss	32	32,3%
Abitur/Fachabitur	24	24,2%
Universitäts-/Hochschulabschluss	35	35,4%
keine Angabe	1	1,0%

Durchschnitt haben die Befragten ein technisches Gerät auf der Wanderung benutzt (mw = 1,08; sd = 0,6; n = 99), 12,1% haben keine technischen Geräte genutzt. Die genutzten technischen Geräte verteilten sich wie folgt (Mehrfachnennungen, n = 99):

- Smartphone 83,8%
- Smartwatch 14,1%
- Kamera 5,1%
- Fitnesstracker 5,1%
- Einfaches Handy 1,0%
- Kein Gerät genutzt 12,1%

Auf der Frage „Können Sie schätzen, wie oft Sie heute das Smartphone auf der Wanderung genutzt haben?" gaben die Befragten Werte zwischen einer und 60 Nutzungen an. Im Durchschnitt wurde ein Smartphone von den Wandernden 14-mal benutzt (mw = 13,49; sd = 11,66; n = 82).

Hinsichtlich der Nutzung von bestimmten Anwendungen (Applications) auf dem Smartphone (nur Smartphone-Nutzer, n = 82) ist eine breite Verwendung festzustellen. Hier dominiert die Nutzung der Smartphone-Kamera für Bilder und Videos, vor Kommu-

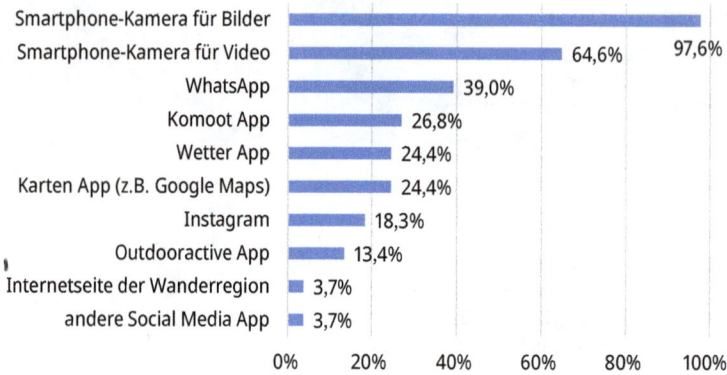

Smartphone-Kamera für Bilder — 97,6%
Smartphone-Kamera für Video — 64,6%
WhatsApp — 39,0%
Komoot App — 26,8%
Wetter App — 24,4%
Karten App (z.B. Google Maps) — 24,4%
Instagram — 18,3%
Outdooractive App — 13,4%
Internetseite der Wanderregion — 3,7%
andere Social Media App — 3,7%

Abbildung 8.1: Genutzte Anwendungen auf dem Smartphone während der Wanderung; Mehrfachnennungen; n = 82. (Frage: Wenn Sie heute ein Smartphone genutzt haben, welche der folgenden Anwendungen haben Sie auf dem Smartphone während der Wanderung mind. einmal verwendet?).

nikations- (Whatsapp), Navigations- (Komoot, Outdooractive sowie Karten-Apps) und Wetter-Apps (vergleiche Abbildung 8.1). Jeder befragte Smartphone-Nutzende gab an, mindestens eine Anwendung genutzt zu haben. Im Durchschnitt haben die Befragten drei Anwendungen auf ihrer Wanderung genutzt (mw = 3,28; sd = 1,97; md = 3; n = 82).

Technik und Authentizität

Für die Frage der Auswirkungen der Techniknutzung auf die Wahrnehmung von Authentizität einer Wanderung wurden zur Beschreibung des Konstruktes Authentizität bewährte Items aus zwei Studien übernommen (Dorwart et al., 2009 und Zhao et al., 2024). Zunächst wurden die Einstellungen der Wandernden durch Aussagen erfasst (1 = stimme überhaupt nicht zu, 5 = stimme voll und ganz zu). Die höchsten Zustimmungen ergaben sich hinsichtlich der Aussagen zum guten Gefühl und dem Spass auf der Wanderung, die geringste bei der Einstufung der Wanderung als spirituelle Erfahrung (vergleiche Abbildung 8.2).

Um die Unterschiede zwischen den Wandernden und der wahrgenommenen Authentizität in Bezug auf die Techniknutzung zu ermitteln, wurde ein Mittelwerttest (t-Test) durchgeführt. Für die Auswertung wurden alle Befragten in Nutzende und Nicht-/Wenig-Nutzende von technischen Anwendungen eingeteilt. Als Nicht-/Wenig-Nutzer technischer Anwendungen wurden die Wandernden ohne technische Geräte (n = 12) sowie die Wandernden, die ein Smartphone nutzten, aber höchstens eine Anwendung (in der Regel die Foto-App) während der Wanderung benutzten (n = 19), eingeordnet. Als Nutzende wurden die Befragten eingeordnet, die zwei oder mehr technische Anwendungen genutzt hatten. Damit ergab sich ein Stichprobenanteil der Nicht-/Wenig-Nutzenden von n = 31, der n = 68 Nutzenden mehrerer Anwendungen gegenüberstehen.

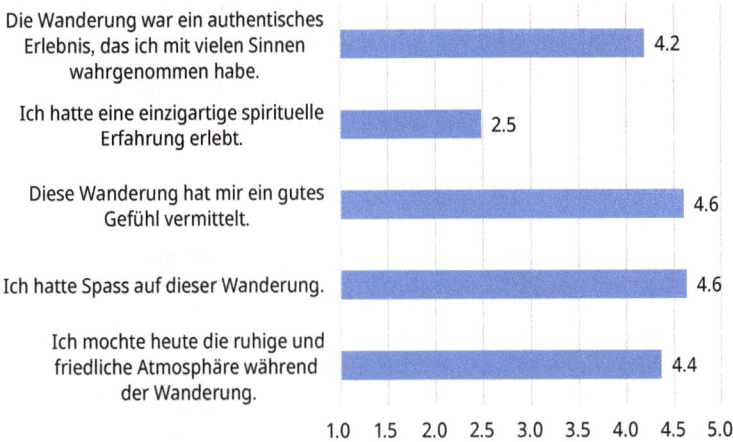

Abbildung 8.2: Einstellung zur heutigen Wanderung in Bezug auf die wahrgenommene Authentizität. n = 99. (Frage: Bitte bewerten Sie folgende Aussagen in Bezug auf Ihre heutige Wanderung? 1 = stimme überhaupt nicht zu, 5 = stimme voll und ganz zu).

Die Ergebnisse (vergleiche Tabelle 8.3) zeigen substantielle quantitative Mittelwertunterschiede nur bei zwei Items. Hier lassen sich Unterschiede in Bezug auf den Umfang des Einsatzes technischer Anwendungen (Nicht-/Wenig-Nutzende vs. Nutzende) und die wahrgenommene Authentizität der Wanderung erkennen. Die „ruhige und friedliche Atmosphäre" der Wanderung und die Wanderung als „ein authentisches Erlebnis, das ich mit vielen Sinnen wahrgenommen habe" werden von den Wandernden ohne/ mit wenig Techniknutzung positiver wahrgenommen (Skalierung: 1 = stimme überhaupt nicht zu; 5 = stimme voll und ganz zu).

Tabelle 8.3: Mittelwerte für die wahrgenommene Authentizität mit und ohne technische Anwendungen.

	Einsatz technischer Anwendungen	n	Mittelwert	Std.-Abweichung
Ich mochte heute die ruhige und friedliche Atmosphäre während der Wanderung.	Nicht-/Wenig-nutzend	31	4,65	0,84
	nutzend	68	4,24	0,74
Die Wanderung war ein authentisches Erlebnis, das ich mit vielen Sinnen wahrgenommen habe.	Nicht-/Wenig-nutzend	31	4,48	0,93
	nutzend	68	4,06	0,98

Eine Überprüfung der Signifikanz der ermittelten Mittelwertunterschiede bestätigte signifikante Unterschiede in der Zustimmung zu den Items, wobei die Gruppe der

"Nicht-/Wenig-Nutzende technischer Anwendungen" eine stärkere Zustimmung zu den Items bestätigte.

– „Ich mochte heute die ruhige und friedliche Atmosphäre während der Wanderung." mit χ^2 [df = 97, n = 99] = 2,460, p = ,016.
– „Die Wanderung war ein authentisches Erlebnis, das ich mit vielen Sinnen wahrgenommen habe." mit χ^2 [df = 97, n = 99] = 2,042, p = ,044.

Weiterhin wurde für die fünf Items zur Authenzität (vergleiche Abbildung 8.2) eine Überprüfung der Korrelation zur Anzahl genutzter Anwendungen (Apps) vorgenommen. Dazu wurde der Koeffizient Spearman's Rho (r_s) und die zugehörige statistische Signifikanz ermittelt. Hier zeigte sich bei den folgenden Items jeweils ein mittelstarker Zusammenhang, der bei einem Spearman's Rho von > |0,20| bis ≤ |0,50| interpretiert werden kann (Tausendpfund, 2019):

– „Ich mochte heute die ruhige und friedliche Atmosphäre während der Wanderung." r_s = -,430; p <,001. Hier zeigt sich ein negativer Zusammenhang: Mit zunehmender Zahl der verwendeten Apps sinkt die Wahrnehmung einer ruhigen und friedlichen Wanderung.
– „Die Wanderung war ein authentisches Erlebnis, das ich mit vielen Sinnen wahrgenommen habe." r_s = -,332; p <,001. Hier zeigt sich ein negativer Zusammenhang: Mit zunehmender Zahl der verwendeten Apps sinkt die Wahrnehmung eines authentischen Erlebnisses, das mit vielen Sinnen wahrgenommen wurde.

Anhand dieser Werte zeigt sich, dass durch die stärkere Nutzung von technischen Anwendungen die Zustimmung, ein authentisches Erlebnis wahrzunehmen, sinkt. Eine stärkere Nutzung von technischen Anwendungen führt demnach zu weniger wahrgenommener Authentizität. Dabei bleibt die Aussagekraft dieser Analyse begrenzt, weil für die anderen Items mit Bezug zur Authentizität keine statistisch signifikanten Aussagen festgestellt wurden.

Technik und Zufriedenheit

Die befragten Wandernden zeigten insgesamt eine hohe Zufriedenheit mit ihren Wanderungen (mw = 4,49; sd = 0,645; n = 99). Auch ist die Weiterempfehlung der Wanderung mit einem Net Promoter Score (NPS) von 51,5 sehr positiv zu bewerten. Der große Promotorenüberhang ergibt sich aus 61,6% Promotoren und 10,1% Detraktoren. Weiterhin wurde die Frage, wie sich die Techniknutzung auf die Zufriedenheit mit einer Wanderung auswirkt, ausgewertet. Die Analyse der Techniknutzenden zeigt eine leicht höhere Zufriedenheit (mw = 4,53; sd = 0,532; n = 68) gegenüber den Nicht-/Wenig-Nutzenden technischer Geräte und Anwendungen (mw = 4,42; sd = 0,848; n = 31). Die Unterschiede sind jedoch sehr gering und es konnte kein statistisch signifikanter Unterschied mit

Bezug zur Techniknutzung und Zufriedenheit mit der Wanderung bestimmt werden (Skalierung: 1 = sehr unzufrieden; 5 = sehr zufrieden).

Diskussion und Implikationen

Was als authentisch bzw. unauthentisch wahrgenommen wird, unterliegt komplexen Interpretationen. Zudem hat der Kontext, hier die Landschaft, Natur, Anzahl anderer Wandernde Parkplatz etc. Einfluss auf die Beurteilung, die von den Wandernden immer persönlich interpretiert wird. Zudem werden vermeintlich unverfälschte oder echte Erfahrungen in der Natur im digitalen (Tourismus-)Zeitalter von Technologie und digitalen Anwendungen beeinflusst. Während einer Wanderung werden neben dem dominanten Smartphone nur wenige weitere technische Geräte genutzt. Die Untersuchung hat gezeigt, dass deren Einsatzbreite bzw. Anwendungen in Form von Apps breit gestreut ist. Hier dominieren dokumentarische Anwendungen wie Foto-/ Video-App klar vor Karten- und Wetter-Apps sowie Apps zur Kommunikation und sozialen Austausch.

Die Untersuchung liefert Anhaltspunkte dafür, dass die Technologie Auswirkungen auf die wahrgenommene Authentizität einer Wanderung und der erlebten Natur hat. Die Wandernden, die ohne Nutzung des Smartphones unterwegs waren oder höchstens eine Anwendung genutzt haben, zeigen leicht höhere Zustimmungswerte zur erlebten Authentizität als Wandernde mit intensiver Techniknutzung. Diese Unterschiede sind gering, haben aber eine statistische Signifikanz nachgewiesen. Die Überprüfung der Zusammenhänge (Korrelation) zwischen den Items zur Authentizität und der Anzahl genutzter technischer Anwendungen zeigte negative Zusammenhänge. Es konnte gezeigt werden, dass einige Aspekte des Konstruktes der Authentizität bei intensiverer Nutzung der Technologie weniger stark wahrgenommen werden. In anderen Worten: Eine (zu) starke Nutzung des Smartphones trübt die Wahrnehmung eines authentischen Erlebnisses beim Wandern in der Natur. In Bezug auf die Zufriedenheit der Wandernden mit ihren Wandererlebnissen konnte die Untersuchung eine leicht höhere Zufriedenheit bei den Nutzenden technischer Geräte und Anwendungen zeigen, deren statistische Signifikanz jedoch nicht nachgewiesen werden konnte.

Als Limitationen für die Ergebnisse der vorliegenden Untersuchung können die kleine Stichprobengröße genannt werden, die u. a. nur einen sehr kleinen Anteil ausländischer Besuchenden inkludiert. Der Befragungszeitraum, relativ spät in der Wandersaison im Oktober und November, führt zu einer eher regionalen Stichprobenzusammensetzung mit kurzen Wanderungen und Probanden mit viel Wandererfahrung im Allgäu. Dieser Wandertypus bzw. das Verhalten erfahrener, regionaler Wanderder kann die Nutzung von technischen Geräten und Anwendungen sowie die Wahrnehmung von Authentizität und die Zufriedenheit mit Wanderungen verzerren. Vor diesem Hintergrund ist weiterer Forschungsbedarf angezeigt, der u. a. weitere (ggf. nicht alpine) Wanderdestinationen, andere Formen von Naturerlebnissen und eine größere Stichprobe berücksichtigt.

Literatur

Aschenbrand, E. (2019). Tourismus und Landschaft. In: Kühne, O., Weber, F., Berr, K., Jenal, C. (Hg.) Handbuch Landschaft. RaumFragen: Stadt – Region – Landschaft. 631–640. Springer Fachmedien, Wiesbaden. https://doi.org/10.1007/978-3-658-25746-0_50

Bauer-Krösbacher, C. (2019). Authentizität im Tourismus – Eine Untersuchung am Beispiel historischer Gärten und Parks. In: Wagner, D., Schobert, M., Steckenbauer, G.C. (Hg.): Experience Design im Tourismus – eine Branche im Wandel: Gestaltung von Gäste-Erlebnissen, Erlebnismarketing und Erlebnisvertrieb, 103–117.

Bertsch, M., Grave, J., & Kunsthalle, H. (Hg.). (2023). Caspar David Friedrich: Kunst für eine neue Zeit. Hatje Cantz Verlag.

Bitkom Research (2018). Presseinformation „Sonne, Strand, Smartphone: Welche Digitalgeräte im Urlaub nicht fehlen dürfen", online verfügbar unter https://www.bitkom.org/Presse/Presseinformation/Sonne-Strand-Smartphone-Welche-Digitalgeraete-im-Urlaub-nicht-fehlen-duerfen.html

Bitkom Research (2024). Presseinformation „Sommer, Sonne, Selfie posten: So wichtig ist Social Media im Urlaub", online verfügbar unter https://www.bitkom.org/Presse/Presseinformation/So-wichtig-ist-Social-Media-im-Urlaub

Bitkom Research (2025). Smartphone-Markt: Konjunktur & Trends, online verfügbar unter https://www.bitkom.org/sites/main/files/2025-02/250220-bitkomcharts-smartphonemarkt25.pdf

Brysch, A. (2022). Internetökonomie und digitaler Tourismus. In: Weithöner, U., Goecke, R., Kurz, E. & Schulz, A. (Hg.). Digitaler Tourismus: Informationsmanagement im Tourismus. 99–124. Berlin, Boston: De Gruyter Oldenbourg. https://doi.org/10.1515/9783110786866-002

Brysch, A. (2023). Extended Reality (XR) im Tourismus – Erlebnisse durch Augmented Reality und Virtual Reality. In: Gardini, M.A., Sommer, G. (Hg.). Digital Leadership im Tourismus. Digitalisierung und künstliche Intelligenz als Wettbewerbsfaktoren der Zukunft. 461–475. Springer Fachmedien, Wiesbaden. https://doi.org/10.1007/978-3-658-37545-4_21

BTE Tourismus- und Regionalberatung (Hg.) (2024). BTE-Wanderstudie 2024, online verfügbar unter https://www.bte-tourismus.de/wp-content/uploads/2024/10/BTE-Wanderstudie-2024-1.pdf

Canavan, B., & McCamley, C. (2021). Negotiating authenticity: Three modernities. Annals of Tourism Research, 88, 103185. https://doi.org/10.1016/j.annals.2021.103185

Cohen, E. (1988). Authenticity and commoditization in tourism. Annals of tourism research, 15(3), 371–386. https://doi.org/10.1016/0160-7383(88)90028-X

Davis, F. D., Bagozzi, R. P., & Warshaw, P. R. (1989). User acceptance of computer technology: A comparison of two theoretical models. Management Science, 35(8), 982–1003. https://doi.org/10.1287/mnsc.35.8.982

d'Eramo, M. (2018). Die Welt im Selfie: Eine Besichtigung des touristischen Zeitalters. Suhrkamp Verlag.

Dorwart, C. E., Moore, R. L., & Leung, Y. F. (2009). Visitors' perceptions of a trail environment and effects on experiences: A model for nature-based recreation experiences. Leisure Sciences, 32 (1), 33–54. https://doi.org/10.1080/01490400903430863

Fine, G. A. (2003). Crafting authenticity: The validation of identity in self-taught art. Theory and Society, 32, 153–180. https://doi.org/10.1023/A:1023943503531

Frank, L. M., & Pillmayer, M. (2022). Naturerlebnisse im Digitalen Zeitalter – Untersuchung der Akzeptanz einer Augmented Reality Applikation im Wandertourismus. In: Quack, H.-D., Thiele, F. (Hg.): Wandern in Krisenzeiten. Erich Schmidt Verlag GmbH & Co. KG, Berlin. 85–99.

Kennick, W. E. (1985). Art and inauthenticity. The Journal of aesthetics and art criticism, 44(1), 3–12.

Li, L., & Li, S. (2022). Do tourists really care about authenticity? A study on tourists' perceptions of nature and culture authenticity. Sustainability, 14(5), 2510. https://doi.org/10.3390/su14052510

Lovell, J., & Bull, C. (2017). Authentic and inauthentic places in tourism: From heritage sites to theme parks. Routledge.

Pine, B. J., & Gilmore, J. H. (2008). The eight principles of strategic authenticity. Strategy & Leadership, 36(3), 35–40. https://doi.org/10.1108/10878570810870776

Rein, H., & Schuler, A. (Eds.). (2019). Naturtourismus. utb GmbH.

Siegel, L. A., Tussyadiah, I., & Scarles, C. (2020). Does social media help or hurt destinations? A qualitative case study. E-review of Tourism Research, 17(4). Tourism Research, 66, 105–115.

Tausendpfund, M. (2019). Quantitative Datenanalyse: Eine Einführung mit SPSS. Wiesbaden.

Tribe, J., & Mkono, M. (2017). Not such smart tourism? The concept of e-lienation. Annals of Tourism Research, 66, 105–115. https://doi.org/10.1016/j.annals.2017.07.001

Wang, N. (1999). Rethinking authenticity in tourism experience. Annals of Tourism Research 26 (2): 349–367. https://doi.org/10.1016/S0160-7383(98)00103-0

Wöhler, K., & Wöhler, K. (2011). Touristifizierung von Räumen. Wiesbaden, Germany: VS Verlag für Sozialwissenschaften.

Yung, R., & Khoo-Lattimore, C. (2019). New realities: a systematic literature review on virtual reality and augmented reality in tourism research. Current issues in tourism, 22(17), 2056–2081. https://doi.org/10.1080/13683500.2017.1417359

Zhao, Y., Zhan, Q., Du, G., & Wei, Y. (2024). The effects of involvement, authenticity, and destination image on tourist satisfaction in the context of Chinese ancient village tourism. Journal of Hospitality and Tourism Management, 60, 51–62. https://doi.org/10.1016/j.jhtm.2024.06.008

Celine Chang* und Katrin Eberhardt

Chapter 9
Der Weiterbildungsnavigator – ein Tool zur Steigerung der Weiterbildungsbeteiligung im Tourismus: Ein Projektbericht

Zusammenfassung: Die Weiterbildungsbeteiligung in der Tourismusbranche ist im Branchenvergleich gering. Gerade KMU-Betriebe haben nicht die zeitlichen, personellen und finanziellen Ressourcen, um betriebliche Weiterbildung ganzheitlich umzusetzen. Fördermöglichkeiten sind häufig nicht bekannt und werden kaum genutzt. Gleichzeitig ist Weiterbildung ein zentraler Hebel zur Arbeitskräftesicherung sowie zur Mitarbeitermotivation und -bindung. Im Rahmen des geförderten Projekts „Der Weiterbildungsnavigator" soll unter Einsatz von KI ein Beitrag zur Erhöhung der Weiterbildungsbeteiligung im Tourismus geleistet werden. Dabei wird ein Tool entwickelt, welches niedrigschwellig Weiterbildungsbedarfe eingrenzt und passgenaue Weiterbildungsmaßnahmen vorschlägt. Der Beitrag gibt einen Einblick in die Weiterbildungssituation im Tourismus, stellt Ergebnisse eigener Untersuchungen zu Weiterbildung in KMU vor und leitet daraus die Anforderungen an den Weiterbildungsnavigator ab. Dabei werden auch Herausforderungen und Lessons Learned mit einem Drittmittelprojekt dieser Art reflektiert.

Abstract: Participation in vocational training in the tourism industry is low compared to other sectors. SME companies in particular lack the time, personnel and financial resources to implement continuing vocational training in a holistic manner. Funding opportunities are often unknown and hardly used. At the same time, vocational training is a key lever for securing the workforce and for motivating and retaining employees. As part of the funded project "The Continuing Education Navigator", AI is to be used to help increase participation in continuing education in tourism. A tool is being developed that narrows down the need for further training at a low threshold and suggests tailor-made vocational training measures. The article provides an insight into the vocational training situation in tourism, presents the results of our own studies on vocational training in SMEs and derives the requirements for the vocational training navigator. It also reflects on the challenges and lessons learned from a third-party funded project of this kind.

*Korrespondierende Autorin: Celine Chang, Fakultät für Tourismus, Hochschule München, Schachenmeierstr. 35, D-80636 München, e-mail: celine.chang@hm.edu
Katrin Eberhardt, Fakultät für Tourismus, Hochschule München, Schachenmeierstr. 35, D-80636 München, e-mail: katrin.eberhardt@hm.edu

https://doi.org/10.1515/9783111706511-009

Schlagwörter: Weiterbildung in KMU, Weiterbildungsbeteiligung in der Tourismus-branche, Weiterbildungsnavigator, Weiterbildungsbedarf und -nachfrage, Technologieprojekt mit Einsatz von KI

Keywords: Vocational training in SMEs, participation in vocational training in the tourism industry, vocational training navigator, need and demand for vocational training, technology project with the use of AI

Einleitung

Der Arbeitskräftemangel im Tourismus stellt eine zentrale Herausforderung für die Branche dar. Auf dem Arbeitsmarkt stehen weniger potenzielle Mitarbeitende zur Verfügung als benötigt werden. Zudem gehen die Ausbildungszahlen zurück und die Abwanderung touristischer Fachkräfte in andere Branchen ist ein Problem (Eberhardt & Chang, 2025). Gleichzeitig beeinflussen der Wertewandel, die Digitalisierung und Globalisierung die Arbeitswelt (von Ameln & Wimmer, 2016). Diese Veränderungen erfordern eine kontinuierliche Anpassung von Mitarbeitenden im Sinne eines lebenslangen Lernens und stellen neue Anforderungen an das Personalmanagement in Unternehmen (Chang, 2024). Dabei spielt die Weiterbildung im Rahmen der betrieblichen Personalentwicklung eine wichtige Rolle für die Arbeitskräftesicherung. Weiterbildung führt zur Anpassung und Erweiterung benötigter Kompetenzen und soll dabei gleichzeitig die Mitarbeiterzufriedenheit und -bindung stärken sowie die Arbeitgeberattraktivität erhöhen (Holtbrügge, 2022).

Trotz der hohen Bedeutung ist die Weiterbildungsbeteiligung insbesondere bei kleinen und mittleren Unternehmen (KMU) in der Tourismusbranche eher gering und ihre Bedeutung wird von Arbeitgebern häufig unterschätzt (bsw, 2014). Gleichzeitig ist der Weiterbildungsmarkt eher unübersichtlich. Die Suche nach einer passenden Weiterbildung durch Arbeitgeber oder Arbeitnehmende kann daher aufwendig sein und somit eine Hürde darstellen. Auch werden die Fördermöglichkeiten für Weiterbildungen durch die Bundesagentur für Arbeit nur wenig von der Tourismusbranche genutzt.

Das Projekt „Der Weiterbildungsnavigator" (www.weiterbildungsnavigator-tourismus.de) hat daher das Ziel, ein Tool zu entwickeln, welches insbesondere KMU-Arbeitgebern und -Arbeitnehmenden passgenaue Weiterbildungsmaßnahmen im Tourismus vorschlägt. Darüber hinaus werden Informationen rund um das Thema Weiterbildung zur Verfügung gestellt, wie z. B. eine Übersicht von Fördermöglichkeiten. Insgesamt soll mit dem Weiterbildungsnavigator für die Bedeutung von Weiterbildung sensibilisiert sowie die Weiterbildungsbeteiligung, insbesondere bei KMU, erhöht werden. Die Entwicklung des Tools wird durch Begleitforschung flankiert. Dieser Beitrag gibt einen Einblick in das Projekt und stellt ausgewählte Ergebnisse der Begleitforschung vor, die in die Entwicklung des Tools eingeflossen sind.

Weiterbildung im Überblick

Bis 1970 galt die Erwachsenenbildung nicht als gleichberechtigter Bestandteil des deutschen Bildungswesens, was sich erst mit der offiziellen Definition des Begriffs „Weiterbildung" änderte (Schiersmann, 2007). Unter dem Begriff Weiterbildung wurde fortan die „Fortsetzung oder Wiederaufnahme organisierten Lernens nach Abschluß [sic] einer unterschiedlich ausgedehnten ersten Bildungsphase" (Deutscher Bildungsrat, 1970) verstanden. Dabei erfolgt nach dem Abschluss der ersten Bildungsphase in der Regel die Aufnahme einer Erwerbstätigkeit. Weiterbildung kann entweder im beruflichen Kontext oder aufgrund individueller Initiative erfolgen. Es geht dabei um (selbst-) organisierte Lernaktivitäten. Die dabei erworbenen Kompetenzen und Qualifikationen dienen der Bewältigung beruflicher Anforderungen (Münchhausen et al., 2023). Dabei sind Weiterbildungsaktivitäten zu differenzieren nach verschiedenen Faktoren wie den Inhalten, der Funktion, der Lernprozesse, der Orte, der Initiatoren, dem Erwerbsstatus der Teilnehmenden oder der Finanzierung (Zeyer-Gliozzo, 2022). Die Weiterbildungsbeteiligung beschreibt dabei den Anteil der Betriebe, die Weiterbildungsmaßnahmen anbieten, während sich die Weiterbildungsquote auf den Anteil der in Weiterbildung einbezogenen Mitarbeitenden bezieht (Jost & Thalheim, 2022). Diese Unterscheidung wird jedoch in der Literatur nicht konsistent gemacht.

Die Weiterbildungsbeteiligung der Unternehmen in Deutschland liegt laut einer Erhebung des Instituts der deutschen Wirtschaft bei 87,9 % (Seyda & Placke, 2020). Diese ist jedoch abhängig von der Unternehmensgröße. Je kleiner das Unternehmen, desto geringer ist sie. So lag z. B. im Corona-Jahr 2020 bei Kleinstbetrieben bis neun Beschäftigten die Beteiligung bei 42 %, bei mittleren Unternehmen (50 – 249 Beschäftigte) bei 66 % (BMBF, 2022). Die Weiterbildungsquote ist abhängig von Position und Bildungshintergrund. Die Teilnahmequote ist von Führungskräften am höchsten, gefolgt von Fachkräften. An- und Ungelernte nehmen deutlich weniger an Weiterbildungen teil (BMBF, 2022). Die Weiterbildungsquote steigt mit der Höhe des beruflichen Abschlusses (BMBF, 2022).

Um Weiterbildungsbedarf zu identifizieren, das passende Weiterbildungsangebot am Weiterbildungsmarkt sowie etwaige Fördermöglichkeiten zu finden, bedarf es Know-how und Zeit. Laut einer IW-Studie zeigt sich, dass dies auf Unternehmens- und Individualebene eine Herausforderung darstellt. Das kann dazu führen, dass das Weiterbildungsangebot nicht dem Weiterbildungsbedarf entspricht (Seyda & Placke, 2020). Gerade KMU haben oft keine eigenen Personalentwicklungsfachkräfte, die hier beraten und unterstützen können.

Insgesamt waren in den letzten Jahren jedoch die Weiterbildungsbeteiligung und die Weiterbildungsquoten steigend (BMBF, 2022). Durchschnittlich investierten 2019 Unternehmen 1.236 € pro Mitarbeitenden in Weiterbildung (Seyda & Placke, 2020).

Weiterbildung im Tourismus

Die Tourismusbranche gilt eher als zurückhaltend, was die Investition in Weiterbildung betrifft (Gardini, 2014). Sucht man Statistiken, ist es jedoch schwierig, eine Aussage für die gesamte Branche zu treffen, da sich in der Regel keine Statistiken mit Tourismus als eigener Kategorie finden lassen. Sucht man wissenschaftliche Untersuchungen zum Thema Weiterbildung und Weiterbildungsbeteiligung in der Tourismusbranche, so fällt auf, dass sich nur wenige deutsch- und englischsprachige Quellen finden lassen. Zudem ist die Literatur teilweise veraltet.

Hinsichtlich der Weiterbildungsbeteiligung wird in den Statistiken zumeist das Gastgewerbe als größte Teilbranche im Tourismus abgegrenzt. Im Vergleich zu anderen (Teil-)Branchen hat das Gastgewerbe die niedrigste Weiterbildungsbeteiligung (z. B. in 2019 20 % im Vergleich zu über 40 % im Bereich Verkehr und Lagerei) (Jost & Thalheim, 2022). Zur Weiterbildungsquote ließen sich keine verlässlichen Zahlen recherchieren. Im Rahmen der Studie „Fachkräfteanalyse Tourismus", einer der wenigen repräsentativen Befragungen zu verschiedenen Themen zur Fachkräftesicherung, sahen fast ein Drittel der befragten Betriebe keine Relevanz für Weiterbildung (Bildungswerk der Sächsischen Wirtschaft, 2014). Die Relevanz wurde von Gastronomiebetrieben am niedrigsten eingeschätzt. Insgesamt nahm die Relevanz mit Größe des Betriebs zu. Als einer der Gründe wurde angegeben, dass das vorhandene Weiterbildungsangebot oft nicht dem Bedarf entspricht. Gerade KMU müssen meistens auf externe Angebote zurückgreifen. Dabei sollten die Weiterbildungsmaßnahmen möglichst kurz sein (Dauer von ein paar Stunden), in der Nähe stattfinden, der Anwendungs- und Branchenbezug muss gegeben sein und sie sollten wenig kosten. Gewünscht wird auch mehr Information und Orientierung über die vorhandenen Weiterbildungsmöglichkeiten sowie Weiterbildungsberatung (bsw, 2014).

In einer Befragung von sowohl Arbeitgebern als auch Arbeitnehmenden in Destinationen in Bayern und Österreich zeigte sich, dass für Arbeitnehmende ein umfassendes Weiterbildungsangebot unter den Top drei Motivationsfaktoren lag, bei den Arbeitgebern dies jedoch weniger hoch priorisiert wurde. Dabei gaben 51 % der befragten Arbeitnehmenden an, aufgrund besserer Entwicklungs- und Karriereperspektiven einen Arbeitgeberwechsel in Betracht zu ziehen. Von den befragten Arbeitgebern führten zwar 75 % Weiterbildungen durch, jedoch hatten nur 35 % ein umfassendes Weiterbildungsangebot (Chang & Eberhardt, 2020). Auch gaben die Arbeitgeber deutlich weniger für Weiterbildung aus als im Bundesdurchschnitt. 41 % und damit der größte Anteil gaben nur zwischen 100 – 300 € pro Mitarbeitenden und Jahr aus (Chang & Eberhardt, 2020). Mehr als 1.000 € gaben 13% der befragten Arbeitgeber aus (Chang & Eberhardt, 2018), was eher dem Bundesdurchschnitt entspricht (Seyda & Placke, 2020).

Zusammenfassend lässt sich feststellen, dass die Weiterbildungsbeteiligung im Tourismus ausbaufähig ist. Dabei müssen auch die Angebote passgenauer werden und sich an die sich verändernden Anforderungen anpassen. Auch im OECD-Bericht „Tourism Trends and Policies" von 2024 wird das Ungleichgewicht zwischen vorhandenen Fähigkeiten und den Arbeitsanforderungen (sogenanntes Skills Mismatch) hervorgehoben und gefordert, Weiterbildungen besser an den Bedarfen der Beschäftigten im Tourismus auszurichten. Jedoch wurden mit der Bewältigung der COVID-19-Pandemie die digitalen Weiterbildungsmöglichkeiten in vielen Ländern ausgebaut (OECD, 2024). Insgesamt besteht hier noch ein großer Forschungsbedarf, um verlässliche Zahlen zu erhalten und zu verstehen, wie Weiterbildungshürden abgebaut und die Weiterbildungsbeteiligung gefördert werden können. Gerade vor dem Hintergrund der Bedeutung von Weiterbildung für die Arbeitgeberattraktivität und die Arbeitskräftesicherung ist es wichtig, Transparenz in den Weiterbildungsmarkt zu bringen und insbesondere KMU-Arbeitgeber und -Arbeitnehmende zu unterstützen, ohne großen Aufwand passgenaue Weiterbildungen zu finden. Genau hier setzt das Projekt Weiterbildungsnavigator an.

Das Projekt „Der Weiterbildungsnavigator"

Ziel des Projekts ist es, mit dem Weiterbildungsnavigator einen Beitrag zur Erhöhung der Weiterbildungsbeteiligung in der Tourismusbranche zu leisten. Das Tool richtet sich sowohl an Personalverantwortliche als auch an Mitarbeitende insbesondere von KMU, die für sich selbst oder andere eine Weiterbildung suchen. Gerade KMU benötigen aufgrund fehlender Ressourcen und Weiterbildungsexpertise häufig Unterstützung bei der Identifikation von Weiterbildungsbedarfen, der Auswahl passgenauer Angebote sowie bei der Orientierung auf dem komplexen Weiterbildungsmarkt. Das Tool soll daher niedrigschwellig und innerhalb weniger Schritte passgenaue Weiterbildungsangebote vorschlagen. Hierbei sollen auch KI-Assistenten zum Einsatz kommen. Es soll online leicht bedienbar sein, Angebote unterschiedlicher Bildungsträger zusammenführen sowie weiterführende Informationen inklusive Kontaktpersonen und Beratungsangeboten aufzeigen. Über eine Verlinkung zum Weiterbildungsanbieter (auch Bildungsträger genannt) können die Weiterbildungen leicht gebucht werden. Zudem sollen passgenaue Fördermöglichkeiten vorgeschlagen werden. Im Weiterbildungsbereich gibt es zahlreiche Förderangebote von der Agentur für Arbeit, die jedoch von touristischen Arbeitgebern und -nehmern nur wenig genutzt werden und oftmals nicht bekannt sind. Die Nutzung des Tools soll für Nutzende kostenfrei sein. Bislang gibt es kein Tool dieser Art, welches sich auf die Tourismusbranche fokussiert.

Im Rahmen des Projekts soll der Weiterbildungsnavigator als Webanwendung entwickelt und im Rahmen einer Pilotierung in zwei Pilotregionen getestet, evaluiert und bei Bedarf optimiert werden. Nach Projektende soll der Weiterbildungsnavigator für die gesamte Tourismusbranche zur Verfügung stehen. Die Toolentwicklung soll dabei die Anforderungen von KMU-Arbeitgebern und -Arbeitnehmenden an Weiterbildung sowie die Bedarfe von Weiterbildungsanbietern im Tourismus berücksichti-

gen, weshalb die Entwicklung des Tools in wissenschaftliche Begleitforschung einge-
bettet ist.

Das Projekt wird im Rahmen des Programms LIFT-Transformation vom Bundesministerium für Wirtschaft und Klimaschutz seit 01.01.24 – 31.10.2025 gefördert. Aktuell wurde eine Verlängerung beantragt. Neben der Hochschule München sind die
Firma WeSkill sowie die Agentur für Arbeit München Projektpartner. Unterstützende
sind der DEHOGA Bayern e.V., der Weiterbildungsanbieter Bayern Tourist GmbH
(BTG) sowie Franken Tourismus. Weitere Informationen finden sich auf der Projekt-
webseite (www.weiterbildungsnavigator-tourismus.de). Basierend auf der initialen
Projektidee und nach Sichtung der Literatur wurden folgende Forschungsfragen abgeleitet:

- Wie ist die aktuelle Weiterbildungssituation in der Tourismusbranche mit Schwer-
  punkt auf KMU?
- Welche Herausforderungen/Hürden haben Mitarbeitende und KMU-Arbeitgeber,
  Weiterbildung umzusetzen? Welchen Unterstützungsbedarf haben sie?
- Wie muss der „Weiterbildungsnavigator" konzipiert und entwickelt werden, um
  Weiterbildungshürden zu nehmen und bei der Suche nach passgenauen Weiter-
  bildungen zu unterstützen?

Methoden

Aufgrund des limitierten Erkenntnisstands über Weiterbildung im Tourismus wurde
ein explorativer Forschungsansatz sowie ein schrittweises, aufeinander aufbauendes
Vorgehen gewählt. Im ersten Schritt wurden Interviews mit verschiedenen Stakeholdern geführt, um einen multiperspektiven Überblick über den Forschungsgegenstand
zu bekommen. Hierfür wurden Vertretende aus KMU, Branchenverbänden, Touris-
musverbänden und Destinationen sowie Vertretende von Weiterbildungsträgern der
Tourismusbranche sowie Trainer interviewt.

Basierend auf den Ergebnissen wurden anschließend zwei Fragebogenuntersu-
chungen einmal für KMU-Arbeitgeber als auch für Arbeitnehmende durchgeführt. Bei
beiden Untersuchungen handelte es sich um eine Online-Befragung mit anfallender
Stichprobe. Die Einladung zur Teilnahme wurde über die Projektpartner, Tourismus-
und Branchenverbände sowie über weitere Kommunikationskanäle wie Branchen-
netzwerke, LinkedIn und Newsletter gestreut. Der Befragungszeitraum dauerte von
Mitte April bis Ende Mai 2024 an und wurde aufgrund des schleppenden Rücklaufs
zwei Mal verlängert. Schlussendlich haben sich N = 230 Arbeitnehmende und N = 140
Arbeitgeber an den Befragungen beteiligt.

Im Folgenden wird auf ausgewählte Ergebnisse aus den Fragebogenuntersuchun-
gen eingegangen, welche von Relevanz für diesen Projektbericht sind, indem sie den
Kontext und die Anforderungen für die Entwicklung des Weiterbildungsnavigators

deutlich machen. Eine vollumfängliche Beantwortung der Forschungsfragen kann im Rahmen dieses Beitrags nicht erfolgen und ist in weiteren Publikationen geplant.

Ergebnisse

Überblick über die Weiterbildungssituation bei KMU-Arbeitgebern

Von den befragten KMU-Arbeitgebern (N = 140) bieten 91 % ihren Mitarbeitenden die Möglichkeit, an organisierten Weiterbildungen teilzunehmen. Davon haben jedoch nur 61 % Angebote für alle Mitarbeitendengruppen und 31 % nur für einige Mitarbeitende. Weiterbildungen werden hauptsächlich für Fachkräfte (94 %) und Führungskräfte (80 %) angeboten, aber auch für Quereinsteigende (66 %), Auszubildende (57 %) und An- und Ungelernte (51 %). Werkstudierende (23 %) oder Aushilfen, Praktikanten und kurzfristig Beschäftigte (≤ 15 %) haben selten Zugang zu Weiterbildung. Die Weiterbildungsbeteiligung und die Weiterbildungsquote unterscheiden sich somit deutlich. 8 % bieten keine Weiterbildungsmöglichkeiten an. Die meisten Betriebe (61 %) geben an, dass ihre Mitarbeitenden an durchschnittlich 1 – 2 Weiterbildungen pro Jahr teilnehmen. Mehr als 1 – 2 Weiterbildungen bieten deutlich weniger Betriebe an (24 %: 2 – 3, 9 %: 3 – 5 und 6 %: mehr als 5 Weiterbildungen). In Hinblick auf die durchschnittlichen Ausgaben für Weiterbildungsmaßnahmen pro Mitarbeitenden pro Jahr investieren 30 % bis zu 200 €, 36 % zwischen 201 € – 500 € und 14 % zwischen 501 € und 1.000 €. 16 % investieren über 1.000 €. 4 % der Betriebe geben an, nur kostenfreie Weiterbildungen in Anspruch zu nehmen.

Blickt man auf die mit dem Weiterbildungsangebot verfolgten Ziele der Arbeitgeber, so stehen die Kompetenzentwicklung an sich verändernde Anforderungen (81 %), eine Verbesserung der Dienstleistungsqualität für die Gäste und Kunden (72 %) sowie eine Erhöhung der Mitarbeiterbindung (65 %) und die Steigerung der Arbeitgeberattraktivität (63 %) im Fokus. Mit 73 % arbeitet die Mehrheit der befragten Arbeitgeber überwiegend mit externen Weiterbildungsanbietern zusammen. 53 % führen ihre Weiterbildungen überwiegend selbst durch und 38 % geben an, dass die Mitarbeitenden durch Lieferanten geschult werden. Lediglich 6 % der Befragten nehmen geförderte Angebote der Agentur für Arbeit wahr. 61 % der Arbeitgeber kennen die Fördermöglichkeiten für Weiterbildungen nicht und 27 % kennen sie zwar, haben sie jedoch noch nie genutzt.

Die Weiterbildungssituation aus Sicht von Arbeitnehmenden bei KMU

Für die befragten Arbeitnehmenden (N = 230) hat Weiterbildung insgesamt einen wichtigen Stellenwert (M = 3,90; SD = 0,74, fünfstufige Likert-Skala von 5 = äußerst zufrieden bis 1 = überhaupt nicht zufrieden). Mit den Weiterbildungsmöglichkeiten im Unternehmen sind sie im Mittel relativ zufrieden (M = 2,91; SD = 1,05), jedoch gibt es hier eine größere Streuung. In Hinblick auf die Herausforderungen, die es mit dem Thema Weiterbildung in den Betrieben gibt, geben 36 % an, dass zu wenige Informationen dazu vorhanden sind, welche Weiterbildungen angeboten werden. 31 % haben keine Zeit, um an Weiterbildungsmaßnahmen teilzunehmen und 15 % finden, dass thematisch keine passenden Weiterbildungen angeboten werden.

Weiterhin zeigt die Arbeitnehmerbefragung, dass die Unterstützung der Arbeitgeber bei der Suche und Auswahl des passenden Weiterbildungsangebots noch verbesserungsfähig ist. So geben nur 6 % der Befragten an, eine sehr gute Unterstützung zu erhalten, 16 % erhalten gute Unterstützung. 24 % erachten die Unterstützung des Arbeitgebers als angemessen. Der größte Anteil der Befragten mit 35 % gibt an, ein wenig Unterstützung zu erhalten und 19 % erhalten überhaupt keine Unterstützung und sind bei der Suche und Auswahl eines passenden Weiterbildungsangebots auf sich selbst gestellt.

Diskussion

Einordnung der Ergebnisse in den Gesamtkontext Weiterbildung im Tourismus

Die Ergebnisse zeigen, dass das Thema Weiterbildung einen hohen Stellenwert für Mitarbeitende hat. Auch wird deutlich, dass die Mehrheit der Arbeitgeber erkannt hat, dass mit Weiterbildung mehrere Ziele, von notwendigen Kompetenzanpassungen und der Verbesserung der Dienstleistungsqualität hin zur Erhöhung der Mitarbeiterbindung und Steigerung der Arbeitgeberattraktivität, erreicht werden können. Die Weiterbildungsbeteiligung ist mit 91 % im Vergleich zu älteren Studien unerwartet hoch, was für eine veränderte strategische Bedeutung von Weiterbildung bei KMU im Vergleich zu früheren Befragungen spricht. Allerdings kann dies auch ein Stichprobeneffekt sein, da anzunehmen ist, dass mehr Unternehmen bei Befragungen teilnehmen, die sich mit der Thematik identifizieren. Selbst bei einer positiven Verzerrung der Ergebnisse zeigt sich, dass ähnlich wie in der Studie des BMBF (2022) die Weiterbildungsquote in Abhängigkeit von der Mitarbeitendengruppe unterschiedlich ausfällt. Gerade Auszubildende, aber auch Werkstudierende und Praktikanten, sind die zukünftigen Fachkräfte, welche die Branche dringend braucht. So können Weiterbildungsangebote für diese Zielgruppen differenzierend für Arbeitgeber sein und die Bindung zu dem Arbeitgeber auch für die spätere Berufstätigkeit erhöhen.

Hinsichtlich der Angaben über die finanzielle Investition fällt auf, dass Arbeitgeber im Tourismus nach wie vor deutlich weniger ausgeben als im Bundesdurchschnitt üblich ist. Das Argument, dass KMU im Tourismus weniger finanzielle Mittel für Weiterbildung haben, zählt nicht branchenübergreifend. Bei der 11. IW-Weiterbildungserhebung zeigte sich, dass KMU mit durchschnittlich 1.492 € mehr in Weiterbildung investieren als mittelgroße (1.288 €) und große Unternehmen (1.267 €; Seyda & Köhne-Finster, 2024).

Die Ergebnisse zeigen zudem, welche Hürden zur Steigerung der Weiterbildungsbeteiligung und -quoten im Tourismus bestehen. So bemängeln 31 % der befragten Arbeitnehmenden, keine Zeit für Weiterbildung zu haben und mehr als 50 % nur wenig oder keine Unterstützung bei der Suche und Auswahl eines passenden Weiterbildungsangebots zu erhalten. Nachdem KMU-Arbeitgeber hauptsächlich auf externe Weiterbildungsangebote zugreifen müssen, da sie meist nicht die kritische Teilnehmergröße für interne, auf das Unternehmen zugeschnittene Weiterbildungen haben, haben sie selbst Beratungsbedarf bei der Auswahl von Weiterbildungsangeboten für Mitarbeitende (Seyda & Köhne-Finster, 2024). Recherchen über potenzielle Weiterbildungen kosten Zeit und erfordern Fachkenntnisse, welche KMU weniger haben, da sie seltener HR-Fachkräfte beschäftigen.

In Hinblick auf die Organisation der betrieblichen Weiterbildungsmaßnahmen geben 73 % der Arbeitgeber entsprechend an, überwiegend mit externen Weiterbildungsanbietern zusammenzuarbeiten und nur 6 % der Befragten beanspruchen geförderte Angebote von der Agentur für Arbeit. Dieses Ergebnis zeigt, dass ein Aufholbedarf bezüglich der Kommunikation und Bekanntmachung der Förderangebote seitens der Agentur für Arbeit besteht und gegebenenfalls mehr Weiterbildungsmaßnahmen erfolgen würden, wenn die Betriebe besser informiert wären.

Als zentrale Herausforderungen lassen sich die Auswahl des passenden Angebots sowie der bereits erwähnte Mangel an zeitlichen, personellen und finanziellen Ressourcen festhalten. Diese Herausforderungen sollen mit dem Weiterbildungsnavigator aufgefangen werden.

Implikationen für die Anforderungen an den Weiterbildungsnavigator

Aus der Literaturanalyse und den eigenen Befragungsergebnissen lassen sich damit folgende Implikationen für das Konzept des Weiterbildungsnavigators ableiten:
- Die Suche nach der passenden Weiterbildung soll einfach und schnell erfolgen und keine Fachkenntnisse voraussetzen.
- Die Pfadstruktur (Entscheidungsbaum anhand von Fragen) und Suchfunktionen sollen zu passgenauen Treffern führen.

- Es sollen Informationen über verschiedene Faktoren zur Weiterbildung zur Verfügung stehen, welche wichtig für die Suche und Auswahl von Weiterbildungen sind (z. B. Fördermöglichkeiten, zeitlicher Rahmen, Kosten).
- Es sollen weiterführende Informationen zur Verfügung stehen, welche für die Bedeutung von Weiterbildung sensibilisieren und Nutzenargumente beinhalten.
- Die Weiterbildungsangebote sollen spezifisch auf die verschiedenen Teilbranchen der Tourismusbranche zugeschnitten sein.
- Es sollen insbesondere kostengünstige Weiterbildungsempfehlungen gegeben werden, welche zum Weiterbildungsbudget der Arbeitgeber passen.
- KI-Assistenzsysteme sollen insbesondere dort zum Einsatz kommen, wo sie einerseits die Passgenauigkeit erhöhen können und niedrigschwellige Zugänge für die Zielgruppen ermöglichen und andererseits, um Weiterbildungsanbietern Arbeit abzunehmen, ihre Weiterbildungsangebote auf den Weiterbildungsnavigator zu bringen.

Aktueller Projektstand, Herausforderungen und Lessons Learned

Aktuell (Stand März 2025) ist die Entwicklung des Minimal Viable Product (MVP) kurz vor Abschluss. Im Backend wurde ein Customer Management System (CMS) aufgebaut, in welchem die Informationen über Weiterbildungen durch Weiterbildungsträger nach den identifizierten Kategorien eingetragen werden. Um Weiterbildungsträgern Zeit zu sparen, wurden vier Use Cases definiert und getestet: 1) manuelle Eingabe der Daten, 2) Scraping der Webseite des Weiterbildungsträgers und Extraktion der Daten mit Hilfe von KI in das CMS, 3) Extraktion von unstrukturierten Daten aus Pdf-Dokumenten mit Hilfe von KI in das CMS, 4) Programmierung einer Schnittstelle zum CMS des Bildungsträgers. Use Case 1 ist machbar, wenn ein Bildungsträger nur wenig Weiterbildungen anbietet, Use Cases 2 und 3 sind sinnvoll, wenn keine Schnittstelle zur Verfügung steht, was bei den wenigsten Anbietern im Tourismus der Fall ist.

Das Frontend zur Ermittlung des Weiterbildungsbedarfs ist kurz vor Fertigstellung, allerdings muss das Matching zwischen den Entscheidungsstrukturen und Filtern im Frontend und den Informationen im CMS im Backend sowie die User Experience noch verbessert werden. Der Einsatz von KI-Assistenz im Frontend bei der Feststellung des Weiterbildungsbedarfs wurde zurückgestellt aufgrund der Erfahrungen mit den Problemen mit KI bei der Erfassung des Weiterbildungscontents im CMS.

In der Umsetzung des Projekts gab und gibt es viele Herausforderungen, die vorab nicht alle vorhersehbar waren, da sie sich in klassischen Forschungsprojekten weniger stellen, und aus denen sich Lessons Learned für Drittmittelprojekte mit Technologiebezug ergeben:

1. Anbieterauswahl: Es gibt viele Anbieter, die IT-Dienstleistungen mit KI anbieten, insbesondere Agenturen und Start-ups. Hier muss man sehr gut hinsehen, wie viel IT- und KI-Kompetenz auch tatsächlich vorhanden ist. Zudem sind viele Anbieter weit im Voraus ausgebucht oder arbeiten bevorzugt mit großen Unternehmen mit anderen Budgets. Nachdem sich die Möglichkeiten, KI zu nutzen, rasant verändern, haben die meisten Anbieter selbst noch wenig Erfahrung und lernen mit jedem Auftrag dazu. Es muss wahrscheinlich heute zuerst geprüft werden, ob der Technologie-Teil eher von einem Hochschulpartner als von einem privatwirtschaftlichen Dienstleister übernommen werden kann, um die benötigten Ressourcen und eine Entwicklungsorientierung (anstatt Umsatzorientierung) sicherzustellen.
2. Rahmenbedingungen der Förderstrukturen: Nachdem die Auswahl von Dienstleistern sehr zeitaufwendig ist und beim Einsatz von KI viele unvorhersehbare Herausforderungen auftreten, sind die vorgegeben Projektlaufzeiten kritisch zu prüfen. Im Projekt gab es viele Verzögerungen, die zu Verlängerungsbedarf bei jedoch gleichbleibenden Ressourcen führen (kostenneutrale Verlängerungen).
3. Fach- und IT-Expertise im Projekt: Auch in einem fachlich getriebenen Projekt sollten Projektteilnehmer mit IT-Expertise von Beginn an beteiligt sein. Diese können bei Antragstellung realistische Budgeteinschätzungen geben. Sie können die Übersetzung der Fachanforderungen an Technologieanforderungen sicherstellen und Angebote sowie Leistungen von externen Dienstleistern besser beurteilen. Auch sollte der Projektplan immer sowohl die fachliche als auch technische Planung beinhalten. So können Reibungsverluste vermieden werden.
4. Urheberschaften und Nutzungsrechte: Bei einem Technologieprojekt, bei dem ein Produkt entwickelt wird, an dem mehrere Projektpartner beteiligt sind, entstehen (teilweise komplexe) rechtliche Fragen hinsichtlich Urheberschaften und Nutzungsrechten, die bereits bei Projektbeginn geklärt werden sollten. Dafür sollte frühzeitig Rechtsberatung gesucht werden.

Fazit und Ausblick

Mit der Entwicklung des Weiterbildungsnavigators werden erstmalig vielfältige Weiterbildungsangebote von möglichst vielen Bildungsträgern in einem Tool gebündelt. Weiterbildungsinteressierte müssen dann nicht mehr die passende Weiterbildung über Google suchen und verschiedene Webseiten durchforsten. Nicht nur wird dadurch Zeit gespart, sondern durch wenige einfache Fragen entlang einer Pfadstruktur wird der Weiterbildungsbedarf eingegrenzt und somit die Auswahl und Buchung passender Weiterbildungsangebote erleichtert.

Noch ausstehende Arbeitspakete umfassen die Pilotierung des Weiterbildungsnavigators in zwei Pilotregionen mit begleitender Evaluierung und darauf aufbauender

Optimierung des Tools. Parallel wird ein Nachnutzungskonzept erstellt, welches das Ausrollen des Weiterbildungsnavigators in Deutschland, eine Kommunikationsstrategie sowie die Weiterentwicklung zukünftiger Funktionen spezifiziert. Dabei ist die Gewinnung weiterer Weiterbildungsanbieter zur Unterstützung des Weiterbildungsnavigators wesentlich. Mit dem Go-Live soll das Tool der gesamten Tourismusbranche kostenfrei zur Verfügung stehen.

Insgesamt wird das Konzept des Weiterbildungsnavigators und das Projektziel sowohl von Bildungsträgern als auch von Vertretern der Branche immer wieder für gut befunden. Allerdings stellen die skizzierten Herausforderungen Widrigkeiten bei der Projektumsetzung dar, welche in einem geförderten Projekt in der Regel auch nicht mit mehr Budget begegnet werden kann. Es bleibt daher zu hoffen, dass auch weiterhin Lösungen gefunden werden, um die Projektziele letztendlich erreichen zu können.

Literatur

Bildungswerk der Sächsischen Wirtschaft. (2014). Projektbericht Arbeitsmarkt- und Fachkräfteanalyse Tourismus. http://www.tourismus-fachkraefte.de/BSW/documents/tourismus/140829-Projektbericht_final.pdf (letzter Aufruf: 24.03.2025)

Bundesministerium für Bildung und Forschung. (2022). Weiterbildungsverhalten in Deutschland 2020. Ergebnisse der Adult Education Survey – AES-Trendbericht. https://www.bmbf.de/SharedDocs/Publikationen/DE/1/31690_AES-Trendbericht_2020.pdf (letzter Aufruf: 18.03.2025)

Chang, C. (2024). New Work und Human Resources Management – ein konzeptioneller Überblick. In Chang, C., Gardini, M. A., & Werther, S. (Hrsg.), *New Work, Leadership und Human Resources Management im Tourismus. Konzepte und Instrumente für eine sich verändernde Arbeitswelt*, 196–217. Wiesbaden: Springer Gabler.

Chang, C., & Eberhardt, K. (2018). Ergebnisse der Arbeitgeberbefragung. EU-Interreg-Projekt „*Trail for Health Nord*" (AB 40). Hochschule München. Unveröffentlichtes Dokument.

Chang, C., & Eberhardt, K. (2020). A Regional Approach to Attracting and Retaining Employees. In Gardini, M. A., Ottenbacher, M. C., & Schuckert, M. (Hrsg.), *The Routledge Companion to International Hospitality Management*, 401–422. London: Routledge.

Deutscher Bildungsrat. (1970). *Strukturplan für das Bildungswesen*. Stuttgart: Ernst Klett Verlag.

Eberhardt, K. & Chang, C. (2025). Arbeitsmarktsituation und -entwicklung. In Schmude, J., Freytag, T., & Bandi Tanner, M. (Hrsg.), Tourismusforschung. Handbuch für Wissenschaft und Praxis, 737–746. Baden-Baden: Nomos.

Gardini, M.A. (2014). Personalmanagement im Tourismus zwischen theoretischen Anforderungen und betrieblicher Realität: Eine kritische Bestandsaufnahme. *Zeitschrift für Tourismuswissenschaft*, 6(1), 57–74.

Holtbrügge, D. (2022). Personalmanagement (8. Aufl.). Berlin: Springer.

Jost, R., & Thalheim, M. (2022). Betriebliche Weiterbildung in Deutschland. Ergebnisbericht. https://www.bibb.de/dokumente/pdf/a1_iwbbe_betriebliche-weiterbildung-in-deutschland_2021.pdf (letzter Aufruf: 19.03.2025)

Münchhausen, G., Reichart, E., Müller, N., Gerhards, P., & Echarti, N. (2023). *Integrierte Weiterbildungsberichterstattung – Aufbau einer systematischen Berichterstattung zur beruflichen Weiterbildung (iWBBe)*. Bonn: Bundesinstitut für Berufsbildung.

OECD. (2024). *OECD Tourism Trends and Policies 2024*. Paris: OECD Publishing.

Schiersmann, C. (2007). *Berufliche Weiterbildung*. Wiesbaden: VS Verlag für Sozialwissenschaft.

Seyda, S., & Köhne-Finster, S. (2024). *Weiterbildungskultur in KMU*. https://www.iwkoeln.de/fileadmin/user_upload/Studien/KOFA_kompakt_und_Studien/2024/KOFA-Studie-1-2024_Weiterbildungkultur.pdf (letzter Aufruf: 20.03.2025)

Seyda, S., & Placke, B. (2020). IW-Weiterbildungserhebung 2020: Weiterbildung auf Wachstumskurs. *IW-Trends*, 47(4), 105–122.

Von Ameln, F., & Wimmer, R. (2016). Neue Arbeitswelt, Führung und organisationaler Wandel. Gruppe. Interaktion. Organisation. *Zeitschrift für Angewandte Organisationspsychologie (GIO)*, 47(1), 11–21. https://doi.org/10.1007/s11612-016-0303-0

Zeyer-Gliozzo, B. (2022). *Digitalisierung und die Rolle von Weiterbildung. Teilnahme und Erträge von Beschäftigten mit hohem Automatisierungsrisiko*. Bochum: Springer VS.

Adrian Müller, Lynn Loosli* und Monika Bandi Tanner

Chapter 10
Monitoring von Kooperationsaktivitäten in der Schweizer Hotellerie

Zusammenfassung: Hotelkooperationen bieten mittelständischen Hotels in der Schweiz die Möglichkeit, Herausforderungen wie Finanzierungsengpässe, Fachkräftemangel und ungelöste Nachfolgefragen gemeinsam anzugehen. Der vorliegende Beitrag ist Teil eines längerfristigen Forschungsprojekts, in dessen Rahmen drei Schweizer Hotelkooperationen über mehrere Jahre begleitet und analysiert werden. Ziel ist es, die Entwicklung von Kooperationen im Zeitverlauf zu verstehen und nachhaltige Erfolgsfaktoren zu identifizieren. Basierend auf qualitativen Interviews, Workshops und einer quantitativen Befragung werden erste Ergebnisse vorgestellt. Diese zeigen, dass langfristig insbesondere soziale und emotionale Faktoren wie gegenseitiges Vertrauen, persönlicher Austausch und Gemeinschaftsgefühl entscheidend für den erfolgreichen Fortbestand der Kooperationen sind, während rein wirtschaftliche und operative Aspekte allein nicht ausreichen. Gleichzeitig wird deutlich, dass ein Spannungsverhältnis zwischen Eigeninteressen der Hotels und gemeinsamen Kooperationszielen besteht. Der Beitrag schliesst mit Empfehlungen für die Praxis sowie Vorschlägen für weiterführende wissenschaftliche Untersuchungen.

Abstract: Hotel cooperations offer medium-sized hotels in Switzerland the opportunity to jointly tackle challenges such as financial shortages, lack of skilled workers and unresolved succession issues. This article is part of a longer-term research project in which three Swiss hotel cooperations are being monitored and analyzed over several years. The aim is to understand the development of cooperations over time and to identify sustainable success factors. Initial results are presented based on qualitative interviews, workshops and a quantitative survey. These show that in the long term, social and emotional factors in particular, such as mutual trust, personal exchange and a sense of community, are decisive for the successful continuation of collaborations, while purely economic and operational aspects alone are not sufficient. At the same time, it becomes evident that there is a tension between the hotels' own interests and common cooperation goals. The article concludes with recommendations for practice and suggestions for further scientific research.

---

*Korrespondierende Autorin: Lynn Loosli, Forschungsstelle Tourismus, Zentrum für Regionalentwicklung, Universität Bern, Schanzeneckstrasse 1, Postfach, CH-3001, Bern, email: lynn.loosli@unibe.ch
Adrian Müller, Forschungsstelle Tourismus, Zentrum für Regionalentwicklung, Universität Bern, Schanzeneckstrasse 1, Postfach, CH-3001, Bern
Monika Bandi Tanner, Forschungsstelle Tourismus, Zentrum für Regionalentwicklung, Universität Bern, Schanzeneckstrasse 1, Postfach, CH-3001, Bern

https://doi.org/10.1515/9783111706511-010

Schlüsselworte: Hotelkooperationen, Mittelklassehotellerie, Kooperationsentwicklung, Wettbewerbsfähigkeit, Synergien, langfristige Kooperationserfolge

Keywords: Hotel cooperations, medium-sized hotels, cooperation development, competitiveness, synergies, long-term cooperation successes

Einleitung

Die mittelständische Hotellerie in der Schweiz sieht sich mit zunehmenden Herausforderungen konfrontiert, die ihre Wettbewerbsfähigkeit einschränken. Viele Betriebe stehen unter finanziellem Druck, da steigende Betriebskosten, wachsende Anforderungen an Qualität und Service sowie begrenzte Investitionsmöglichkeiten die wirtschaftliche Entwicklung hemmen (Bandi et al., 2015). Gleichzeitig herrscht in der Branche ein akuter Fachkräftemangel, der die Betriebe zusätzlich belastet (Raich & Zehrer, 2024). Besonders familiengeführte Hotels sind zudem oft mit ungeklärten Nachfolgefragen konfrontiert, was langfristig ihre Stabilität gefährden kann. In der Summe führt dies zu einem Investitionsstau, der Innovationen und betriebliche Anpassungen erschwert (Bandi et al., 2015).

Eine Möglichkeit, diesen Herausforderungen zu begegnen, besteht in Kooperationen zwischen Hotels (SECO, 2021). Solche Zusammenschlüsse ermöglichen es den beteiligten Betrieben, Synergien zu nutzen, Kosten zu senken und sich im Wettbewerb besser zu positionieren. Durch gemeinsames Marketing, gebündelte Einkaufsstrukturen oder die gemeinsame Nutzung von Ressourcen können Effizienzgewinne erzielt werden (Pfammatter, 2022). In der Schweiz werden Hotelkooperationen teilweise durch öffentliche Förderprogramme angestossen und unterstützt (SECO, 2021), wodurch oft kurzfristige Erfolge erzielt werden. Dennoch ist bisher wenig darüber bekannt, wie sich Kooperationen über einen längeren Zeitraum hinweg entwickeln und welche Faktoren für ihre langfristige Weiterentwicklung entscheidend sind. In der Praxis zeigt sich häufig, dass Kooperationen nach anfänglicher Aufbruchsstimmung an Dynamik verlieren, Mitglieder abspringen und viele Zusammenschlüsse letztlich scheitern (Bandi et al., 2015).

Vor diesem Hintergrund stellt sich die Frage, wie Hotelkooperationen langfristig erfolgreich gestaltet werden können. Das Forschungsprojekt geht daher folgenden zentralen Fragen nach:
- Wie entwickeln sich Kooperationen mittelständischer Hotels über die Zeit?
- Welche langfristigen Vorteile entstehen für die beteiligten Hotels durch Kooperationsaktivitäten?
- Welche Faktoren beeinflussen den nachhaltigen Erfolg von Hotelkooperationen?

Um diese Fragen zu beantworten, werden im Rahmen eines von Innotour[1] geförderten laufenden Forschungsprojekts drei bestehende Schweizer Hotelkooperationen über einen Zeitraum von drei Jahren begleitet. Dabei werden die Entwicklung und Auswirkungen der Kooperationen systematisch untersucht und die Kooperationen gestärkt – unter anderem durch Coaching-Ansätze, Monitoring wirtschaftlicher Effekte und Analysen der internen Zusammenarbeit. Ein besonderes Augenmerk liegt auf den Herausforderungen und Erfolgsfaktoren, die über die anfängliche Aufbauphase hinaus für das langfristige Bestehen von Kooperationen entscheidend sind.

Dieser Beitrag versteht sich als Werkstattbericht und stellt erste Erkenntnisse aus dem bisherigen Projektverlauf vor. Die bisherigen Ergebnisse geben Einblick in die Dynamiken kooperativer Strategien in der Schweizer Hotellerie und zeigen sowohl Chancen als auch Risiken solcher Zusammenschlüsse auf. Darüber hinaus liefert der Bericht erste Ansatzpunkte für weitere Forschungen sowie praxisnahe Implikationen für Hotelbetriebe, die Kooperationen als strategisches Instrument nutzen möchten.

Theoretischer und methodologischer Hintergrund

Kooperationen in der Theorie

Eine umfassende Theorie, die erhöhte Wettbewerbsfähigkeit durch Kooperationen erklärt, existiert nicht. Neben Transaktions- und spieltheoretischen Perspektiven dominiert insbesondere der Ansatz des strategischen Managements (Belz & Bieger, 2004). Kooperationen ermöglichen hierbei Unternehmen Zugang zu nicht handelbaren Ressourcen, insbesondere Kompetenzen (Belz & Bieger, 2004; Duschek & Sydow, 2002; Grant, 1999). Seit den 1990er Jahren steht dabei der ressourcenorientierte Ansatz im Vordergrund, welcher zwischen unternehmensinternen und unternehmensübergreifenden Ressourcen unterscheidet (Duschek & Sydow, 2002).

Beim unternehmensinternen Ansatz sind einzigartige Ressourcen entscheidend, welche wertvoll, knapp, nicht substituierbar und schwer imitierbar sind, beispielsweise Mitarbeitende mit spezifischem Wissen (Duschek & Sydow, 2002; Dyer & Singh, 1998; Wernerfelt, 1984). Der unternehmensübergreifende Ansatz hingegen sieht Wettbewerbsvorteile in der institutionalisierten Zusammenarbeit mehrerer Partner/innen (Abbildung 10.1). Diese Vorteile entstehen nur durch gemeinschaftliche Nutzung unternehmensübergreifender Ressourcen (Duschek & Sydow, 2002; Dyer & Singh, 1998). Dyer und Singh (1998) unterscheiden vier Kategorien solcher Ressourcen: Beziehungsspezifische Ressourcen, interorganisationale Wissensroutinen, komplementäre Ressourcen sowie institutionelle Rahmenordnungen für Netzwerksteuerung.

---

1 Innotour- Projekt Nr. 754: «Langfristig erfolgreiche Hotelkooperationen und Monitoring von deren Entwicklung»

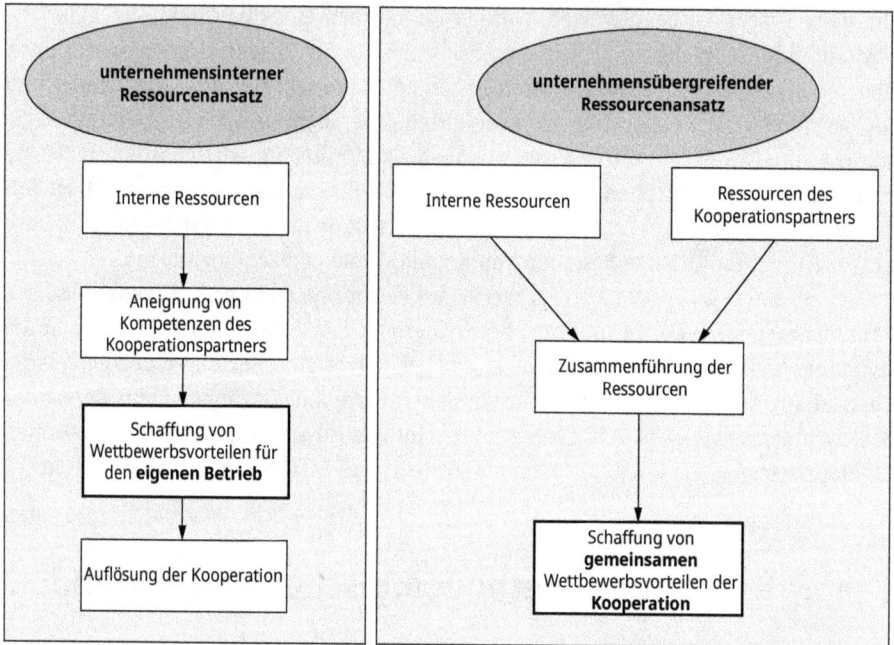

Abbildung 10.1: Vergleich unternehmensinterner und -übergreifender Ressourcenansatz (Quelle: Bandi et al., 2015).

Aus diesen beiden Ansätzen ergibt sich, dass Kooperationen entweder temporär zur Stärkung individueller Wettbewerbsvorteile oder langfristig zur gemeinsamen Schaffung einzigartiger Vorteile eingegangen werden (Duschek & Sydow, 2002). Kooperation wird als freiwillige Zusammenarbeit rechtlich und wirtschaftlich eigenständiger, interdependenter Partner: innen definiert, die betriebliche Aufgaben wie Marketing oder Einkauf auf Kooperationsebene auslagern (Soller & Laux, 2012). Kooperationen werden hinsichtlich ihrer Partner/innen nach vertikalen, horizontalen und lateralen Formen unterschieden (Homburg, 2020). Dieser Beitrag fokussiert auf horizontale Hotelkooperationen, also Kooperationen zwischen Hotels derselben Branche.

Kooperationen unterscheiden sich stark hinsichtlich ihrer Bindungsintensität. Diese reicht von losen vertraglichen Beziehungen bis hin zu Kooperationen mit gegenseitiger Kapitalbindung (Frey, 2002; Theling & Loos, 2004). Oftmals bleiben Kooperationen jedoch oberflächlich, da Betriebe zögern, sensible interne Informationen weiterzugeben (Daskalopoulou & Petrou, 2009; Pechlaner & Raich, 2004). Dabei beeinflussen insbesondere die Wahl der Kooperationspartner/innen sowie die Art der geteilten Ressourcen (materiell oder immateriell) die Kooperationsintensität entscheidend (Pfammatter, 2022; Pfammatter et al., 2021). Je höher die Bindungsintensität ist, desto grösser sind sowohl Chancen als auch Risiken der Zusammenarbeit (Bandi et al., 2015).

Grundsätzlich sollte den Mitgliedern bewusst sein, dass eine Kooperation allein keine Erfolgsgarantie darstellt. Sie ist nicht in der Lage bestehende Management-schwächen oder überschuldete Unternehmen zu sanieren (Soller & Laux, 2012). Ist der individuelle Leidensdruck der einzige Motivator für eine Zusammenarbeit, sind die Erfolgsaussichten gering (Müller, 2011). Verschiedene betriebliche, überbetriebli-che und persönliche Faktoren beeinflussen den Erfolg von Kooperationen massgeb-lich (Bandi et al., 2015). Beritelli (2011) und Bandi et al. (2015) betonen die Bedeutung persönlicher Beziehungen und des Vertrauens zwischen den Kooperationspartner/innen. Insbesondere persönliche Netzwerke und informelle Beziehungen sind ent-scheidend für erfolgreiche Zusammenarbeit (Soller & Laux, 2012). Kooperationen sind typischerweise temporär und folgen Produktlebenszyklen (vgl. Homburg, 2020) sowie gruppendynamischen Entwicklungsphasen (vgl. Tuckmann, 1965). Oftmals werden Ko-operationen kurzfristig zur Realisierung schneller Erfolge („Quick-Wins") eingegan-gen. Demgegenüber favorisiert die Tourismuspolitik angesichts aktueller Herausforde-rungen langfristige und intensive Kooperationen (Bandi et al., 2015). Der vorliegende Bericht zielt deshalb darauf ab, die Faktoren für den nachhaltigen Erfolg und Fortbe-stand von Kooperationen vertieft zu untersuchen.

Hotelkooperationen im Projekt

Im Rahmen des vorliegenden Werkstattberichts werden drei Hotelkooperationen ana-lysiert, welche als Fallbeispiele zur Entwicklung und Anwendung eines übertragbaren Monitoring-Modells dienen. Ziel dieses Projekts ist die systematische Nutzung be-stehender Ressourcen und Kompetenzen zur Weiterentwicklung der Kooperationen. Zur Unterstützung und Professionalisierung der Kooperationen wurde jeweils ein re-gionaler Coach eingesetzt. Diese Coaches übernehmen die Steuerung der Zusammen-arbeit und wurden mittels eines „train-the-trainer"-Ansatzes auf ihre Aufgaben vorbe-reitet. Ein wissenschaftliches Monitoring der Aktivitäten erlaubt dabei die Messung ihrer Auswirkungen auf die Kooperationen und einzelne Betriebe. Die gezielte Visua-lisierung dieser Effekte soll zudem die Motivation zur Zusammenarbeit stärken (Soller & Laux, 2012) und weitere Hotels zur Kooperation ermutigen. Entwickelt wird das Monitoring in Abstimmung mit HotellerieSuisse, um nebst einer wissenschaftli-chen Fundierung auch die praktische Relevanz sicherzustellen. Die drei beteiligten Kooperationen werden in Tabelle 10.1 kurz anonymisiert vorgestellt.

Methodik zur Erhebung der Kooperationsaktivitäten

Zur systematischen Erfassung der Entwicklung und Wirkung der Hotelkooperationen wurde ein Mixed-Methods-Ansatz aus qualitativen und quantitativen Methoden ge-

Tabelle 10.1: Beteiligte Hotelkooperationen (Quelle: eigene Darstellung).

Hotelkooperation (HK)	HK 1 im Wallis (CH)	HK 2 im Wallis (CH)	HK 3 im Berner Oberland (CH)
Gründung	2003	2010	2013
Aktuelle Mitgliederzahl	3 Hotels	3 Hotels	5 Hotels
Ursprüngliche Mitgliederzahl	6 Hotels	5 Hotels	11 Hotels
Organisationsform heute	Franchise GmbH (seit 2013), vorher AG	AG mit Tochtergesellschaften	Genossenschaft, Franchise-Vertrag
Entwicklungsschritte/ Besonderheiten	2003 lanciert vom Hotelier-Verein. Ab 2010 Übernahme einiger Hotels als Mietbetriebe, hohe finanzielle Belastung. 2013 Umwandlung in Franchise GmbH. Mitgliederzahl stark reduziert. Destinationsorganisation Konkurs gegangen.	Initiiert durch Hotelier-Verein. Ab 2012 einheitlicher Markenauftritt. 2013 Gründung AG mit Tochterfirma. Erfolgreiche bauliche Renovationen durch Kooperation ermöglicht. Aktuell Planung gemeinsamer Betriebsgesellschaft zur Nachfolgeregelung.	Initiiert durch die lokale DMO (2013). Zusammenarbeitsvertrag (2015), später Genossenschaft mit bis zu 13 Betrieben. Umfangreiche Kooperation, jedoch starke Reduktion auf Einkaufsgemeinschaft. Diverse gescheiterte Projekte in Marketing und Personalmanagement.
Motivation der Kooperation/ Schwerpunkte	Kosteneinsparungen, gemeinsames Marketing und Angebotserstellung, Nachfolgeregelung	Gemeinsame Infrastrukturmassnahmen, gemeinsamer Betrieb zur Lösung von Nachfolgefragen und Zeitressourcen	Einkaufsgemeinschaft, starke Ausrichtung auf Kosteneinsparungen, soziale Interaktion trotz geringer Bindungstiefe
Begleitung/ Unterstützung	Walliser Hotelier-Verein, SECO, Kanton Wallis, persönliches Coaching	Hotelier-Verein, persönliches Coaching	DMO, persönliches Coaching
Quellen	Ming (2006), Künzler (2007), Graber (2023), Koder (2023), htr (2024)	Glanzmann (2011), Schlenczek (2012), htr (2024)	Urfer (2015), Stampfli (2016), htr (2024)

wählt (Schreier, 2023). Ziel war es, sowohl kurzfristige Veränderungen als auch längerfristige Entwicklungen der Kooperationen abzubilden.

Qualitative Erhebungsmethoden

Die qualitative Datenerhebung erfolgte mittels leitfadengestützter Experteninterviews mit Vertreterinnen und Vertretern der Hotels in enger Abstimmung mit relevanten Stakeholdern (u.a. HotellerieSuisse, Conim AG). Die Interviews wurden bis Ende 2024 durchgeführt und mittels strukturierender Inhaltsanalyse nach Kuckartz (2014) mit der Software MAXQDA ausgewertet. Ergänzend fanden Workshops mit mehreren Beteiligten statt, die einen vertieften Austausch und die Identifikation gemeinsamer Herausforderungen ermöglichten. Darüber hinaus wurde eine Dokumentenanalyse durchgeführt, bei der Webseiten, strategische Unterlagen und Medienberichte einbezogen wurden, um die Ergebnisse zu triangulieren und zu vertiefen.

Quantitative Erhebungsmethoden

Parallel dazu erfolgte im Januar 2025 eine quantitative Online-Befragung aller beteiligten Hotelbetriebe. Ziel dieser Befragung war es, sowohl vergangene Veränderungen der Kooperationsaktivitäten als auch aktuelle Aktivitäten und deren wahrgenommene Effekte zu erfassen. Ergänzend dazu wurden betriebswirtschaftliche Kennzahlen erhoben, um Aussagen zur wirtschaftlichen Lage und zum Erfolg der Kooperationen treffen zu können. Aufgrund der kleinen Stichprobe erfolgte eine deskriptive Auswertung, die neben dem wissenschaftlichen auch einen unmittelbaren praktischen Nutzen für die beteiligten Hotels bieten sollte.

In Zusammenarbeit mit den Praxispartnern und -partnerinnen wurde zudem ein Set von 35 Key Performance Indicators (KPIs) entwickelt, das auf einem bestehenden Kooperationsmodell basiert (Bandi et al., 2015). Diese KPIs gliedern sich in die Dimensionen persönlich, überbetrieblich und betrieblich und wurden in Workshops mit den beteiligten Hoteliers validiert. Die Rücklaufquote der Befragung war hoch; lediglich eines der Hotels nahm nicht teil.

Erhebung und Vorläufige Ergebnisse

Gemeinsame Themen der Kooperationen

In der qualitativen Erhebung wurden drei zentrale Themen identifiziert, die über alle drei untersuchten Kooperationen hinweg eine wesentliche Rolle spielen. Diese Themen beziehen sich primär auf „weiche" Faktoren und soziale Aspekte, während operative oder investitionsbezogene Massnahmen („harte Faktoren") aktuell – im Vergleich zu den Anfängen der Kooperationen – deutlich weniger Gewicht haben.

Zu Beginn der Zusammenarbeit standen vor allem diese finanziellen Erfolgsfaktoren (z.B. Kosteneinsparungen) im Vordergrund und bildeten häufig die Motivation für den Kooperationsstart. Im Verlauf der Zusammenarbeit verschoben sich jedoch die Prioritäten, sodass sich persönliche Bindungen und gegenseitiges Vertrauen zu den zentralen Erfolgsfaktoren entwickelten. Dementsprechend gewinnen soziale und zwischenmenschliche Aspekte im Zeitverlauf an Bedeutung und werden von den Beteiligten als entscheidender Vorteil der Kooperation hervorgehoben.

Wissensaustausch

Ein wichtiger gemeinsamer Faktor, der von allen Kooperationen hervorgehoben wird, ist der Wissens- und Erfahrungsaustausch zwischen den beteiligten Hotels. Die Möglichkeit, regelmässig von den Erfahrungen und Kenntnissen der Kooperationspartner/innen zu profitieren, schafft wertvolle Impulse für die individuelle betriebliche Entwicklung. So wurde etwa in einem Interview deutlich gemacht:

> *Wichtig für mich als junger Hotelier ist das Know-how von ihm [...] das ist für mich in der Kooperation wichtig, wenn ich eine Frage habe, dann kann ich ihn jetzt anrufen und bekomme sofort eine Antwort. Das kann ich mit keinem anderen Hotelier hier machen.*

Kooperationsmitglieder berichten, dass sie durch den Austausch innerhalb der Kooperation unter anderem auf zu niedrige Zimmerpreise aufmerksam gemacht wurden oder dazu ermutigt wurden, die Positionierung ihrer Hotels zu überdenken. Auf Führungsebene zeigt sich zudem häufig ein Bedürfnis nach Rückmeldung und Bestätigung, insbesondere bei Entscheidungen, die stark durch subjektive Einschätzungen geprägt sind. Diese Interviewinhalte finden sich auch in den Angaben der Online-Umfrage wieder (Abbildung 10.2). Besonders hervorzugehen ist in diesem Zusammenhang die Einschätzung zu der Aussage:

> *Der Austausch mit den Kooperationspartner/-innen gibt mir Sicherheit in der Entscheidungsfindung.*

Dieser informelle Austausch fördert das gegenseitige Lernen und bietet eine Grundlage für Vertrauen und langfristige Zusammenarbeit. Der Wert des Wissensaustauschs liegt dabei weniger in messbaren finanziellen Effekten, sondern vielmehr in einer nachhaltigen Stärkung der strategischen Kompetenzen sowie der Anpassungsfähigkeit der Betriebe an dynamische Marktbedingungen.

Freundschaft und Gemeinschaft der Hoteliers in der Kooperation

Die sozialen Aspekte und das Gemeinschaftsgefühl zwischen den Hotels werden von den Beteiligten heute oft als noch bedeutsamer wahrgenommen als rein wirtschaftli-

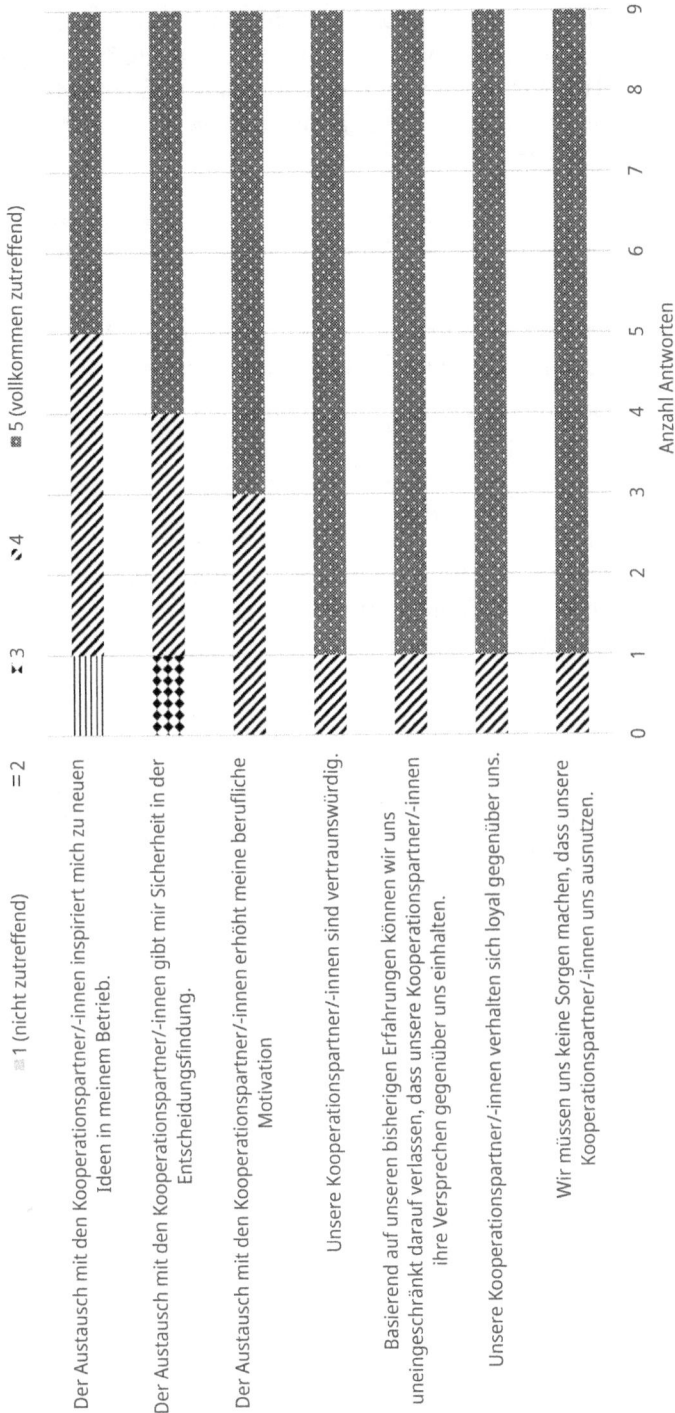

Abbildung 10.2: Ganzheitliche Einschätzung der Beziehung zu den Kooperationspartnern und -partnerinnen (Quelle: Eigene Darstellung).

che Synergien. Es entstand eine tiefe soziale Bindung, die über die ursprünglich rein geschäftlichen Motive hinausgeht. Die Interviews zeigen, dass aus geschäftlichen Beziehungen oft echte Freundschaften gewachsen sind. Die daraus resultierende Gemeinschaft bietet emotionalen Rückhalt, der insbesondere in schwierigen Zeiten als tragfähig erlebt wird. Folgendes Zitat verdeutlicht dies:

> Wir haben sieben Jahre lang so viel zusammen durchgemacht, soviel zusammen erreicht, wir sind viel mehr als nur Hotelier Kollegen. Wir sind vor allem enge Freunde geworden und diese Leute bedeuten mir alle sehr viel.

Solche Aussagen belegen, dass gerade langfristige Kooperationen oft erst dann stabil bleiben, wenn neben den harten Faktoren auch starke soziale Bindungen bestehen.

Kein Einzelkämpfer sein

Ein weiterer wesentlicher Aspekt betrifft die emotional-psychologische Ebene der Kooperation. Das Gefühl, nicht allein am Markt agieren zu müssen, sondern als Teil eines stabilen Netzwerks von Gleichgesinnten wahrgenommen zu werden, ist von grosser Bedeutung:

> Für mich persönlich, ist das Beste, dass man nicht allein ist. Ich habe nicht das Gefühl, dass ich den Betrieb allein führe, obwohl jeder Betrieb eigenständig ist.

Diese Erfahrung des gegenseitigen Rückhalts wirkt sich positiv auf die individuelle Belastbarkeit der Hoteliers aus. Zudem ermöglicht die Kooperation den Hotelbetrieben, im Krisenfall flexibel und solidarisch zu reagieren. Diese gegenseitige Unterstützung fördert letztlich nicht nur die Stabilität der einzelnen Betriebe, sondern stärkt auch die Resilienz und Wettbewerbsfähigkeit der gesamten Kooperation.

Zusammenfassend zeigt sich, dass sich die zentralen Themen der Kooperationen in ihrer historischen Entwicklung zunehmend von "harten", ökonomischen Aspekten hin zu stärker sozial und emotional geprägten Faktoren verschoben haben. Dies deutet darauf hin, dass langfristig erfolgreiche Kooperationen vor allem auf einer soliden sozialen und emotionalen Basis beruhen.

Individuelle Herausforderung und Chancen der einzelnen Kooperationen

Hotelkooperation 1

Die HK 1 befindet sich aktuell in einer kritischen Phase. Nachdem ursprünglich bis zu sechs Betriebe beteiligt waren, reduzierte sich deren Anzahl auf inzwischen nur noch drei Hotels, wobei eines davon als B&B dem Betrieb eines der verbleibenden Hotels zugeordnet ist. Die verbleibenden Mitglieder sehen eine dringende Notwendigkeit, die Kooperation zu erweitern, um langfristig wieder handlungsfähig und attraktiv zu sein. Diese Erweiterung könnte auch über die bisherige Destination hinausgehen. Ein Kooperationsmitglied merkte an, dass insbesondere bei der Anzahl der beteiligten Betriebe Potenzial verloren gegangen sei. Künftig solle gezielt daran gearbeitet werden, weitere Betriebe aus der Ortschaft und dem umliegenden Tal für eine Teilnahme zu gewinnen.

Die Kooperation konnte zwar in der Vergangenheit erhebliche finanzielle Vorteile generieren, etwa durch gemeinsame Versicherungslösungen, Einkaufsbündelung sowie Marketingaktivitäten. Diese Erfolge werden nach wie vor geschätzt und sollen fortgeführt werden. Zudem existieren weiterhin erfolgreiche gemeinsame Angebote wie ein sog. *«Dine Around»*-Konzept, das den Gästen gastronomische Vielfalt bietet oder das gemeinsame Wellness-Angebot. Die aktuelle Situation wird jedoch zusätzlich durch lokale Konflikte und die finanziellen Schwierigkeiten der lokalen Bergbahnen und DMO belastet, was die Zusammenarbeit der Hotels vor Ort erheblich erschwert.

Hotelkooperation 2

Die HK 2 zeichnet sich aktuell durch eine stabile und erfolgreiche Entwicklung aus. Ein wesentliches Thema war die gemeinschaftliche Finanzierung umfangreicher baulicher Renovationen, die wesentlich zur Attraktivität der beteiligten Betriebe beigetragen haben. Diese Massnahmen wären ohne die Kooperation, welche dank der gemeinsamen Grösse Zugang zu zusätzlichem Kapital ermöglichte, nicht umsetzbar gewesen.

Ein Mitglied merkte an, dass die Renovationen der Kooperation einen erheblichen Impuls für die Zusammenarbeit gegeben hätten. Deutlich geworden sei dabei, dass die Umbauten nur durch die Unterstützung der Kooperation möglich waren. So wurden beispielsweise rund zwei Drittel der Dachkosten durch die Kooperation finanziert.

Die Erfolge dieser Kooperation werden inzwischen sehr stark von einem hohen Engagement der Beteiligten getragen. Vor diesem Hintergrund planen die Betriebe aktuell die Gründung einer gemeinsamen Betriebsgesellschaft. Diese strategische Massnahme soll insbesondere die Nachfolgeregelung vereinfachen, da zwei Betriebe kurz vor einem Generationenwechsel stehen und der dritte Betrieb mit einer starken Arbeitsbelastung kämpft:

> Wir sind drei Betriebe innerhalb eines Kilometers – die könnte auch eine Person führen [...]. Das sind andere Möglichkeiten, die wir noch haben. Man könnte die Führung dieser drei Betrieben wirklich mit einem Team, mit einer Firma [übernehmen].

Gleichzeitig bleibt der hohe operative Zeitaufwand eine grosse Herausforderung. Strategische Überlegungen und Weiterentwicklungen kommen aufgrund der intensiven

Einbindung in das einzelbetriebliche Tagesgeschäft oft zu kurz. Insgesamt ist die Kooperation jedoch intrinsisch stark motiviert, was langfristig eine stabile Grundlage bietet.

Hotelkooperation 3

Die HK 3 gilt aktuell als die instabilste der drei untersuchten Zusammenschlüsse. Diese Kooperation legt den Fokus weiterhin vor allem auf Kosteneinsparungen durch gemeinschaftlichen Wareneinkauf. Gemeinsame Aktivitäten beschränken sich fast ausschliesslich auf diesen Bereich, was für viele Beteiligte ein pragmatischer, aber minimaler Kooperationsansatz ist. Dabei merkt ein Mitglied an, dass es, wenn die Zusammenarbeit keinen tangiblen Mehrwert mehr bringt und nur noch Zeit kostet, ihr Fortbestehen in Frage stellt. Der gemeinsame Einkauf könnte als verbleibende Funktion bestehen bleiben, da sich durch gebündelte Umsätze weiterhin eine bessere Verhandlungsposition ergibt als allein.

Die Kooperation ist zudem geprägt von früheren negativen Erfahrungen und Misserfolgen in anderen Bereichen, wie etwa gemeinsamen Marketingaktivitäten oder der angestrebten Anstellung von gemeinsamem Personal. Solche Projekte wurden sowohl aus organisatorischen als auch rechtlichen Gründen als gescheitert wahrgenommen und prägen das heutige, zurückhaltende Verhalten der Mitglieder stark. Ein Kooperationsmitglied merkt an, dass gemeinsame Aktivitäten nicht nur an der komplexen Umsetzung scheiterten, sondern auch durch Eigeninteressen und «Gärtchendenken» zusätzlich behindert wurden.

Trotz der eingeschränkten Kooperationstätigkeiten bleibt der soziale Austausch zwischen den Mitgliedern ein wichtiges und positives Element. Dieser Aspekt überwiegt teilweise sogar die formellen Strukturen und wird als zentrale Bindungskraft der Kooperation hervorgehoben.

Ein Kooperationsmitglied betont, dass der Austausch auch ohne formelle Struktur gepflegt würde, da die Beteiligten längst mehr verbinde als die berufliche Zusammenarbeit – über die Jahre seien sie enge Freunde geworden. Soziale Beziehungen allein sichern aber die Kooperation nicht langfristig. Aktuell scheint sie stark auf externe Treiber wie Berater/innen und Förderprogramme angewiesen. Ein Wegfall dieser externen Unterstützung könnte die Kooperation mittelfristig auseinanderbrechen lassen, was von den Beteiligten selbst als Risiko erkannt wird.

Diskussion und Ausblick

Diskussion zu den Erhebungsergebnissen

Zunächst zeigt sich, dass Hotelkooperationen – auch solche die schon seit über zehn Jahren existieren – häufig Schwierigkeiten haben, ihren eigenen Nutzen objektiv zu erfassen, sofern sich dieser Nutzen nicht unmittelbar und direkt in betriebswirtschaftlichen Kennzahlen niederschlägt. Solche finanziellen Erfolge stellen sich vor allem zu Beginn ein und nehmen im Zeitverlauf ab (Bandi et al., 2015). Trotz des grossen subjektiven Mehrwerts, der sich insbesondere aus sozialer Unterstützung, Gemeinschaftsgefühl und Wissenstransfer ergibt, werden Kooperationen von den beteiligten Betrieben tendenziell erst dann als notwendig oder wertvoll erachtet, wenn messbare ökonomische Vorteile sichtbar werden. Daraus entsteht ein Spannungsfeld zwischen wahrgenommenem, meist implizitem und subjektivem Nutzen und der Schwierigkeit, diesen in quantifizierbare Indikatoren zu übertragen. Dies ist eine der zentralen Herausforderungen, mit denen sich auch das Forschungsprojekt konfrontiert sieht.

Ein weiteres zentrales Hindernis für die Reflexion und die strategische Weiterentwicklung von Kooperationen ist der erhebliche Zeitdruck, dem Hoteliers im Tagesgeschäft ausgesetzt sind. Diese „operative Belastung" der Akteure lässt oft wenig Raum für eine bewusste Auseinandersetzung mit der Kooperationsentwicklung, geschweige denn für proaktive und strategische Massnahmen. Der Fach- und Arbeitskräftemangel verschärft diese Problematik zusätzlich. Entsprechend zeigen die Ergebnisse deutlich, dass operative Belastungen und Zeitrestriktionen entscheidende Faktoren sind, die das langfristige Engagement und die Innovationsfähigkeit der Kooperationen stark einschränken, obwohl gut aufgestellte Kooperationen auch für operative Entlastung durch Arbeitsteilung, Skaleneffekte und Effizienzsteigerungen sorgen könnten.

Ein übergeordnetes Spannungsfeld, welches auch die langfristige Stabilität dieser etablierten Kooperationen wesentlich beeinflusst, ergibt sich aus dem Gegensatz zwischen persönlichen Interessen der einzelnen Hotelbetriebe und den überbetrieblichen, gemeinsamen Kooperationszielen. Obwohl die Kooperation als Instrument durchaus dazu beitragen könnte, Herausforderungen gemeinsam anzugehen und kollektive Vorteile zu schaffen, zeigt sich in der Praxis oft, dass die individuellen Interessen der einzelnen Hotels gegenüber den gemeinsamen Anliegen der Gruppe nach wie vor überwiegen. Insbesondere die Unabhängigkeit und Autonomie der einzelnen Hotels werden teils höher gewichtet als die mit Kooperation verbundenen Verpflichtungen und potentiellen langfristigen Vorteile. Dabei führen Bandi et al. (2015) aus, dass eine stärkere Bindungsintensität mit erhöhten Erfolgschancen verbunden sein kann.

Weiterhin wurde deutlich, dass der Erfolg einer Kooperation stark von der Qualität und Stabilität ihrer administrativen Führung abhängig ist. Die Kooperation braucht einerseits visionäre und kreative Impulse, die andererseits mit den Vorstellungen aller Mitglieder kompatibel sein müssen. Für den langfristigen Erfolg ist die zuverlässige und operative Umsetzung gemeinsamer Entscheidungen wichtig. In der Praxis ist es jedoch schwierig, dafür engagierte und dauerhaft motivierte Personen zu finden.

Auffällig und besonders kontraintuitiv ist der Befund, dass Kooperationen häufig erst unter finanziellem Druck oder in Krisensituationen entstehen und intensiver genutzt werden. Wie Soller & Laux (2012) erläutert haben, sind Kooperationen kein Heilmittel für finanziell angeschlagene Unternehmen. Vielmehr wäre zu erwarten, dass die Zusammenarbeit aus einer Position wirtschaftlicher Stärke heraus entsteht und stabilisiert wird, um gemeinsam nachhaltig zu wachsen. Die Beobachtungen zeigen jedoch, dass Kooperationen von Hotels häufig dann initiiert oder forciert werden, wenn ein konkretes betriebliches Problem vorliegt, wie etwa eine Nachfolgeregelung oder ein dringender Investitionsbedarf. Sobald dieses individuelle Anliegen erfolgreich bewältigt wurde, sinkt der Kooperationswille spürbar, und es steigt die Wahrscheinlichkeit, dass Hotels die Kooperation wieder verlassen. Diese Dynamik wirft wichtige Fragen auf, die weiterer Forschungsarbeit bedürfen: Warum stehen individuelle Interessen regelmässig über gemeinschaftlichen Zielen und wie lässt sich dies überwinden? In welchem Verhältnis stehen für Hoteliers die Aspekte Unabhängigkeit, Vermeidung von Aufwand (zeitlich und finanziell) und langfristige Kooperationserfolge zueinander? Wie können die nicht finanziellen Kooperationsvorteile für die Kooperationsmitglieder mess- und sichtbar gemacht werden?

Schlussfolgerung

Dieser Werkstattbericht eines laufenden Forschungsprojekts analysiert die langfristige Entwicklung von Hotelkooperationen in der Schweizer Mittelklassehotellerie. Ziel ist es, erste Erkenntnisse zur Entwicklung der Kooperationen zu gewinnen sowie Faktoren zu identifizieren, die langfristige Kooperationserfolge fördern oder gefährden. Durch den Einsatz qualitativer und quantitativer Methoden können sowohl kooperationsübergreifende als auch individuelle Erfolgsfaktoren und Herausforderungen einzelner Zusammenschlüsse betrachtet werden. Die Ergebnisse bestätigen, dass Hotelkooperationen langfristig insbesondere durch soziale Faktoren getragen werden, wobei zugleich weiterhin ein Spannungsfeld zwischen individuellen Interessen und gemeinschaftlichen Zielen besteht.

Der Beitrag liefert insbesondere einen Erkenntnisgewinn hinsichtlich der Rolle sozialer und emotionaler Faktoren als entscheidende Bedingungen langfristiger Kooperationserfolge. Zudem kann aufgezeigt werden, dass Hotelkooperationen oftmals nicht aus strategischer Überzeugung, sondern eher unter Druck und aus konkreter Problemstellung herausgebildet werden. Diese Erkenntnis widerspricht der theoretischen Erwartung, dass Kooperationen vor allem aus einer Position der Stärke entstehen und gepflegt werden sollten. Damit liefert der Beitrag einen wichtigen Impuls für die weitere wissenschaftliche Diskussion rund um Motivationen und langfristige Tragfähigkeit kooperativer Strategien im Tourismus.

Der vorliegende Werkstattbericht unterliegt jedoch methodischen und inhaltlichen Limitationen. Die vorgestellten Ergebnisse basieren auf einer ersten Datenerhebung mit einer begrenzten Anzahl von Fallstudien, weshalb Generalisierungen nur eingeschränkt möglich sind. Auch die gewählte Methodik des Mixed-Methods-Ansatzes, obwohl grundsätzlich geeignet, um tiefgehende Einblicke zu gewinnen, erfordert grosse zeitliche und personelle Ressourcen, was die Tiefe und Breite der Datenerhebung in einer ersten Erhebungsphase einschränkt. Ebenso bleibt die Praxisrelevanz der verwendeten Kennzahlen sowie deren angemessene Visualisierung eine methodische Herausforderung, die künftig noch stärker berücksichtigt werden sollte.

Trotz dieser Einschränkungen bietet der Beitrag wichtige Denkanstösse sowohl für die Praxis als auch für die weitere wissenschaftliche Forschung. Zukünftige Studien sollten verstärkt den Lebenszyklus von Kooperationen und die Bedingungen ihrer nachhaltigen Etablierung untersuchen, insbesondere das Spannungsfeld zwischen individuellen Eigeninteressen und gemeinsamen Kooperationszielen. Zudem erscheint es vielversprechend, die Wirkung externer Interventionen (z.B. Coachings, Moderation) sowie die Rolle externer Rahmenbedingungen und Akteure (wie DMOs oder Förderprogramme) stärker in den Blick zu nehmen. In methodischer Hinsicht empfiehlt sich die Weiterentwicklung und Validierung des eingesetzten Kennzahlensystems sowie eine verbesserte, praxisorientierte Visualisierung der Ergebnisse, um deren Nutzen für die beteiligten Hotels weiter zu erhöhen.

Insgesamt legt dieser Beitrag den Grundstein für weitere Untersuchungen. Dies könnte einerseits zu einem vertieften wissenschaftlichen Verständnis beitragen und andererseits konkrete Handlungsempfehlungen für die Praxis der Hotelkooperationen ermöglichen. Angesichts der eingangs erwähnten zahlreichen Herausforderungen, mit denen sich die Mittelklassehotellerie konfrontiert sieht, scheint es zentral zu sein, die Chancen und Risiken des Instruments Hotelkooperationen besser zu verstehen, um effiziente und effektive Förder- und Entwicklungsmaßnahmen zu etablieren.

Literaturverzeichnis

Bandi, M., Lussi, S., Jung, D. C., Abderhalden, M., & Hämmerli, S. (2015). *Überbetriebliche Kooperationen in der Hotellerie: Grundlagenbericht zum fit-together-Konzept* (No. 8; CRED-Berichte). Universität Bern. https://boris.unibe.ch/id/eprint/143692

Belz, C., & Bieger, T. (with Maas, P., Fueglistaller, U., Herrmann, A., Haller, M., Rudolph, T., Schmid, B., Volery, T., Dyllick, T., & Ackermann, W.). (2004). *Customer Value: Kundenvorteile schaffen Unternehmensvorteile: Anleitung für die Praxis und Grundlage für den Master Marketing, Services and Communication an der Universität St. Gallen.* Redline Wirtschaft.

Beritelli, P. (2011). Cooperation among prominent actors in a tourist destination. *Annals of Tourism Research, 38*(2), 607–629. https://doi.org/10.1016/j.annals.2010.11.015

Daskalopoulou, I., & Petrou, A. (2009). Urban Tourism Competitiveness: Networks and the Regional Asset Base. *Urban Studies, 46*(4), 779–801. https://doi.org/10.1177/0042098009102129

Duschek, S., & Sydow, J. (2002). Ressourcenorientierte Ansatze des strategischen Managements. Zwei Perspektiven auf Unternehmungskooperation. *WiSt-Wirtschaftswissenschaftliches Studium, 31*(8), 426–431. https://doi.org/10.15358/0340-1650-2002-8-426

Dyer, J. H., & Singh, H. (1998). The Relational View: Cooperative Strategy and Sources of Interorganizational Competitive Advantage. *The Academy of Management Review, 23*(4), 660–679. https://doi.org/10.2307/259056

Frey, M. (2002). *Netzwerkmanagement in der Hotelindustrie: Gestaltungsansätze für Klein- und Mittelunternehmen*. Universität St. Gallen.

Glanzmann, S. (2011, Januar 27). Kooperation im Lötschental. *htr hotelrevue*.

Graber, S. (2023, November 7). Schwere Vorwürfe gegen Verantwortliche der Grächner Hotelpleite. *Walliser Bote*.

Grant, R. (1999). The Resource-Based Theory of Competitive Advantage: Implications for Strategy Formulation. In M. Zack (Hrsg.), *California Management Review* (Bd. 33, S. 3–23). Butterworth-Heinemann. https://www.sciencedirect.com/science/article/pii/B9780750670883500048

Homburg, C. (2020). *Marketingmanagement: Strategie – Instrumente – Umsetzung – Unternehmensführung* (7. Aufl.). Springer Fachmedien Wiesbaden GmbH. https://doi.org/10.1007/978-3-658-29636-0

htr, hotelrevue. (2024, August 28). Projekt Hotelkooperationen: Nächste Phase startet. *htr, hotelrevue*. https://www.htr.ch/story/tourismus/hotelkooperationen-naechste-phase-startet-41008

Koder, W. (2023, Mai 1). Tourismus: Das Schweitern der Matterhorn Valley Hotels AG und seine Konsequenzen für die Mietbetriebe – Kritik zweier Hotelleriebetriebe. *Walliser Bote*.

Kuckartz, U. (2014). *Qualitative Inhaltsanalyse: Methoden, Praxis, Computerunterstützung* (2. Aufl.). Beltz Juventa.

Künzler, C. (2007, November 8). Gemeinsamer Aufstieg. *htr hotelrevue*.

Ming, E. (2006, Oktober 20). *Kooperationsprojekt „Matterhorn Valley Hotels" erfolgreich gestartet*. Presseportal. https://www.presseportal.ch/de/pm/100011125/100517929

Müller, H. (2011). *Tourismuspolitik: Wege zu einer nachhaltigen Entwicklung* (2. Nachdruck von Ausg. 2011, Bd. 14). Rüegger.

Pechlaner, H., & Raich, F. (2004). Vom Entrepreneur zum „Interpreneur" – Die Rolle des Unternehmers im Netzwerk Tourismus. In K. Weiermair, M. Peters, H. Pechlaner, & M.-O. Kaiser (Hrsg.), *Unternehmertum im Tourismus: Führen mit Erneuerungen* (S. 123–140). Erich Schmidt.

Pfammatter, A. (2022). *Inter-Organizational Cooperation in Tourism: Unravelling the Phenomenon and Examining Local Opportunities* [Forschungsstelle Tourismus CRED-T, Universität Bern]. https://boris.unibe.ch/id/eprint/171718

Pfammatter, A., Bandi, M., & Baldauf, A. (2021). *Teilen von Ressourcen im lokalen Tourismusnetzwerk: Theoretische Überlegungen und empirische Nutzenanalyse für Hotels* (No. 25; Tourismus-Impulse). CRED – Center for Regional Economic Development, Universität Bern. https://boris.unibe.ch/id/eprint/161692

Raich, F., & Zehrer, A. (2024). Fachkräftemangel im Tourismus – Integration von Arbeitskräften mit Migrationshintergrund. In T. Bieger, P. Beritelli, & C. Laesser (Hrsg.), *Neue Arbeitswelten und nachhaltiges Destinationsmanagement im alpinen Tourismus: Schweizer Jahrbuch für Tourismus 2023/2024* (1. Aufl., S. 129–140). Erich Schmidt. https://doi.org/10.37307/b.978-3-503-23810-1.09

Schlenczek, G. (2012, Dezember 20). Die Lötschentaler: Fünf Hotels eine Marke – Im Lötschental wollen Hoteliers auf diese Weise ihre Zukunft sichern. *htr hotelrevue*.

Schreier, M. (2023). Mixed-Method-Forschung. In M. Schreier, G. Echerhoff, J. F. Bauer, N. Weydmann, & W. Hussy (Hrsg.), *Forschungsmethoden in Psychologie und Sozialwissenschaften für Bachelor* (3. Aufl.). Springer-Verlag GmBH.

SECO, Staatssekretariat für Wirtschaft. (2021). *Tourismusstrategie des Bundes*. https://www.seco.admin.ch/
    seco/de/home/Standortfoerderung/Tourismuspolitik/tourismusstrategie_des_bundes.html

Soller, J., & Laux, S. (2012). Kooperationsbildung als Erfolgsstrategie für touristische Unternehmen. In
    J. Soller (Hrsg.), *Erfolgsfaktor Kooperation im Tourismus: Wettbewerbsvorteile durch effektives
    Stakeholdermanagement*. Erich Schmidt.

Stampfli, D. (2016, Mai 26). Statt die Gäste geht das Bad baden. *htr hotelrevue.*

Theling, T., & Loos, P. (2004). *Determinanten und Formen von Unternehmenskooperationen* (No. 18;
    Information Systems & Management – ISYM). Johannes Gutenberg-Universität Mainz.

Tuckmann, B. (1965). Developmental sequence in small groups. *Psychological Bulletin, 63*(6), 384–399.
    https://doi.org/10.1037/h0022100

Urfer, H. (2015, Februar 7). Diese Kooperation bietet bessere Perspektive. *BZ Berner Zeitung.*

Wernerfelt, B. (1984). A Resource-Based View of the Firm. *Strategic Management Journal, 5*(2), 171–180.
    https://doi.org/10.1002/smj.4250050207

—

Tourismusökonomie, Arbeitsmarkt Tourismus, Destinationsmanagement

Feria Sturm* und Birgit Pikkemaat

Chapter 11
Qualitative Einblicke in das Personalmanagement familiengeführter Hotels

Zusammenfassung: Der rurale Tourismus in Österreich wird von kleinen, familiengeführten Unternehmen geprägt, die sich durch enge Personalbindung und lokale Vernetzung auszeichnen. Sie kämpfen jedoch mit Herausforderungen im Personalmanagement, unter anderem mit einem negativen Branchenimage und Fachkräftemangel. Diese Studie untersucht anhand von Interviews mit Eigentümern und Eigentümerinnen sowie Führungskräften touristischer Familienbetriebe deren Wahrnehmung als Arbeitgebende. Die Ergebnisse zeigen, dass Wertschätzung der Mitarbeitenden entscheidend für erfolgreiches Personalmanagement ist und Personalmangel reduziert, während die soziale Einbettung der Hoteliersfamilie die Akquise der Mitarbeitenden fördert, was die Bedeutung wertschätzender Führung unterstreicht.

Abstract: Rural tourism in Austria is characterised by small, family-run businesses that are characterised by close employee loyalty and local networking. These enterprises struggle with challenges in staff management, including the negative image of the industry and skilled labour shortages. This study uses interviews with owners and managers of family-run tourism businesses to analyse their perception as employers. The results demonstrate that employee appreciation is of crucial importance to successful HR management and to the reduction of staff shortages. Furthermore, the social embedding of the hotelier family is shown to promote staff recruitment, thus emphasising the importance of appreciative leadership.

Schlüsselwörter: KMU, Familienbetrieb, Hotel, Personalmanagement, Berufsattraktivität

Keywords: SME, family business, hotel, human resource management, employer attractiveness

---

*Korrespondierende Autorin: Feria Sturm, Dissertantin im Doktoratsstudium Management, Universität Innsbruck, Universitätsstraße 15, A-6020 Innsbruck, Österreich, E-Mail: feria.sturm@uibk.ac.a
Birgit Pikkemaat, Universität Innsbruck, Universitätsstraße 15, A-6020, Innsbruck, e-mail: birgit.pikkemaat@uibk.ac.at

https://doi.org/10.1515/9783111706511-011

Relevanz und Ziel

Der ländliche Tourismus in Österreich spielt eine zentrale wirtschaftliche Rolle und wird maßgeblich von kleinen und mittleren Familienbetrieben geprägt (Getz & Carlsen, 2000; Getz & Carlsen, 2005; Camilleri & Valeri, 2021). Diese Betriebe machen nahezu 99,9 % der touristischen Klein- und Mittelunternehmen (KMU) aus (WKO, 2022), und tragen wesentlich zur regionalen Wertschöpfung und Arbeitsplatzsicherung bei. Dennoch stehen diese Betriebe im Bereich des Personalmanagements vor großen Herausforderungen. Fachkräftemangel, Fluktuation und geringe Personalbindung kennzeichnen die Branche (Dornmayr & Rechenberger, 2020).

Die Struktur von Familienunternehmen führt zu ambivalenten Wahrnehmungen: Einerseits profitieren die Mitarbeitenden von einer familiären Atmosphäre, einer starken emotionalen Bindung und flachen Hierarchien (De Massis & Rondi, 2020), andererseits fehlt es den Unternehmen oft an professionellen Personalmanagementstrukturen. Dies führt zu Herausforderungen hinsichtlich Personalzufriedenheit und Jobattraktivität (Kahlert, Botero, & Prügl, 2017).

Die Dynamik in familiengeführten Hotels, die in der Regel kleinere Betriebe sind, unterscheidet sich deutlich von nicht familiengeführten Tourismusbetrieben. Während größere Hotels standardisierte Prozesse und klar definierte Human-Resources (HR) Strategien implementieren, sind Familienbetriebe oft durch informelle Strukturen und eine hohe persönliche Nähe zwischen Eigentümern und Eigentümerinnen sowie Mitarbeitenden geprägt (Arijs et al., 2018).

Ein zentraler Aspekt in der Familienhotellerie ist der Führungsstil. Gerade in kleinen Familienbetrieben hängen Arbeitszufriedenheit und Bindung stark von emotionalen Faktoren und zwischenmenschlichen Beziehungen ab (Sirmon & Hitt, 2003; Magdy & Salem, 2024; Özçınar et al., 2024). Ein mitarbeiterorientierter Führungsstil kann die Motivation und Loyalität der Beschäftigten fördern, wozu unter anderem ein respektvoller Umgang miteinander, die Einbindung der Beschäftigten in Entscheidungsprozesse sowie die Anerkennung individueller Leistungen gehören (Camilleri & Valeri, 2021). Gleichzeitig bergen informelle Strukturen das Risiko ineffizienter Personalstrategien, insbesondere wenn klare Verantwortlichkeiten und Entwicklungspläne fehlen. Zudem stellt sich die Frage, inwieweit emotionale Bindungen und persönliche Beziehungen zwischen Eigentümer/in und Mitarbeitenden betriebliche Entscheidungen beeinflussen und möglicherweise die Effizienz mindern (Van Gils et al., 2014).

Ein effektiver Führungsstil zeichnet sich zudem durch eine wertschätzende und transparente Kommunikation aus, die das Vertrauen zwischen Führung und Mitarbeitenden stärkt und zur Identifikation mit dem Familienunternehmen beiträgt; insbesondere eine offene Feedbackkultur und partizipative Entscheidungsfindung fördern ein positives Arbeitsklima und unterstützen die langfristige Personalbindung. (Dimitriou, 2022; Díaz-Carrión et al., 2020).

Gleichzeitig stehen familiengeführte Hotels vor der Herausforderung, eine Balance zwischen traditionellem Familienmanagement und professionellen HR-

Strategien zu finden. Dies ist essenziell, um nachhaltige Wachstumsstrategien für eine langfristige Wettbewerbsfähigkeit zu entwickeln (Pikkemaat & Zehrer, 2016).

Der Fachkräftemangel stellt eine große Herausforderung für die österreichische Tourismuswirtschaft dar. Dornmayr und Rechenberger (2020) haben in einer österreichweiten Studie in 4.400 Mitgliedsbetrieben der WKÖ den Fachkräftemangel, die offenen Stellen, die betroffen Branchen und Berufsgruppen sowie die Auswirkungen auf die Unternehmen und mögliche Gegenmaßnahmen untersucht. Dabei gaben 80 % der befragten Betriebe an, Schwierigkeiten bei der Rekrutierung von Fachkräften zu haben (Dornmayr & Rechenberger, 2020). Besonders betroffen sind kleine, familiengeführte Tourismusbetriebe, vor allem in ländlichen Regionen, die mit einer begrenzten Verfügbarkeit von Arbeitskräften, hohen saisonalen Schwankungen und eingeschränkten Möglichkeiten der Personalbindung konfrontiert sind (Getz & Carlsen, 2005; Camilleri & Valeri, 2021).

Diese Regionen sind durch eine geringe Anzahl verfügbarer Fachkräfte gekennzeichnet, was die Rekrutierung zusätzlich erschwert. Fehlende Unterbringungsmöglichkeiten für Saisonarbeitskräfte, schlechte öffentliche Verkehrsanbindungen und die starke Konkurrenz durch große Hotelketten verschärfen die Situation zusätzlich (Peters & Kallmünzer, 2018). Die familiäre Struktur dieser Betriebe führt häufig dazu, dass die Eigentümer/-innen und Familienmitglieder selbst immer mehr Aufgaben übernehmen müssen, was langfristig zu einer hohen Arbeitsbelastung und Erschöpfung führt. Eine langfristige Personalbindung ist hier ein entscheidender Faktor zur Steigerung der Jobattraktivität, da sie nicht nur die Kontinuität betrieblicher Abläufe sichert, sondern auch zu einer stabileren Unternehmenskultur und einer höheren Produktivität beiträgt (Dimitriou, 2022; Díaz-Carrión et al., 2020). Insbesondere eine werteorientierte und partizipative Führung sowie eine transparente und wertschätzende Kommunikation stärken die intrinsische Motivation und das Commitment der Beschäftigten (Camilleri & Valeri, 2021). Individuelle Entwicklungs- und Weiterbildungsmöglichkeiten, flexible Arbeitszeitmodelle, eine attraktive Work-Life-Balance sowie eine angemessene Entlohnung und nicht-monetäre Anerkennung sind ebenfalls zentral für die Personalbindung (Mölk et al., 2021; Paltu & Brouwers, 2020). Hingegen dazu sind fehlende Karriereperspektiven, geringe Entlohnung und mangelnde Anerkennung häufig Gründe für die Abwanderung qualifizierter Fachkräfte aus dem Hotelgewerbe (Mölk et al., 2021).

Die COVID-19-Pandemie verschärfte den Personalmangel im Tourismus zusätzlich und führte weltweit zu einem Verlust von 18,6 % der Arbeitsplätze (WTTC, 2023). In Österreich führte die Krise zu einer verstärkten Abwanderung von Fachkräften in andere Branchen (Chang et al., 2024). Vor allem in familiengeführten Hotels wurden Schwächen im Personalmanagement sichtbar; kleinere Betriebe verfügten oft nicht über ausreichende Ressourcen, um Maßnahmen wie Kurzarbeit oder digitale Weiterbildungsangebote umzusetzen, die größere Hotelketten erfolgreich nutzen konnten (Peters, 2005).

Dies verdeutlicht die Dringlichkeit für familiengeführte Hotels, nachhaltige Personalstrategien zu entwickeln und innovative Beschäftigungsmodelle zu etablieren. Wettbewerbsfähige Arbeitsbedingungen, eine ansprechende Unternehmenskultur mit familiärer Atmosphäre, klare Karriereperspektiven sowie attraktive und innovative Anreizsysteme wie Jobkarten oder Übernachtungsmöglichkeiten können dabei entscheidend zur Steigerung der Attraktivität sein.

Im Rahmen dieses Beitrages werden daher Maßnahmen untersucht, mit denen familiengeführte Hotels ihre Attraktivität als Arbeitgebende gezielt steigern und eine langfristige Personalbindung erfolgreich etablieren können. Vor dem Hintergrund der diskutierten Herausforderungen stellt sich in diesem Beitrag folgende Forschungsfrage:

Wie können kleine Familienbetriebe in der Hotellerie dem Fachkräftemangel entgegenwirken und ihre Attraktivität als Arbeitgebende steigern?

Ziel der Studie ist es, empirische Einblicke in das Personalmanagement touristischer Familienbetriebe zu gewinnen und Handlungsimplikationen abzuleiten. Besonderes Augenmerk wird dabei auf die langfristige Personalbindung und die Rolle der Führung gelegt. Ziel ist es, familiengeführten Hotels praxisrelevante Handlungsempfehlungen zu liefern, um ihre Wettbewerbsfähigkeit und Jobattraktivität langfristig zu steigern.

Methode

Zur Beantwortung der Forschungsfrage wurden 21 qualitative Interviews mit Inhabern und Inhaberinnen sowie leitenden Angestellten von Familienhotels in Innsbruck durchgeführt. Anhand eines halbstrukturierten Interviewleitfadens mit insgesamt 22 Fragen wurden zentrale Aspekte des Personalmanagements in touristischen Familienbetrieben analysiert, darunter der qualitative und quantitative Personalbedarf, Strategien zur Personalrekrutierung, die Personalzufriedenheit sowie die Rolle der Destinationsmanagementorganisationen (DMO) in der Personalentwicklung.

Die Datenerhebung erfolgte im Sommer 2022, die Interviews wurden aufgezeichnet und anschließend transkribiert. Das Analyseverfahren folgte der Template Analysis nach King (2017), die eine flexible und zugleich strukturierte Auswertung qualitativer Daten ermöglicht. Dabei wurde zunächst ein erstes Kodiermodell mit sogenannten a priori Codes erstellt, die sich an den wichtigsten Erkenntnissen der bisherigen Literatur zu familiengeführten Hotels orientierten. Dieses Initial Template diente als Ausgangspunkt für die weitere Analyse und wurde im Rahmen weiterer Diskussionen zwischen den Autorinnen kritisch reflektiert. In diesem Prozess wurden die ersten Codes überarbeitet und durch neue Kategorien ergänzt, die sich aus den Interviewdaten ergaben. Diese schrittweise Weiterentwicklung der Codes ermöglichte eine detaillierte und differenzierte Analyse der Sichtweisen und Erfahrungen der Interviewpartner/innen.

Zur Unterstützung der systematischen Datenauswertung wurde die qualitative Datenauswertungssoftware MAXQDA herangezogen (MAXQDA, 2025). Dieses methodische Vorgehen ermöglicht eine fundierte Analyse der vorliegenden Daten und die Ableitung von Ergebnissen zur Verbesserung des Personalmanagements in Familienhotels.

Tabelle 11.1: Codes und Kategorien zur Analyse des Personalmanagements in Familienhotels.

Kategorie	Codes
Personalgewinnung	– Soziale Medien – Webplattformen – Zeitungen – Jobbörse der Österreichischen Hochschülerschaft (ÖH) – Empfehlungen – Permanente Suche – Sprache – Image des Tourismus
Personalzufriedenheit	– Unterkunft / Verpflegung – Entlohnung – Wertschätzung – Flexible Arbeitszeiten – Unternehmenskultur / Teambildung – Benefits – Berufliche Entwicklungsmöglichkeiten – Urlaub in der Hochsaison
Herausforderungen	– Image – Work-Life-Balance – Wohnsituation – Outsourcing – Saisonarbeit
Lösungsansätze	– Neue Absatzmärkte – Schüler/-innen – Studierende – Kollektivverträge – Motivation – Unterkunft – Zugang zum Arbeitsmarkt – Kooperation
Destinationsmanagement	– Job-Karten – Organisation von Berufsmessen – Personalunterkünfte / Wohnsituation – Job-Plattform bei der DMO – Stärke der Zusammenarbeit

Resultate

Die qualitativen Interviews mit Unternehmern und Unternehmerinnen sowie Führungskräften, die mittels der Template Analyse ausgewertet wurden, zeigen, dass familiengeführte Tourismusbetriebe in Österreich insbesondere mit Herausforderungen bei der Personalrekrutierung, der hohen Fluktuation sowie den begrenzten Möglichkeiten der Personalbindung konfrontiert sind, gleichzeitig aber auch Potenziale zur Steigerung ihrer Arbeitsplatzattraktivität erkennen. Die Auswertung der Interviewdaten ergab fünf zentrale Analysekategorien: Personalgewinnung, Personalzufriedenheit, Herausforderungen, Lösungsansätze sowie Destinationsmanagement, die im weiteren Verlauf des Beitrages detailliert betrachtet und analysiert werden.

Personalgewinnung

Die Gewinnung neuer Mitarbeiter/-innen stellt eine zentrale Herausforderung für familiengeführte Tourismusbetriebe dar. Um geeignete Arbeitskräfte zu akquirieren, setzen Unternehmen auf verschiedene Rekrutierungsstrategien. Dabei erweisen sich insbesondere soziale Medien als effizientes Mittel, um potenzielle Bewerber/-innen zu erreichen, „Soziale Netzwerke funktionieren sehr gut, vor allem Facebook." (Interview 13). Neben sozialen Medien gewinnen Webplattformen zunehmend an Bedeutung, da sie eine größere Reichweite ermöglichen. So berichten einige Unternehmen, dass sie bereits auf einer Vielzahl von Plattformen präsent sind, um die Sichtbarkeit ihrer Stellenausschreibungen zu maximieren, „Mittlerweile sind wir auch über Kununu auf insgesamt 26 Plattformen vertreten." (Interview 5).

Neben digitalen Rekrutierungsmethoden werden nach wie vor traditionelle Medien wie Zeitungsinserate genutzt. Dabei gehen die Meinungen über deren Effektivität auseinander. Während einige Unternehmen positive Erfahrungen mit lokalen Zeitungen gemacht haben, „Ich muss sagen, dass wir die Lokalzeitung gut finden." (Interview 6), äußern andere Betriebe Zweifel an der Wirksamkeit dieser Methode, „Aus der Lokalzeitung kommt nichts." (Interview 1). Für spezifische Positionen erweist sich die Jobbörse der Österreichischen Hochschülerschaft (ÖH) als ein vielversprechendes Rekrutierungsinstrument, das als praktisch wahrgenommen wird, „Für Rezeption und F&B suche ich meistens über die ÖH-Seite. Das ist sehr niederschwellig, kostenlos und unkompliziert." (Interview 5). Ergänzend setzen viele Unternehmen auf Mitarbeitendenempfehlungen als strategisches Mittel zur Personalgewinnung. Dieses Konzept wird häufig durch monetäre Anreize unterstützt, um bestehende Mitarbeitende zur aktiven Akquise neuer Kollegen und Kolleginnen zu motivieren, „Wenn ein Mitarbeitender einen neuen Mitarbeitenden mitbringt und der Neue bleibt drei Monate, dann bekommt der Mitarbeitende eine Prämie von 500 €." (Interview 9).

Trotz dieser vielfältigen Maßnahmen sehen sich die Unternehmen mit erheblichen Herausforderungen konfrontiert. Ein wesentliches Problem stellt die permanente Suche nach Personal dar. Viele Betriebe rekrutieren Mitarbeitende daher vorsorglich, auch wenn aktuell kein akuter Bedarf besteht, „Durch unsere ganzjährige Suche werden auch Mitarbeitende eingestellt, die nicht sofort benötigt werden." (Interview 20). Zudem erschweren sprachliche Barrieren die Integration internationaler Arbeitskräfte, „Es ist für uns schwierig, jemanden von dort einzustellen, weil wir mit diesen Bewerbern nicht kommunizieren können." (Interview 12). Darüber hinaus wird das Image des Tourismus als Berufsbranche als problematisch wahrgenommen. Viele Unternehmen sehen daher die Notwendigkeit, an ihrem öffentlichen Erscheinungsbild zu arbeiten, um langfristig als attraktive arbeitgebende Instanz wahrgenommen zu werden, „Jedes Unternehmen muss selbst Dinge verändern oder weiter pflegen, um den Ruf des Tourismus als Arbeitgeber nachhaltig zu stärken." (Interview 9).

Personalzufriedenheit

Um die Zufriedenheit der Mitarbeitenden zu erhöhen, bieten einige Familienbetriebe Unterkunft und Verpflegung an, „Wir haben Unterkünfte für unser Personal. Die Mitarbeitenden können dort kostenlos essen, trinken, schlafen, sich waschen und aufhalten" (Interview 15). Dennoch bleibt für viele die Entlohnung entscheidend, „Letztendlich geht es um die Entlohnung, denn die Familie muss auch ernährt werden." (Interview 18). Gleichzeitig zeigt sich, dass Wertschätzung und Respekt für viele mindestens ebenso wichtig sind, „Wertschätzung und Respekt sind sehr wichtig, wichtiger als die Bezahlung." (Interview 4).

Auch flexible Arbeitszeiten und Teilzeitangebote werden zunehmend nachgefragt, „Wir bieten jetzt wirklich allen Studierenden einen guten Arbeitsplan, den sie sich selbst einteilen." (Interview 12). Kleinere Betriebe versuchen sich mit individuellen Modellen von den großen Ketten abzuheben, „Wir können mit den Großen nicht mithalten, deshalb legen wir mehr Wert auf Regionalität und Teilzeitmöglichkeiten." (Interview 16).

Auch ein starkes Gemeinschaftsgefühl ist ein wichtiger Faktor, zur Förderung des Zusammenhalts, „Wir machen viele Teamevents. Wir verbringen viel Zeit miteinander im Dienst und machen auch privat viel zusammen." (Interview 9).

Zusätzliche Benefits wie Sportangebote oder Vergünstigungen steigern die Attraktivität, „Die Mitarbeitenden können das Fitnessstudio und Mountainbikes nutzen." (Interview 7), „Wir bieten kleine Vergünstigungen wie Übernachtungen in einem unserer Hotels, Rabatte, Geburtstagsgeschenke." (Interview 9).

Darüber hinaus sind auch Weiterbildungsmöglichkeiten für eine langfristige Mitarbeiterbindung von großer Bedeutung, „Wir konzentrieren uns auf die Weiterbildung der Mitarbeiter." (Interview 17). Auch Urlaub in der Hochsaison kann ein wichtiger Anreiz sein, „Jeder kann in der Hochsaison Urlaub machen. Das macht den Sommer für mich sehr anstrengend, aber ich zahle gerne den Preis dafür, dass ich das ganze Jahr über Leute habe". (Interview 5).

Herausforderungen

Zu den Herausforderungen des Personalmanagements gehört das problematische Image der Branche, das viele potenzielle Arbeitskräfte abschrecken kann, „Der Ruf des Tourismus als Arbeitgeber muss nachhaltig verbessert werden." (Interview 9).

Auch die Work-Life-Balance spielt eine große Rolle, vor allem durch die veränderten Erwartungen an die Arbeitszeiten, „Keiner will mehr 60 Stunden arbeiten, aber nur 20 Stunden geht nicht mehr. Es fehlt das Soziale." (Interview 3).

Die Wohnsituation in Tourismusregionen, insbesondere in den Städten, stellt ebenfalls ein großes Hindernis dar, „Die Wohnsituation in Innsbruck ist für jeden Normalverdiener ein Problem." (Interview 15).

Weiters wurde Outsourcing thematisiert, was in einigen Bereichen auch erprobt wurde, wobei jedoch von mangelnder Qualität berichtet wurde, „Als uns ein Zimmermädchen gefehlt hat, haben wir versucht, mit einer Reinigungsfirma zusammenzuarbeiten. Aber die Qualität war eine ganz andere." (Interview 14).

Schließlich stellen auch Saisonarbeiter/-innen eine Herausforderung dar, da sich viele kaum mit dem Familienbetrieb identifizieren, ähnlich wie die durch Outsourcing gewonnenen Arbeitskräfte „Denen geht es nur ums Geld. Die sagen immer: Wir sind hier, um Geld zu verdienen, nicht um Freunde zu finden.'" (Interview 8).

Lösungsansätze

Um den genannten Herausforderungen zu begegnen, wurden verschiedene Lösungsansätze identifiziert, die zur Verbesserung der Personalrekrutierung beitragen können. Ein zentraler Ansatz ist die Erschließung neuer Märkte, die als vielversprechend für die Rekrutierung von Fachkräften eingeschätzt werden, „Ich sehe Spanien und Rumänien oder Bulgarien als besonders wichtig für die Zukunft." (Interview 4). Neben internationalen Fachkräften rücken zunehmend Schüler/-innen und Studierende als potenzielle Arbeitskräfte in den Fokus. Es wird als wesentlich erachtet, für diese Zielgruppen Anreize zu schaffen, um sie für eine berufliche Tätigkeit im Tourismus zu gewinnen, „Es sollte belohnt und nicht bestraft werden, wenn man neben dem Studium arbeitet." (Interview 6).

Ein weiterer relevanter Aspekt ist die Anpassung der Kollektivverträge, um faire und attraktive Arbeitsbedingungen für Beschäftigte im Tourismus zu gewährleisten. Gleichzeitig wird betont, dass die Motivation der Mitarbeitenden ein entscheidender Faktor für eine langfristige Bindung an das Unternehmen ist, „Wir müssen unseren Beschäftigten Perspektiven und Anreize geben, damit sie langfristig bei uns bleiben." (Interview 7).

Ein zusätzlicher Lösungsansatz besteht in der Erleichterung des Zugangs zum Arbeitsmarkt für Nicht-EU-Bürger/-innen. Die Regelungen werden als Hindernis für die

Rekrutierung von internationalen Fachkräften gesehen, „Es macht für uns keinen Sinn, innerhalb Europas Beschränkungen aufzuerlegen." (Interview 3).

Schließlich wird auch die Bedeutung von Kooperationen zwischen Unternehmen hervorgehoben. Eine verstärkte Zusammenarbeit kann dazu beitragen, Synergien zu schaffen und Ressourcen effizienter zu nutzen, „Einfach viel mehr zusammen und nicht jeder macht sein eigenes Ding." (Interview 6). Insbesondere bei der Rekrutierung und Ausbildung von Mitarbeitenden könnten Unternehmen von gemeinsamen Initiativen profitieren und die Rekrutierung effektiver gestalten.

Destinationsmanagement

Die letzte thematisierte Kategorie bezieht sich auf Lösungen auf Destinationsebene, wo insbesondere die DMOs aktiv werden können. Unter anderem könnte die Einführung von Karten mit Vergünstigungen für Tourismusbeschäftigte die Attraktivität der Branche steigern, „vielleicht eine Jobkarte, wo Mitarbeitende Rabatte bekommen oder Punkte sammeln können". (Interview 17).

Auch die Organisation von Berufsmessen könnte dazu beitragen, mehr Fachkräfte für den Tourismus zu gewinnen, und die Branche attraktiver zu gestalten, „Ich glaube, es ist wichtig, diese Branche wieder attraktiver zu machen." (Interview 9). Zudem könnte eine zentrale Jobplattform bei der DMO den Rekrutierungsprozess erleichtern, „Vielleicht könnte man eine Plattform einrichten, wo sie sich als Unternehmen vorstellen und beschreiben können, was sie suchen." (Interview 2).

Außerdem wurde berichtet, dass die Wohnsituation aufgrund der hohen Mietpreise verbessert werden muss – eine Möglichkeit wären Personalwohnungen, „Leider bieten die DMO und die Hotels keine eigenen Wohnungen für Mitarbeitende in Innsbruck an" (Interview 10), „Eventuell Personalhaus oder günstigere Wohnungen ermöglichen." (Interview 11).

Abschließend wurde noch einmal betont, dass auch stärkere „Netzwerke und Informationsaustausch" (Interview 11) in der Branche förderlich wären.

Diskussion

Kleine Familienhotels stehen vor großen Herausforderungen im Personalmanagement, insbesondere in den Bereichen Führung, Kommunikation und Personalbindung (Peters, 2005; Schneider & Treisch, 2019). Die Ergebnisse bestätigen, dass ein wertschätzender Umgang, faire Entlohnung und flexible Arbeitszeiten die Personalzufriedenheit erhöhen und die Fluktuation reduzieren. Dies deckt sich mit der existierenden Literatur (Dimitriou, 2022; Díaz-Carrión et al., 2020), dass eine positive Unternehmenskultur essenziell für eine langfristige Personalbindung ist.

Die Rekrutierung bleibt schwierig, da traditionelle Methoden wie Zeitungsanzeigen oft ineffektiv sind. Die Studie zeigt, dass Online-Plattformen und persönliche Empfehlungen besser funktionieren, was Forschungsergebnisse zur Digitalisierung der Personalrekrutierung bestätigen (Dornmayr & Rechenberger, 2020).

Die Rolle der DMOs wird als wichtig erachtet, insbesondere in Bezug auf Maßnahmen wie die Herausgabe von Jobkarten, die Organisation von Karrieremessen sowie die Initiierung von Wohnrauminitiativen. Eine stärkere Kooperation zwischen Unternehmen und Destinationen wird gefordert (Peters & Kallmünzer, 2018).

Die größten Herausforderungen sind das negative Image der Branche, starre arbeitsrechtliche Regelungen und der Fachkräftemangel. Während Outsourcing theoretisch als Lösung gesehen wird, zeigen die Ergebnisse, dass dies in der Praxis oft nicht die gewünschte Qualität liefert.

Insgesamt decken sich die Ergebnisse weitgehend mit bisheriger Forschung, zeigen aber auch, dass familiengeführte Hotels zunehmend innovative Lösungen zur Bewältigung von Personalproblemen umsetzen müssen. Eine engere Zusammenarbeit zwischen Betrieben und Destinationen sowie flexible Rekrutierungsansätze könnten die Wettbewerbsfähigkeit dieser Hotels weiter verbessern.

Limitationen

Limitationen werden in der Konzentration der Studie auf familiengeführte Hotels in Österreich gesehen, weshalb die Ergebnisse nicht uneingeschränkt auf andere Länder übertragbar sind. Auch basiert die Analyse auf qualitativen Interviews, was die Generalisierbarkeit einschränkt. Zukünftige Studien könnten durch quantitative Erhebungen und den Vergleich mit größeren Hotelketten weiterführende Erkenntnisse liefern.

Conclusio

Die Ergebnisse dieser Studie zeigen, dass familiengeführte Hotels im österreichischen Tourismus vor zentralen Herausforderungen im Personalmanagement stehen, insbesondere im Bereich der Personalgewinnung, -zufriedenheit und -bindung (Dornmayr & Rechenberger, 2020; Sirmon & Hitt, 2003; Magdy & Salem, 2024; Özçınar et al., 2024). Während die familiäre Atmosphäre und die flachen Hierarchien von vielen Mitarbeitenden geschätzt werden, können informelle Strukturen häufig zu ineffizienten Personalstrategien führen (Arijs et al., 2018; Camilleri & Valeri, 2021).

Ein zentrales Problem bleibt der Fachkräftemangel, der durch unflexible arbeitsrechtliche Rahmenbedingungen, ein negatives Branchenimage und eingeschränkte Rekrutierungsmöglichkeiten verstärkt wird (Dornmayr & Rechenberger, 2020; Paltu &

Brouwers, 2020). Um die Arbeitsplatzattraktivität zu steigern, sind wertschätzende Kommunikation, flexible Arbeitszeiten und faire Entlohnung entscheidend.

Digitale Plattformen und persönliche Netzwerke erweisen sich ebenfalls als besonders effektive Rekrutierungsinstrumente, während traditionelle Methoden wie Zeitungsanzeigen an Bedeutung verlieren.

Die Studie unterstreicht auch die zentrale Rolle der DMOs, die durch Maßnahmen wie Jobkarten, Karrieremessen und Wohnrauminitiativen zur Lösung des Fachkräftemangels beitragen können. Dies erscheint als ein zentraler Anknüpfungspunkt für weitere Forschungsarbeiten.

Die Ergebnisse stützen im Wesentlichen die existierende Literatur, zeigen aber auch, dass familiengeführte Hotels zunehmend innovative Maßnahmen umsetzen müssen, um wettbewerbsfähig zu bleiben. Eine verstärkte Kooperation zwischen Betrieben und Destinationen sowie eine gezielte Anpassung der Personalstrategien sind unabdingbar, um langfristig am Personalmarkt attraktiv zu bleiben.

Literaturverzeichnis

Arcese., G., Valeri, M., Poponi, S., & Elmo, G. C. (2020). Innovative drivers for family business models in tourism. *Journal of Family Business Management, 11*(4), 402–422. doi:10.1108/JFBM-05-2020-0043

Arijs, D., Botero, I. C., Michiels, A., & Molly, V. (2018). Family business employer brand: Understanding applicants' perceptions and their job pursuit intentions with samples from the US and Belgium. *Journal of Family Business Strategy, 9*(3), 180–191. doi:10.1016/j.jfbs.2018.08.005

Beck, S. (2016). Brand management research in family firms: A structured review and suggestions for further research. *Journal of Family Business, 6*(3), 225–250. doi:10.1108/JFBM-02-2016-0002

Block, J. H., Fisch, C. O., Lau, J., Obschonka, M., & Presse, A. (2016). Who prefers working in family firms? An exploratory study of individuals' organizational preferences across 40 countries. *Journal of Family Business Strategy, 7*(2), 65–74. doi:10.1016/j.jfbs.2016.04.001

Camilleri, M. A., & Valeri, M. (2021). Thriving Family Businesses in Tourism and Hospitality: A Systematic Review and a Synthesis of the Relevant Literature. *Journal of Family Business Management, 12*(3). doi:10.1108/JFBM-10-2021-0133

Chang, C., Gardini, M. A., & Werther, S. (2024). *New Work, Leadership und Human Resources Management.* Tourismus. Springer.

De Massis, A., & Rondi, E. (2020). Covid-19 and the Future of Family Business Research. *Journal of Management Studies, 57*(8), 1727–1731. doi:10.1111/joms.12632

Díaz-Carrión, R., Navajas-Romero, V., & Casas-Rosal, J. C. (2020). Comparing working conditions and job satisfaction in hospitality workers across Europe. *International Journal of Hospitality Management, 90*. doi:102631

Dimitriou, C. K. (2022). The Critical Role That National Culture and Ethical Leadership Play in Fostering Employee Commitment to Service Quality in the Hotel Industry. *Research in Hospitality Management, 12*, 255–271. doi:10.1080/22243534.2022.2133770

Dornmayr, H., & Rechenberger, M. (2020). *Unternehmensbefragung zum Fachkräftebedarf/-mangel 2020.* Institut für Bildungsforschung der Wirtschaft. Wien: Fachkräfteradar.

Getz, D., & Carlsen, J. (2000). Characteristics and goals of family and owner-operated businesses in the rural tourism and hospitality sectors. *Tourism Management, 21*(6), 547–560. doi:10.1016/S0261-5177(00)00004-2

Getz, D., & Carlsen, J. (2005). Family business in tourism: State of the Art. *Annals of Tourism Research, 32*(1), 237–258. doi:10.1016/j.annals.2004.07.006

Golafshani, N. (2003). Understanding Reliability and Validity in Qualitative Research. *The Qualitative Report, 8*(4), 597–606. doi:10.46743/2160-3715/2003.1870

Halperin, S., & Heath, O. (2020). *Political research: Methods and practical skills (Third Edition)*. Oxford University Press. doi:10.1093/hepl/9780198820628.001.0001

Heimerl, P., Haid, M., Perkman, U., Rabensteiner, M., Campregher, P., & Lun, G. (2020). Job satisfaction in the hospitality industry: does the valuation make the difference? *Anatolia, 31*(4), 1–4. doi:10.1080/13032917.2020.1755324

Innsbruck Tourism. (2023). About Innsbruck Tourism: https://www.innsbruck.info/en

Kahlert, C., Botero, I. C., & Prügl, R. (2017). Revealing the family: Effects of being perceived as a family firm in the recruiting market in Germany. *Journal of Family Business Management, 7*(1), 21–43. doi:10.1108/JFBM-10-2015-0037

Kallmuenzer, A., Hora, W., & Peters, M. (2018). Strategic decision-making in family firms: an explorative study. *European Journal of International Management, 12*(5/6), 655–675. doi:10.1504/EJIM.2018.10014765

King, N. (2017). Doing Template Analysis. In G. Symon, & C. Cassell, *Qualitative Organizational Research: Core Methods and Current Challenges* (S. 426–449). SAGE Publications.

Magdy, A., & Salem, I. E. (2024). Understanding the impact of work environment on employee well-being and cynicism: Insights from the hotel industry. *Tourism and hospitality management, 30*(4), 531–542. doi:10.20867/thm.30.4.8

MAXQDA. (2025). *Why MAXQDA?* MAXQDA: https://www.maxqda.com/why-maxqda

Mölk, A., Auer, M., & Peters, M. (2021). Radicalization and attenuation in the construction of tourism employment images: a multi-level frame analysis. *International Journal of Contemporary Hospitality Management, 34*(2), 457–481. doi:10.1108/IJCHM-12-2020-1490

Özçınar, B., Esen, E., & Varinlioğlu, S. K. (2024). How Employee Well-being Mediates the Relationship between Employee Experience and Work Engagement? *Revista Romaneasca pentru Educatie Multidimensionala, 16*(3), 352–374. doi:10.18662/rrem/16.3/897

Paltu, A., & Brouwers, M. (2020). Toxic leadership: Effects on job satisfaction, commitment, turnover intention and organisational culture within the South African manufacturing industry. *SA Journal of Human Resource Management, 18*(a1338).

Peters, M. (2005). Entrepreneurial skills in leadership and human resource management evaluated by apprentices in small tourism businesses. *Education + training, 47*(8/9). doi:575–591.

Peters, M., & Kallmuenzer, A. (2015). Entrepreneurial orientation in family firms: the case of the hospitality industry. *Current Issues in Tourism, 21*(1), 21–40. doi:10.1080/13683500.2015.1053849

Peters, M., & Kallmünzer, A. (2018). Entrepreneurial orientation in family firms: The case of the hospitality industry. *Current Issues in Tourism, 21*(1), 21–40. doi:10.1080/13683500.2015.1053849

Pikkemaat, B., & Zehrer, A. (2016). Innovation and service experiences in small tourism family firms. International Journal of Culture. *Tourism and Hospitality Research, 10*(4), 343–360. doi:10.1108/IJCTHR-06-2016-0064

Schneider, A., & Treisch, C. (2019). Employees' evaluative repertoires of tourism and hospitality jobs. *International Journal of Contemporary Hospitality Management, 31*(8), 3173–3191. doi:10.1108/IJCHM-08-2018-0675

Shekhar, A., Gupta, A., & Valeri, M. (2022). Mapping research on family business in tourism and hospitality: a bibliometric analysis. *Journal of Family Business Management, 12*(3), 367–392. doi:10.1108/JFBM-10-2021-0121

Sirmon, D. G., & Hitt, M. A. (2003). Managing Resources: Linking Unique Resources, Management, and Wealth Creation in Family Firms. *Entrepreneurship Theory and Practice*, *27*(4), 339–358. doi:10.1111/1540-8520.t01-1-00013

Van Gils, A., Dibrell, C., Neubaum, D. O., & Craig, J. B. (2014). Social Issues in the Family Enterprise. *Family Business Review*, 27(3), 193–205. doi:10.1177/0894486514542398

WKO. (2022). *Tourismus. Zukunft. Österreich*. Wirtschaftskammer Österreich: https://www.wko.at/pages/tourismuszukunftoesterreich/fs-tourismus.pdf

WTTC. (2023). *Economic Impact Reports*. wttc.org: https://wttc.org/research/economic-impact

Bibiana Grassinger*, Anna Klein, Peter Neumann
und Ina zur Oven-Krockhaus

Chapter 12
Zwischen Verbleib und Rückkehr: Faktoren der Arbeitgeberattraktivität in der Tourismusbranche

Zusammenfassung: Der gegenwärtige Fachkräftemangel ist besonders in der Tourismusbranche deutlich spürbar. Die spezifischen Charakteristika der Dienstleistungen sowie die Veränderungen in der Arbeitswelt erfordern eine Neubewertung der Attraktivität von Beschäftigungen im Tourismus. In diesem Kontext spielt das Konzept der New Work eine zentrale Rolle. Die IU Internationale Hochschule hat in einer Umfrage unter Studierenden des letzten Semesters und Alumni die Faktoren analysiert, die den Verbleib in der Branche begünstigen. Zudem wurde untersucht, unter welchen Bedingungen Alumni bereit wären, in die Tourismusbranche zurückzukehren. Ein wesentliches Ergebnis der Untersuchung ist, dass unter den Attraktivitätsfaktoren zahlreiche New-Work-Maßnahmen identifiziert wurden, während für die Rückkehr in die Branche insbesondere die angemessene Höhe des Gehalts ausschlaggebend ist. Dies verdeutlicht, dass flexible und mitarbeiterfreundliche Arbeitsbedingungen, wie sie im New-Work-Konzept verankert sind, eine hohe Bedeutung für die langfristige Bindung von Fachkräften haben. Gleichzeitig bleibt jedoch die finanzielle Sicherheit ein entscheidendes Kriterium, da viele ehemalige Beschäftigte den Tourismus aufgrund unzureichender Gehaltsstrukturen verlassen haben.

Abstract: The current shortage of skilled workers is particularly noticeable in the tourism industry. The specific characteristics of services and the changes in the world of work require a reassessment of the attractiveness of employment in tourism. In this context, the concept of 'New Work' plays a central role. In a survey of students from the last academic semester and alumni, the IU International University analyzed the factors that encourage people to stay in the industry. The conditions under which

*Korrespondierende Autorin: Bibiana Grassinger**, IU Internationale Hochschule, Standort Ulm,
Ehinger Straße 23, D-89077, Ulm, e-mail: bibiana.grassinger@iu.org
Anna Klein, IU Internationale Hochschule Standort München, Berg-am-Laim-Straße 47,
D-81673 München, e-mail: anna.klein@iu.org
Peter Neumann, IU Internationale Hochschule Standort Münster, Weseler Straße 480,
D-48163 Münster, e-mail: peter.neumann@iu.org
Ina zur Oven-Krockhaus, IU Internationale Hochschule Standort Hannover, Schiffgraben
49-51, D-30175 Hannover, e-mail: ina.zur-oven-krockhaus@iu.org

https://doi.org/10.1515/9783111706511-012

alumni would be prepared to return to the tourism industry were also investigated. A key result of the study is that numerous new work measures were identified among the attractiveness factors, while the appropriate level of salary is particularly decisive for returning to the industry. This makes it clear that flexible and employee-friendly working conditions, as anchored in the 'New Work' concept, are of great importance for the long-term retention of skilled workers. At the same time, however, financial security remains a decisive criterion, as many former employees have left the tourism industry due to inadequate salary structures.

Schlüsselwörter: Fachkräftemangel, Arbeitgeberattraktivität, Nachwuchskräfte, Tourismusmanagement, New Work

Keywords: Shortage of specialists, employer attractiveness, young talents, tourism management, new work

Einleitung

Die Tourismusbranche steht vor einer tiefgreifenden Herausforderung: In den letzten Jahren, insbesondere nach der Covid-19-Pandemie, verschärfte sich der wahrgenommene Fachkräftemangel in der Tourismusbranche. So berichteten über 60 % der touristischen Unternehmen von erheblichen Schwierigkeiten bei der Personalgewinnung (Deutscher Bundestag, 2023a, b). Zudem zeigen Daten des Statistischen Bundesamts (2025), dass die Anzahl der sozialversicherungspflichtig Beschäftigten im Gastgewerbe zwischen 2019 und 2023 um mehr als 15 % zurückgegangen ist. Zahlreiche Beschäftigte haben sich während der Covid-19-Pandemie eine Arbeit außerhalb des Tourismus gesucht und sind danach nicht wieder zurückgekehrt (Gardini, 2024).

Um die möglichen Lösungsansätze für diese Entwicklung besser zu verstehen, untersucht die vorliegende Studie die Attraktivität der Tourismusbranche aus Sicht von Alumni eines Tourismusmanagement-Studiums. Diese haben sowohl direkte berufliche Erfahrungen in der Branche als auch Vergleichsmöglichkeiten mit anderen Wirtschaftszweigen, so dass ihre Perspektive eine fundierte Bewertung der Attraktivität von Arbeitgebenden im Tourismus ermöglicht, insbesondere im Hinblick auf langfristige Karriereperspektiven und Rückkehrbereitschaft. Im Fokus stehen die Faktoren, die den Verbleib in der Branche begünstigen, sowie die Bedingungen, unter denen ehemalige Beschäftigte bereit wären zurückzukehren.

Die Ergebnisse basieren auf einer empirischen Erhebung unter Tourismus-Studierenden im letzten Semester sowie Absolvent/-innen der IU Internationalen Hochschule. Besonders die Bedeutung von New-Work-Maßnahmen und Gehaltsstrukturen als zentrale Einflussgrößen für die Betriebsattraktivität werden diskutiert.

Der Beitrag beleuchtet zunächst die momentanen Herausforderungen in der Tourismusbranche sowie die Veränderungen in der Arbeitswelt generell. Dabei wird auch das Konzept der New Work vorgestellt. Im Anschluss daran werden die Faktoren erläutert, die in der durchgeführten Studie zur Betriebsattraktivität der Tourismusbranche ausgewählt wurden. Nach der Vorstellung der Ergebnisse werden diese interpretiert und Handlungsempfehlungen entwickelt.

Herausforderungen der Tourismusbranche und Veränderungen in der Arbeitswelt

Die Tourismusbranche weist einige Charakteristika auf, die für ihre Arbeitsattraktivität nicht sonderlich förderlich sind: Immer wieder fallen Überstunden an und Wochenend- und Schichtarbeit sind an der Tagesordnung. Ein Großteil der Beschäftigungen erlaubt kein Homeoffice, da sie vor Ort am Gast vorzunehmen sind. Diese Besonderheit fällt insbesondere nach der Covid-19-Pandemie negativ auf, da diese zur Etablierung der Arbeit im Homeoffice in anderen Branchen geführt hat. Außerdem ist die Entlohnung im Mittel geringer als in anderen Branchen (Bundeszentrale für politische Bildung, 2024). Darüber hinaus ist ein hoher Anteil an Saisonarbeitskräften zu beobachten, so dass häufig keine durchgängige Beschäftigung möglich ist. Auch Karrieremöglichkeiten sind vor allem in kleinen und mittleren Betrieben (KMU), aus denen die Tourismusbranche zum Großteil besteht, nur wenig gegeben. Die Geschäftsführung ist häufig auch mit operativen Aufgaben beschäftigt, so dass Personalentwicklung nur selten im Fokus steht (Plaikner et al., 2023).

Diese strukturellen Rahmenbedingungen treffen auf einen grundsätzlichen Wertewandel, der sich durch die Zunahme der Digitalisierung und das Auftreten von Anwendungen künstlicher Intelligenz in den letzten Jahrzehnten vollzogen hat. Auch ein zunehmender Fokus auf (physische und psychische) Gesundheit sowie lebenslanges Lernen tragen dazu bei, dass der Wert der Arbeit neu beurteilt wird (Papasabbas & Pfuderer, 2021; Racolta-Paina & Irini, 2021; Weitzel et al., 2020; Brademann & Piorr, 2019).

Des Weiteren kann festgestellt werden, dass immer mehr Beschäftigte der Generation der Babyboomer (1955–1965) in Rente gehen und neues Personal der Generation Z (1996–2009) angehört (Bundesinstitut für Bevölkerungsforschung, 2024; Statistisches Bundesamt, 2025). Der beschriebene Wertewandel, der sich vor allem bei der Generation Z beobachten lässt (Parment, 2023; Gomez et al., o. J.), führt zu veränderten Anforderungen an die Arbeitgeber. Diese Anforderungen werden häufig mit „New Work" in Verbindung gebracht (Papasabbas & Pfuderer, 2021; Weitzel et al., 2020; Racolta-Paina, 2021; Bergmann, 2019; Väth, 2019; Brademann & Piorr, 2019). Bergmann (2019) sieht in New Work eine Abkehr von „Old Work" und versteht darunter, dass Arbeit dem Menschen dient und ihm Kraft und Energie verleiht. Die Arbeit soll die Mitarbeiter bei der Entwicklung unterstützen, lebendigere, vollständigere und stärkere Menschen zu werden.

Hofmann et al. (2021, S. 24) definieren New Work als „erwerbsorientierte Arbeitskonzepte, die durch ein hohes Maß an Virtualisierung von Arbeitsmitteln, Vernetzung von Personen, Flexibilisierung von Arbeitsorten, -zeiten und -inhalten gekennzeichnet sind. Die digitale Transformation und der damit verbundene Innovationsdruck fordern und fördern zudem zunehmend agile, selbstorganisierte iterative und hochgradig kundenorientierte Arbeitsprinzipien. Nicht nur das Wann und Wo der Arbeit, sondern auch der Modus der Zusammenarbeit mit Kollegen und Kolleginnen sowie Kunden und Kundinnen ändern sich. Das Konzept der New Work steht auch für die veränderten Erwartungen der Mitarbeitenden in Bezug auf Beteiligung, Autonomie und Sinnstiftung durch die Arbeit. In der Konsequenz verändern sich Anforderungen an Führungskräfte und -systeme weg von der Hierarchie hin zu einem coachenden, lateralen und unterstützenden Führungsverständnis".

Spreitzer hat bereits 1995 auf die Bedeutung psychologischer Befähigung („psychological empowerment") in Bezug auf Mitarbeitende hingewiesen. Demnach bedarf es vier Voraussetzungen, um die psychologische Befähigung von Mitarbeitenden zu fördern:

- Bedeutung („meaning"): Die Bedeutung fokussiert auf den Wert eines Arbeitsziels in Bezug auf die eigenen Werte. Die Anforderungen einer Arbeit stimmen mit den eigenen Überzeugungen und Werten überein.
- Kompetenz („competence"): Damit ist der Glaube einer Person an ihre Fähigkeit, ihre Tätigkeit geschickt auszuführen, gemeint. Spreitzer bezeichnet dies auch als Selbstwirksamkeit.
- Selbstbestimmtheit („self-determination"): Die Selbstbestimmtheit zielt auf die Autonomie des Mitarbeitenden bei der Arbeit ab. Beispiele sind Entscheidung über Arbeitsmethoden, Geschwindigkeit und die Wahl, Handlungen zu initiieren.
- Auswirkung („impact"): Hierbei ist der Grad zu verstehen, in dem eine Person Einfluss auf die Ergebnisse der Arbeit nehmen kann. Es handelt sich um das Gegenteil von Hilflosigkeit.

Sind diese Voraussetzungen erfüllt, führt die „psychological empowerment" zu einer Steigerung der Arbeitsleistung und der Arbeitszufriedenheit sowie einer stärkeren organisationalen Bindung, was gerade in Zeiten des Fachkräftemangels nicht zu vernachlässigen ist (Spreitzer 1995).

Basierend insbesondere auf den Überlegungen von Bergmann entwickelte Väth (2024) eine New-Work-Charta mit fünf wesentlichen Prinzipien, nämlich (1) Freiheit, die Raum zum Experimentieren für neues Arbeiten lässt, (2) Selbstverantwortung, (3) Entwicklung von Mitarbeitenden, (4) Finden und Erreichen des Sinns der Organisation sowie (5) Soziale Verantwortung.

Die New-Work-Maßnahmen, die sich aus diesen Überlegungen ableiten lassen, betreffen unter anderem den Führungsstil von Vorgesetzten. Dieser wird mit Servant Leadership (dienende Führung) bzw. authentische oder transformationale Führung beschrieben. Auch eine Flexibilisierung von Arbeitsort, -zeit, und -inhalt fördert die Motivation der Mitarbeitenden, z. B. flexible Bürokonzepte, mobiles Arbeiten, oder die Verknüpfung von Arbeit mit Freizeit (Bleisure, Workation). Weitere Maßnahmen betreffen die Unternehmenskultur, so dass verankerte und gelebte Werte wie Wertschätzung, Sinnhaftigkeit und erhöhte Mitbestimmung im Unternehmen gesichert sind. Abschließend unterstützt auch eine dezentrale Organisation, wie z. B. eine dezentralisierte Managementstruktur oder agiles Arbeiten den Prozess hin zu stärkerem Mitarbeiter-Empowerment (Werther & Brenning, 2024; Neumann et al., 2024).

Erfolgsfaktoren attraktiver Arbeitgebender

Zahlreiche Studien haben in den vergangenen Jahren untersucht, welche Kriterien den Mitarbeitenden wichtig sind, um sich bei einem Unternehmen zu bewerben oder längerfristig dort zu bleiben (Brademann & Piorr, 2019; Burzinski & Kaiser, 2022; Ernst & Young, 2013; Grill-Schubert, 2023; Hays, 2022; Kienbaum Institut, 2018; Papasabbas & Pfuderer, 2021; Randstad, 2021; 2022; Weitzel et al., 2020). Dabei können drei große Bereiche identifiziert werden:

- **Arbeitsumgebung und -kultur:** kollegiale Arbeitsatmosphäre, Teamwork, Spaß bei der Arbeit, abwechslungsreiche Tätigkeit, Karriere- und Entwicklungsmöglichkeiten, Wertschätzung, Sinnhaftigkeit der Arbeit, Selbstbestimmung, Mitsprache.
- **Arbeitsbedingungen:** flexible Arbeitszeiten, Möglichkeit zum Homeoffice/mobilen Arbeiten, Vereinbarkeit von Arbeit und Freizeit, marktgerechte Entlohnung, attraktive Benefits, betriebliche Zusatzleistungen, erfüllbare Ziele, Maßnahmen zur Gesundheitsförderung.
- **Unternehmenswerte und -stabilität:** Beständigkeit des Unternehmens, finanziell gesundes Unternehmen, ethische Prinzipien, soziales Engagement, Reputation des Betriebs, Qualität des Managements, glaubwürdige Führung, professionelles Personalmanagement, bekannte Marke, nachhaltiges Engagement.

Forschungsfragen und methodische Vorgehensweise

Die Aktualität dieser Thematik nahmen die Forschenden im Fachgebiet Hospitality, Tourism & Event der IU Internationale Hochschule zum Anlass, ihre Alumni bzw. Studierenden im letzten Semester online zu ihrer Arbeitssituation zu befragen. Im Mittelpunkt der Befragung standen die Faktoren, weshalb die Probanden weiterhin im Tourismus und bei ihrem Arbeitgeber bleiben. Auch die Beweggründe für eine Rückkehr in die Branche (nachdem diese verlassen wurde) wurden untersucht. Die Forschungsfragen lauteten daher:

- Welche Faktoren sind entscheidend dafür, in der Tourismusbranche zu verbleiben?
- Welche Faktoren spielen bei einer möglichen Rückkehr in die Tourismusbranche eine entscheidende Rolle?

Zur Tourismusbranche zählen im Rahmen dieser Studie (basierend auf den Inhalten des Studiums sowie möglichen Schwerpunkten) die Hotellerie, die Gastronomie, die Reiseverkehrswirtschaft, die Eventbranche, das Kurwesen, die Transportwirtschaft, die Kultur- und Freizeitbranche sowie das Destinationsmanagement. Aus den vorgenannten Studien wurden insgesamt 22 Items abgeleitet.

1. Arbeitsklima
2. Teamwork
3. Wertschätzung meiner Person durch den Vorgesetzten
4. Wertschätzung meiner Person durch Team
5. Zufriedenheit mit der Tätigkeit (Anspruch, Abwechslung)
6. Regelung von Überstunden
7. Weiterbildungsmöglichkeiten
8. Aufstiegschancen
9. Zufriedenheit mit den Arbeitszeiten
10. Feedback durch den Vorgesetzten
11. Höhe des Gehalts
12. Zusatz-/Sonderleistungen (wie z. B. Rabatte für Fitnessstudios, Kaufgutscheine, Firmenfahrrad, etc.)
13. Anzahl von Urlaubstagen
14. Attraktive Incentives (z. B. kostenlose Übernachtungen, (Geschäfts-)Reisen, etc.)
15. Sicherheit des Arbeitsplatzes
16. Unternehmenskultur (Werte, Verhaltensweisen)
17. Betriebliches Gesundheitsmanagement (z. B. ergonomisch gestalteter Arbeitsplatz, Sportangebote, etc.)
18. Nachhaltigkeitsaktivitäten des Unternehmens
19. Image des Unternehmens
20. Vereinbarkeit von Arbeit und Freizeit
21. Nutzung digitaler Technologien (zur Arbeitserleichterung)
22. Homeoffice/mobiles Arbeiten

Die Befragung erfolgte über eine positive bzw. negative Ausformulierung. In Tabelle 12.1 sind einige Beispiel-Items genannt.

Die Item-Skalierung erfolgte auf einer 6er-Skala, wobei 6 = sehr starker Einfluss und 1 = sehr geringer Einfluss bedeutete. Die Wahl einer geraden Anzahl an Antwortmöglichkeiten sollte eine neutrale Mittelkategorie vermeiden, um klarere Präferenzen der Befragten sichtbar zu machen und Entscheidungszwänge zu fördern. Diese Vorgehensweise wird in der sozialwissenschaftlichen Forschung häufig angewandt, um

Tabelle 12.1: Formulierung und Skalierung der Items.

Bitte bewerte, wie stark der Einfluss der folgenden Faktoren auf Deine Entscheidung war, in der Tourismusbranche zu bleiben bzw. zu arbeiten.	Bitte bewerte, wie stark der Einfluss der folgenden Faktoren auf Deine Entscheidung war, nicht im Unternehmen zu bleiben.
Gutes Arbeitsklima	Schlechtes Arbeitsklima
Gutes Teamwork	Schlechtes Teamwork
Hohe Wertschätzung meiner Person durch Vorgesetzten	Geringe Wertschätzung meiner Person durch Vorgesetzten
Hohe Zufriedenheit mit den Arbeitszeiten	Geringe Zufriedenheit mit den Arbeitszeiten
Angemessene Höhe des Gehalts	Zu geringe Höhe des Gehalts

Quelle: Eigene Darstellung

Tendenzen zur Mitte zu reduzieren und differenziertere Ergebnisse zu erhalten (Krosnick & Presser, 2010).

Die Befragung erfolgte von August 2023 bis März 2024, und zwar über direkte Ansprache per E-Mail, XING oder LinkedIn sowie durch Posts über Facebook und LinkedIn auf der Alumni-Seite der IU. Der Fragebogen stand in deutscher und englischer Sprache zur Verfügung. Die Grundgesamtheit N betrug 4.817. Insgesamt füllten n = 440 Probanden den Fragenbogen aus, das entspricht einer Teilnahmequote von 9,1 %. 76 % der Befragten waren weiblich, 24 % männlich; 71 % gehörten der Generation Z (1996–2009) an, 28 % der Generation Y (1981–1995) und 1 % der Generation X (1966–1980). 75 % aller Teilnehmer/-innen waren Alumni, 25 % im letzten Semester ihres Studiums.

Ergebnisse

Die Proband/-innen wurden in zwei Gruppen unterteilt, nämlich in Studierende im letzten Semester und Alumni. Die Studierenden im letzten Semester (n = 108) wurden gefragt, ob sie nach Beendigung ihres Studiums innerhalb oder außerhalb der Tourismusbranche arbeiten möchten. 69 % der Befragten antworteten, dass sie in der Branche bleiben wollen, 12 % möchten die Branche verlassen und 19 % waren sich noch nicht schlüssig. Daraus lässt sich schließen, dass im Übergang vom Studium zur vollen beruflichen Tätigkeit der Großteil der Befragten in der Branche bleiben möchte.

Die befragten Alumni (n = 332) waren zu 46 % innerhalb der Tourismusbranche tätig, 50 % gingen einer Tätigkeit außerhalb des Tourismus nach. 4 % waren zum Zeitpunkt der Befragung nicht berufstätig.

Bei der Bewertung der Faktoren, die dazu führen, in der Tourismusbranche zu bleiben bzw. zu arbeiten, ergab sich folgendes Bild:

Tabelle 12.2: Faktoren für den Verbleib in der Tourismusbranche.

Item	Mittelwert*
Gutes Teamwork	5,00
Hohe Zufriedenheit mit der Tätigkeit (Anspruch, Abwechslung)	4,95
Gutes Arbeitsklima	4,93
Hohe Wertschätzung meiner Person durch Team	4,49
Gutes Image des Unternehmens	4,44
Hohe Wertschätzung meiner Person durch den Vorgesetzten	4,40
Ansprechende Unternehmenskultur (Werte, Verhaltensweisen)	4,38
Große Aufstiegschancen	4,25
Angemessene Anzahl von Urlaubstagen	4,16
Hohe Sicherheit des Arbeitsplatzes	4,08
Arbeitnehmerfreundliche Regelung von Überstunden	4,08
Gute Vereinbarkeit von Arbeit und Freizeit	4,07
Gute Weiterbildungsmöglichkeiten	4,03
Hohe Zufriedenheit mit den Arbeitszeiten	3,87
Angebot von attraktiven Incentives (z. B. kostenlose Übernachtungen, (Geschäfts-) Reisen, etc.)	3,84
Regelmäßiges Feedback durch den Vorgesetzten	3,75
Angemessene Höhe des Gehalts	3,66
Möglichkeit zum Homeoffice/mobilen Arbeiten	3,54
Angemessene Nachhaltigkeitsaktivitäten des Unternehmens	3,29
Angemessene Zusatz-/Sonderleistungen (wie z. B. Rabatte für Fitnessstudios, Kaufgutscheine, Firmenfahrrad, etc.)	3,27
Gutes betriebliches Gesundheitsmanagement (z. B. ergonomisch gestalteter Arbeitsplatz, Sportangebote, etc.)	3,10
Starke Nutzung digitaler Technologien (zur Arbeitserleichterung)	2,75

n = 153 (Alumni, die in der Tourismusbranche tätig sind)

Quelle: eigene Darstellung; * 6: sehr starker Einfluss – 1: sehr geringer Einfluss

Aus Tabelle 12.2 wird deutlich, dass die wichtigsten Faktoren für den Verbleib in der Tourismusbranche das gute Teamwork, die hohe Zufriedenheit mit der Tätigkeit, ein gutes Arbeitsklima, die hohe Wertschätzung der Person durch Team und Vorgesetzten sowie das gute Image des Unternehmens sind. Für den Verbleib spielen beispielsweise die angemessene Höhe des Gehalts, die Möglichkeit zum Homeoffice/mobilen Arbeiten oder angemessene Nachhaltigkeitsaktivitäten des Unternehmens nur eine untergeordnete Rolle.

Die Frage nach den Beweggründen für eine mögliche Rückkehr in die Tourismusbranche beantworteten die Alumni, indem sie aus der Liste, die ihrer Meinung nach fünf wichtigsten Items in eine Rangfolge brachten. Dabei wurde die Anzahl der Nennungen mit dem gewichteten Stellenwert multipliziert (der 1. Platz ergab fünf Punkte, der 2 Platz vier Punkte, der 5. und damit letzte Platz erhielt einen Punkt) und anschließend addiert.

Tabelle 12.3 zeigt, dass das Item „Angemessene Höhe des Gehalts" mit deutlichem Abstand der wichtigste Faktor ist, um in die Tourismusbranche zurückzukehren. Dies unterstreicht die zentrale Herausforderung der Branche, wettbewerbsfähige Gehälter anzubieten, um qualifizierte Fachkräfte zurückzugewinnen. Während andere Faktoren wie Arbeitsklima oder Entwicklungsmöglichkeiten ebenfalls eine Rolle spielen, bleibt das Gehalt eine Grundvoraussetzung für viele Arbeitnehmer/-innen insbesondere in einem Sektor, der traditionell für vergleichsweise niedrige Löhne bekannt ist. Laut einer Analyse der Bundeszentrale für politische Bildung (2024) liegt das durchschnittliche Bruttogehalt im Gastgewerbe um etwa 30 % unter dem branchenübergreifenden Mittelwert. Diese Lohnlücke könnte erklären, warum Gehaltserhöhungen als zentrale Bedingung für eine Rückkehr in die Branche genannt werden. Dies deutet darauf hin, dass ohne strukturelle Anpassungen in der Vergütung langfristige Personalprobleme bestehen bleiben könnten.

Tabelle 12.3: Faktoren für die Rückkehr in die Tourismusbranche.

Item	Summe
Angemessene Höhe des Gehalts	531
Gute Vereinbarkeit von Arbeit und Freizeit	259
Möglichkeit zum Homeoffice/mobilen Arbeiten	224
Hohe Zufriedenheit mit der Tätigkeit (Anspruch, Abwechslung)	206
Hohe Zufriedenheit mit den Arbeitszeiten	162
Große Aufstiegschancen	153
Gutes Arbeitsklima	126
Angemessene Anzahl von Urlaubstagen	124
Hohe Wertschätzung meiner Person durch Vorgesetzten	110

Tabelle 12.3 (fortgesetzt)

Item	Summe
Ansprechende Unternehmenskultur (Werte, Verhaltensweisen)	92
Arbeitnehmerfreundliche Regelung von Überstunden	78
Gute Weiterbildungsmöglichkeiten	74
Hohe Sicherheit des Arbeitsplatzes	67
Angebot von attraktiven Incentives (z. B. kostenlose Übernachtungen, (Geschäfts-)Reisen, etc.)	57
Angemessene Nachhaltigkeitsaktivitäten des Unternehmens	45
Gutes Teamwork	45
keiner der genannten Faktoren	40
Angemessene Zusatz-/Sonderleistungen (wie z. B. Rabatte für Fitnessstudios, Kaufgutscheine, Firmenfahrrad, etc.)	39
Hohe Wertschätzung meiner Person durch Team	38
Gutes betriebliches Gesundheitsmanagement (z. B. ergonomisch gestalteter Arbeitsplatz, Sportangebote, etc.)	25
Starke Nutzung digitaler Technologien (zur Arbeitserleichterung)	24
Gutes Image des Unternehmens	21
Regelmäßiges Feedback durch den Vorgesetzten	13
n = 179 (Alumni, die nicht in der Tourismusbranche tätig sind)	

Quelle: Eigene Darstellung

Interpretation und Handlungsempfehlungen

Die Befragung der Alumni und Studierenden im letzten Semester der IU Internationale Hochschule zeigt auf, dass es vor allem New-Work-Maßnahmen sind, die zum Verbleib in der Branche bewegen. Die wichtigsten genannten Faktoren können sowohl dem Modell nach Spreitzer (1995) als auch den New-Work-Kategorien nach Väth (2024) zugeordnet werden. Bei der Rückkehr in den Tourismus steht zwar eine angemessene Höhe des Gehalts an erster Stelle, die folgenden genannten Faktoren sind aber ebenfalls New Work zuzuordnen.

Daraus lässt sich schließen, dass Arbeitgebende im Tourismus sich stärker an den Wertewandel in der Arbeitswelt anpassen sollten. Es ist zu empfehlen, dass insbesondere die aktuelle Diskussion um New Work (Bergmann, 2024; Väth, 2024) und transformationale Führung (Yukl, 2013; Choi et al., 2016; Kim et al., 2023) im Tourismus stärker Eingang findet.

Da die Studierenden im letzten Semester stärker als Alumni dazu tendieren, im Tourismus zu arbeiten, ist dies eine große Chance für Betriebe, diese mittels New-Work-Maßnahmen an sich zu binden. Um neue Mitarbeitende zu gewinnen, wird als wesentlicher Faktor die angemessene Höhe des Gehalts genannt. Ist diese Voraussetzung nicht erfüllt, wird der Branche der Rücken gekehrt. Das bedeutet wiederum, dass es deutlich günstiger ist, bestehende Mitarbeitende zu halten als neue zu gewinnen. Dies ist für Betriebe, die dual Studierende oder Studierende mit Nebenjob im Tourismus beschäftigen, eine gute Möglichkeit zu prüfen, ob die Mitarbeitenden zu ihnen passen und diese dann langfristig zu binden. Die Implementierung von New-Work-Maßnahmen könnte bedeuten:

- Moderne Arbeitsumgebungen schaffen (flexible Bürokonzepte, mobiles Arbeiten)
- Work-Life-Blending fördern und Blended Travel (Bleisure Travel, Workation) ermöglichen
- Unternehmenskultur überdenken (Wertschätzung)
- Empowerment unterstützen
- Führung und Management auf New Work ausrichten (Servant Leadership, transformationale Führung)
- Mit anderen Unternehmen kooperieren (z. B. für Weiterbildungsmöglichkeiten)

Unternehmen wie TUI und Accor haben bereits umfassende New-Work-Konzepte implementiert. TUI bietet beispielsweise flexible Workation-Modelle an, die es den Mitarbeitenden ermöglichen, aus dem Ausland zu arbeiten. Dazu gehört der TUI Workation Index, der eine Vielzahl von Ländern weltweit mit detaillierten Angaben zu Breitbandgeschwindigkeit, Mobilfunkgeschwindigkeit, Breitbandkosten, Sonnenstunden (Hochsaison und Nebensaison) sowie der jeweiligen Zeitzone umfasst. Darüber hinaus offeriert TUI spezifische Workation-Angebote in ihren Hotels (TUI, 2025). Accor setzt verstärkt auf hybride Arbeitsmodelle, agile Teamstrukturen und dezentrale Entscheidungsstrukturen. Untersuchungen zeigen, dass derartige Maßnahmen die Mitarbeiterzufriedenheit signifikant erhöhen und gleichzeitig die Arbeitgeberattraktivität stärken (Werther & Brenning, 2024). Die Möglichkeit zu mehr Flexibilität und Eigenverantwortung führt dazu, dass sich Beschäftigte stärker mit ihrem Unternehmen identifizieren und langfristig an dieses binden. Die Beispiele zeigen, wie sich moderne Arbeitswelten im Tourismus erfolgreich umsetzen lassen.

Fazit

Die Studie zeigt, dass die Tourismusbranche vor erheblichen Herausforderungen steht, insbesondere bei der Personalgewinnung und -bindung. Die Ergebnisse verdeutlichen, dass Faktoren wie gutes Teamwork, Arbeitsklima und Wertschätzung entscheidend für den Verbleib in der Branche sind. Für eine Rückkehr in die Tourismusbranche spielen vor allem wettbewerbsfähige Gehälter eine zentrale Rolle. Unternehmen sollten sich stärker an den Wertewandel und die New-Work-Prinzipien anpassen, um langfristig attraktiv zu bleiben. Maßnahmen wie flexible Arbeitsmodelle, moderne Unternehmenskultur und gezielte Entwicklung der Mitarbeitenden sind essenziell, um Fachkräfte zu gewinnen und zu halten.

Gleichzeitig sind einige Limitationen der Studie zu berücksichtigen. Die Stichprobe entspricht hinsichtlich zentraler Merkmale wie Alter und Geschlecht der Grundgesamtheit der Tourismusstudierenden an der IU Internationale Hochschule. Allerdings ist diese Grundgesamtheit nicht ohne Weiteres mit allen Tourismusstudierenden in Deutschland gleichzusetzen, da es sich um eine private Hochschule handelt und der Großteil der befragten Studierenden ein duales Studium absolvierte. Um die Übertragbarkeit der Ergebnisse auf die Gesamtheit der Tourismusstudierenden in Deutschland zu gewährleisten, wäre daher eine Ausweitung der Stichprobe auf weitere Hochschularten und Studienformate erforderlich.

Darüber hinaus besteht weiterer Forschungsbedarf im Hinblick auf mögliche Unterschiede zwischen den Teilbranchen des Tourismus. Es bleibt offen, ob sich die Anforderungen und Erwartungen an Arbeitgebenden etwa in der Hotellerie, bei Reiseveranstaltern, im Destinationsmanagement oder in der Eventbranche signifikant unterscheiden. Eine differenzierte Betrachtung dieser Teilbranchen könnte tiefergehende Erkenntnisse für branchenspezifische Personalstrategien liefern.

Literatur

Bergmann, F. (2019). *New Work – New Culture*. Work we want and a culture that strengthens us. Zero Books.

Brademann, I. & Piorr, R. (2019). Generation Z – Analyse der Bedürfnisse einer Generation auf dem Sprung ins Erwerbsleben. In B. Hermeier, T. Heupel & S. Fichtner-Rosada (Hrsg.), *Arbeitswelten der Zukunft. Wie die Digitalisierung unsere Arbeitsplätze und Arbeitsweisen verändert* (S. 345–360). Springer.

Bundesinstitut für Bevölkerungsforschung. (2024). *Erwerbsbevölkerung.* https://www.demografie-portal.de/DE/Fakten/erwerbsbevoelkerung.html (letzter Aufruf: 06.11.2024).

Bundeszentrale für politische Bildung. (2024). *Bruttoverdienste.* In *Sozialbericht 2024.* https://www.bpb.de/kurz-knapp/zahlen-und-fakten/sozialbericht-2024/553153/bruttoverdienste/ (letzter Aufruf: 17.03.2025)

Burzinski, M.; Kaiser, C. (2022). *Mitarbeiterzufriedenheit als permanente Schlüsselaufgabe.* Vortrag am Deutschen Tourismustag 2022.

Choi, S. L., Goh, C. F., Adam, M. B. H. & Tan, O. K. (2016). Transformational leadership, empowerment, and job satisfaction: the mediating role of employee empowerment. Human resources for health, 14(1), 1–14. https://doi.org/10.1186/s12960-016-0171-2

Deutscher Bundestag. (2023a). *Sachverständige warnen vor Fachkräftemangel in der Tourismusbranche.* https://www.bundestag.de/dokumente/textarchiv/2023/kw06-pa-tourismus-929082 (letzter Aufruf: 06.11.2024).

Deutscher Bundestag. (2023b). *Tourismus im Aufwind, Branche sorgt aber Fachkräftemangel.* https://www.bundestag.de/dokumente/textarchiv/2023/kw19-pa-tourismus-aufschwung-946220 (letzter Aufruf: 06.11.2024).

Ernst & Young (2013). *Absolventenstudie 2012–2013.*

Gardini, M. A. (2024). Personalmanagement in der Tourismusbranche: Herausforderungen und Lösungsansätze. Springer.

Gomez, K.; Mawhinney, T.; Betts, K. (o. J.). *Welcome to Generation Z*. Deloitte. www2.deloitte.com/content/dam/Deloitte/us/Documents/consumer-business/welcome-to-gen-z.pdf (letzter Aufruf: 06.11.2024).

Grill-Schubert, C. (2023). *Best Workplaces for Millennials™ 2023. So finden und halten Beste Arbeitgeber Mitarbeitende der Generation Y*. Great Place to Work Austria.

Hays. (2022). *HR-Report 2022. Organisationen unter Druck*. https://www.hays.de/documents/10192/118775/Hays_Studie-HR-Report-2022.pdf (letzter Aufruf: 06.11.2024).

Hofmann, J., Piele, A. & Piele, C. (2021). *New Work. Best Practices und Zukunftsmodelle*, Fraunhofer-Institut für Arbeitswirtschaft und Organisation IAO.

Kienbaum Institut (2018). *Arbeitest Du noch oder lebst Du schon? Die Karriereorientierung der Generation Y: Eine Bilanz*. https://www.kienbaum.com/publikationen/arbeitest-du-noch-oder-lebst-du-schon/ (letzter Aufruf: 06.11.2024).

Kim, J., Yang, J. & Lee, Y. (2023). The Impact of Transformational Leadership on Service Employ-ees in the Hotel Industry. *Behavioral Sciences*, 13(9), 731. https://doi.org/10.3390/bs13090731.

Krosnick, J. A., & Presser, S. (2010). Questionnaire design. In J. D. Wright & P. V. Marsden (Eds.), *Handbook of Survey Research* (2nd ed., pp. 263–313). Emerald Group Publishing Limited.

Neumann, P., Pastowski, S. & Carpinelli, S. (2024). *Bleisure Travel – Potenziale und Handlungsempfehlungen für die Tourismuspraxis*. Discussion Paper. https://res.cloudinary.com/iugroup/image/upload/v1723208352/DP_TOURISMUS_2024_Neumann_Pastowski_Carpinelli_fnartk.pdf (letzter Aufruf: 17.03.2025).

Papasabbas, L. & Pfuderer, N. (2021). *New Work. Die Generation Z in der Arbeitswelt von morgen*. Peek & Cloppenburg, Düsseldorf.

Parment, A. (2023). *Die Generation Z. Die Hoffnungsträgergeneration in der neuen Arbeitswelt*. Springer.

Plaikner, A., Haid, M., Kallmuenzer, A. & Kraus, S. (2023). Employer Branding in Tourism: How to Recruit, Retain and Motivate Staff. *Journal of Tourism and Services*, 27(14), 1–21. https://doi.org/10.29036/jots.v14i27.666

Racolta-Paina, N. D. & Irini, R. D. (2021). Generation Z in the Workplace through the Lenses of Human Resource Professionals – A Qualitative Study. *Quality – Access to Success*, 22(183), 78–85.

Randstad. (2021). *Employer Brand Research 2021. Global Report*. https://workforceinsights.randstad.com/hubfs/REBR%202021/Randstad-Employer-Brand-Research-Global-Report-2021.pdf (letzter Aufruf: 06.11.2024).

Randstad. (2022). Employer Brand Research 2022. Global Report. https://www.randstad.com/s3fs-media/rscom/public/2023-05/rebr_2022_global_report.pdf (letzter Aufruf: 06.11.2024).

Spreitzer, G. M. (1995). Psychological Empowerment in the Workplace: Dimensions, Measurement, and Validation. Academy of Management Journal, 38(5), 1442–1465. https://doi.org/10.2307/256865

Statistisches Bundesamt. (2025). *Erwerbstätigkeit. Erwerbsbeteiligung der Bevölkerung im Alter von 15 bis 74 Jahren nach Quartalen und Geschlecht*. https://www.destatis.de/DE/Themen/Arbeit/Arbeitsmarkt/Erwerbstaetigkeit/Tabellen/ilo-quartal-geschlecht.html (letzter Aufruf: 17.03.2025).

TUI (2025). *Workation@TUI: Verbinde Arbeit mit Urlaub am Meer oder in den Bergen*. https://www.tui.com/workation/ (letzter Aufruf: 17.03.2025).

Väth, M. (2024). *Die fünf Prinzipien von New Work Unternehmen*. https://humanfy.de/new-work-charta/ (letzter Aufruf: 06.11.2024).

Weitzel, T., Maier, C., Weinert, C., Pflügner, K., Oehlhorn, C. & Wirth, J. (2020). *Generation Z – die Arbeitnehmer von morgen*. https://www.uni-bamberg.de/fileadmin/isdl/Recruiting_Trends_2020/Studien_2020_05_Generation_Z_Web.pdf (letzter Aufruf: 06.11.2024).

Werther, S., Brenning, S. (2024). New Work – ein konzeptioneller Überblick. In C. Chang, M.A. Gardini & S. Werther (Hrsg.), *New Work, Leadership und Human Resources Management im Tourismus. Konzepte und Instrumente für eine sich verändernde Arbeitswelt* (S. 107–137). SpringerGabler.

Yukl, G. (2013). *Leadership in organizations* (8. Auflage). Pearson.

Jens Rüdiger* und Axel Dreyer

Chapter 13
Kano-Modell zu Messung der Erwartungen von Fahrradtouristen an das Leistungsangebot von Beherbergungsbetrieben

Zusammenfassung: Der Fahrradtourismus hat sich in den letzten Jahrzehnten zu einer der dynamisch wachsenden Freizeitaktivitäten entwickelt. Die Grundlage findet sich in den 1980er Jahren, als mit einer aufkommenden Freizeitwelle und wachsendem Gesundheits- und Fitnessbewusstsein das Fahrrad vom einem Gebrauchsverkehrsmittel zunehmend zu einem Freizeitverkehrsmittel wurde. Fahrradweiterentwicklungen des Mountainbikes und E-Bikes machten das Fahrrad für neue Zielgruppen und weitere Kreise interessant. Die gesellschaftliche Bedeutung des Fahrrades – auch mit Blick auf den Klimawandel – ist daher ungebrochen und nimmt in seiner Relevanz stetig zu. Um das Fahrrad im touristischen Kontext nutzen zu können und Fahrradtourismus im engeren Sinne durchführen zu können, müssen sich Beherbergungsbetriebe auf diese Zielgruppe und deren Bedürfnisse einrichten und über Kenntnisse verfügen, was die Erwartungen von Fahrradtouristen umfassen. Da noch wenig wissenschaftliche Literatur im Zusammenhang von Fahrradtourismus und Beherbergungsbetrieben existiert, wurde die Forschungsfrage aufgestellt: „Welche Erwartungshaltung knüpfen Fahrradtouristen an das Leistungsangebot von Beherbergungsbetrieben?". Die Basis zur Beantwortung dieser Frage stellt das Kano-Modell. Ziel der Studie ist es, Beherbergungsbetrieben und fahrradtouristischen Destinationen eine Grundlage zu geben, um die Attraktivität des touristischen Angebotes zu verbessern.

Abstract: In recent decades, cycle tourism has developed into one of the most dynamically growing leisure activities. The basis for this can be found in the 1980s, when the bicycle increasingly developed from a means of transport for everyday use into a means of leisure transport, with the advent of a wave of leisure activities and growing health and fitness awareness. Further developments in the bicycle, such as the mountain bike and e-bike, made the bicycle interesting for new target groups and wider circles. The social importance of the bicycle – also about climate change – is therefore unbroken and is constantly increasing in relevance. In order to be able to use the

---

*Korrespondierender Autor: Jens Rüdiger, IU Internationale Hochschule – Mannheim, Augustaanlage 65, D-68165, Mannheim, e-mail: jens.ruediger@iu.org
Axel Dreyer, Hochschule Harz, Institut für Tourismusforschung, e-mail: adreyer@hs-harz.de

https://doi.org/10.1515/9783111706511-013

bicycle in a tourist context and to be able to carry out bicycle tourism in the narrower sense, accommodation providers must adapt to this target group and their needs and have knowledge of what the expectations of bicycle tourists include. Since there is still little scientific literature on the connection between cycle tourism and accommodation, the research question was formulated as follows: "What expectations do cycle tourists have of the services offered by accommodation providers?" The Kano model provides the basis for answering this question. The aim of the study is to provide accommodation providers and cycle tourism destinations with a basis for improving the attractiveness of their tourism offerings.

Schlüsselwörter: Fahrradtourismus, Kano-Modell, Fahrrad

Keywords: Cycle tourism, KANO model, bicycle

Einführung

Die Bedeutung des Fahrrades als Verkehrsmittel für die Freizeit hat in den vergangenen 40 Jahren an Bedeutung zugenommen. Eine außergewöhnliche Zeit der Nachfrage war dabei die Zeit der COVID19-Pandemie, da das Verkehrsmittel Fahrrad mit den meisten menschlichen Kontaktregeln in dieser Zeit vereinbar war (Handelsblatt, 2023). Doch auch nach der Pandemie bleibt das Fahrrad als Verkehrsmittel beliebt. Ergebnisse verschiedener Untersuchungen in Deutschland bestätigten dies (Sinus, 2023; ADFC, 2024). Die Relevanz des Fahrrades schlägt sich auch in der touristischen Nachfrage nieder: So sind viele Menschen zunehmend offen für einen Urlaub oder eine Reise, in dem das Fahrrad eine zentrale Rolle einnimmt. In Deutschland kommt für 36 Prozent der Wohnbevölkerung zwischen 14 und 69 Jahren ein Kurzurlaub mit ein bis drei Übernachtungen und für 21 Prozent ein Fahrradurlaub mit mindestens vier Übernachtungen grundsätzlich als Urlaubsform in Betracht (SINUS Markt- und Sozialforschung GmbH, 2023). Hieraus ergibt sich als eine Kernfrage: Welche Erwartungshaltung knüpfen Fahrradtouristen an das Leistungsangebot von Beherbergungsbetrieben?

Zur Beantwortung der Forschungsfrage existiert wenig wissenschaftliche Literatur. Insbesondere im deutschsprachigen Raum erfolgte eine Konzentration auf einzelne Segmente des Radtourismus (u. a. Rommelmann und Groß, 2016). Aus diesem Grund finden sich kaum systematische und ganzheitliche Betrachtungen. Es dominieren Studien des Interessenverbandes ADFC und Regionalstudien, die großteils von Beratungsunternehmen durchgeführt wurden. Die Beziehungen zwischen Radfahrenden und Beherbergungsbetrieben sind dabei selten Gegenstand der Betrachtung.

Vom Radverkehr zum Fahrradtourismus

Die wissenschaftliche Abgrenzung zwischen Fahrradfahren im Alltag oder in der Freizeit vom eigenen Wohnumfeld startend und Fahrradtourismus ist vielschichtig. Hier erfolgt eine Konzentration auf die Definition: „Radtourismus im engeren Sinne beinhaltet demnach die Aktivitäten von Personen, die an Orte außerhalb ihrer gewohnten Umgebung reisen und bei denen das Radfahren einen wesentlichen Bestandteil der Reise darstellt. Von Radurlaub wird darüber hinaus gesprochen, wenn die vorübergehende Abwesenheit vom Wohnort mindestens eine Übernachtung einschließt" (Dreyer, 2012).

Fahrradtourismus hat sich erst in den 1980er Jahren als Urlaubsform etabliert und ist inzwischen zu einer festen Größe auf dem Reisemarkt geworden. Dabei muss zwischen den Touristen, die das Fahrradfahren als zentralen Bestandteil ihrer Reise ansehen (Radeln als Hauptmotiv), und denjenigen, die während der Reise bisweilen das Fahrrad nutzen (Nebenmotiv), unterschieden werden. Als Treiber der Entwicklung hat sich das Elektrofahrrad erwiesen (umgangssprachlich e-bike, wissenschaftlich Pedelec – pedal electric cycle), was an die Infrastruktur unterwegs sowie in Gastronomie und Beherbergungsbetrieben neue Anforderungen stellt (Lademöglichkeiten, sichere Aufbewahrung der hochwertigen Elektrofahrräder etc.) (Groß, 2024).

Formen des Fahrradtourismus

Über Pedelecs hinaus spielen eine Reihe anderer Fahrradtypen ebenfalls eine Rolle im Tourismus. Gästegruppen und Reise-/Aktivitätsverhalten stehen dabei durchaus im Zusammenhang mit den unterschiedlichen Fahrradtypen. Es dominieren Fahrräder bzw. Cityräder mit und ohne Elektroantrieb. In weiteren, größeren Marktsegmenten sind Mountainbiker (ebenfalls teilweise mit Elektroantrieb) und Rennradler unterwegs, bei denen jeweils eher sportliche Motive im Vordergrund stehen (Groß, 2024).

Reisende legen im wesentlichen Wert auf schöne und intakte Natur sowie kulturelle Besichtigungsmöglichkeiten. Wesentliche Treiber des Fahrradtourismus insgesamt stehen im Zusammenhang mit einem nachhaltigen Lebensstil, zunehmendem Umweltbewusstsein, gesundheitlichen Aspekten und dem sogenannten Slow Tourism, der u. a. auf bewusster Entschleunigung und den Facetten regionale kulinarischer Genüsse auf Reisen beruht.

Beherbergungsalternativen für Fahrradtouristen

Grundsätzlich wird in der Beherbergungsindustrie zwischen Betrieben unterschieden, die sich ohne erkennbare Marktsegmentierung an Massenmärkte richten und sich an ein breites Publikum wenden (häufig bei Stadthotels zu beobachten), sowie

Unternehmen mit einem klar auf Zielgruppen ausgerichteten Spezialangebot (z. B. Wellnesshotels). Bei den Beherbergungsbetrieben mit potenziellen Fahrradgästen liegt eine gewisse Spezialisierung vor, die jedoch in den allermeisten Fällen nicht das gesamte Haus prägt. Mit anderen Worten: reine Fahrradhotels sind die absolute Ausnahme (Reiche, 2012). Dennoch hat sich der ADFC für Beherbergungsbetriebe mit erhöhter Fahrradfreundlichkeit eingesetzt und Betrieben die Möglichkeit verschafft, sich mit einem bett + bike-Logo des ADFC als fahrradfreundlich auszuweisen, wenn bestimmte Mindestanforderungen erfüllt werden.

Zu den verpflichtenden Grundleistungen zählt:
– Aufnahme von Fahrradgästen kurzfristig für eine Nacht
– Abschließbarer Raum zur Aufbewahrung der Fahrräder über Nacht
– Raum zum Trocknen von Kleidung und Ausrüstung
– Angebot eines vollwertigen Frühstücks
– Informationen zum regionalen touristischen Angebot für Radurlauber/-innen
– Bereitstellung eines Basisreparatursets
– Kontakt zu einer Fahrradwerkstatt

Um das Markierungslogo des ADFC zu erhalten, kommen drei optionale Leistungen aus folgender Liste hinzu:
– Beratung der Gäste bei der Buchung hinsichtlich einer umweltfreundlichen An- und Abreise mit öffentlichen Verkehrsmitteln (insbesondere zur Fahrradmitnahme)
– Hol- und Bringdienst für radfahrende Gäste
– Leih- oder Mietradangebot
– Verleih von E-Bikes
– E-Bike-Ladestationen
– Angebot von Tagestouren
– Gepäcktransfer zur nächsten Unterkunft
– Kooperation mit einer Fahrradwerkstatt
– Verleih von Navigationsgeräten
– WLAN-Nutzung inklusive
– Lunchpaket

Zertifizierte Betriebe mit dem Logo des ADFC werden damit nicht unbedingt zu Spezialhotels, machen jedoch Werbung in eigener Sache für Fahrradurlauber/-innen als potenzielle Gäste. Der Anstieg in der Zertifizierungs-Nachfrage der Beherbergungsbetriebe von 216 im Jahr 1995 auf rund 5.900 Betriebe im Jahr 2024 unterstreicht die wachsende Attraktivität des Marktsegments und den wachsenden Wunsch, radfahrende Gäste zu beherbergen (ADFC, o. J.).

Methodik

In der Forschungsarbeit wird die Erwartungshaltung von Fahrradtouristen, bei denen die Fahrradnutzung ein wesentlicher Bestandteil des Urlaubes ist, anhand des Kano-Modells der Gästezufriedenheit (Rüdiger und Wegener, 2023) untersucht. Die Grundlage der Fragen bildete eine qualitative Expertenbefragung. Zur Beantwortung der Forschungsfrage wurden die Ergebnisse der qualitativen Befragung in eine quantitative Befragung von 20 funktionalen und 20 dysfunktionalen Fragenformulierung überführt. Diese wurden in die vier verschiedenen Dimensionen „soziale Interaktion", „Annehmlichkeiten", „Sicherheit" und „zusätzlicher Komfort" eingruppiert. Die Basis der Dimensionswahl bildeten Forschungsarbeiten aus dem Bereich des Fahrradtourismus. Der Fragebogen wurde auf diversen „Fahrradgruppen" auf der Social-Media-Plattform „Facebook" beworben.

Das vorliegende Forschungsdesign nutzt das Kano-Modell, um die Erwartungshaltung von Fahrradtouristen und -touristinnen an das Leistungsangebot von Beherbergungsbetrieben zu ermitteln. Das von Noriaki Kano von der Science University of Tokio entwickelte Kano-Modell erklärt den Zusammenhang zwischen der Erfüllung von Anforderungen und Zufriedenheit der Kundinnen und Kunden. Seinen Ursprung fand das Kano-Modell in den 1970er Jahren, als die Firma Konica (Minolta Kameras) erkannte, dass ihre neue Kamera sich grundlegend von den damaligen Marktangeboten unterscheiden musste (Gregory und Parsa, 2013).

Kano-Modell

Der Prozess im Rahmen des Kano-Modells umfasst die Identifikation relevanter Produktanforderungen, die sorgfältige Konstruktion eines Fragebogens basierend auf funktionalen und dysfunktionalen Fragen und die systematische Auswertung der erhobenen Daten. Für jede Produktanforderung werden zwei Fragen mit jeweils fünf Antwortmöglichkeiten formuliert. Zuerst richten sich alle funktionalen Fragen auf die Reaktion des Kunden bzw. der Kundin bei Vorhandensein des jeweiligen Merkmals. Anschließend untersuchen die dysfunktionalen Fragen deren Reaktion, wenn das Merkmal nicht gegeben ist. Durch diese Trennung wird sichergestellt, dass die Befragten unabhängig und objektiv bewerten, was zu authentischeren Ergebnissen führt. Die Datenerhebung zielt darauf ab, authentische Meinungen der Kundschaft zu erfassen, weshalb es entscheidend ist, kognitive Verzerrungen zu minimieren und eine Beeinflussung der Antworten durch vorherige Fragen zu vermeiden. Die Antwortoptionen sind für beide Fragetypen dieselben und reichen von „Das würde mich freuen" bis „Das setze ich voraus" und „Das ist mir egal" bis hin zu „Das könnte ich akzeptieren" sowie „Das würde mich stören" (Sauerwein, 2000).

Das Kano-Modell unterscheidet im Ergebnis zwischen drei verschiedenen Ebenen der Bedürfnisbefriedigung:

- Als Muss-Kriterien werden Grundanforderungen ("Unzufriedene") bezeichnet, die vom Kunden oder von der Kundin zwar angenommen und als wichtig erachtet werden, aber unbewusst keine Auswirkungen auf die Zufriedenheit haben und keine Möglichkeiten zur Differenzierung vom Wettbewerb bieten.
- Leistungsanforderungen ("Criticals") oder eindimensionale Kriterien hingegen sind explizit formuliert und können sich sowohl auf die Zufriedenheit als auch auf die Unzufriedenheit mit einer Dienstleistung auswirken. Sie haben sowohl explizit als auch implizit eine hohe Relevanz aus Sicht des Kunden oder der Kundin.
- Begeisterungsfaktoren ("Satisfiers") schließlich wirken sich als Attraktivitätskriterien nur dann auf die Zufriedenheit aus, wenn sie nicht explizit formuliert und erwartet werden und somit auch nicht explizit, sondern nur unbewusst berücksichtigt werden (Bruhn, 2020). Begeisterungsanforderungen werden oft auch als überraschende Momente der Freude bezeichnet. So können gerade diese Anforderungen genutzt werden, um Erlebnisse zu schaffen.

Kano-Auswertungstabelle

Durch die Kombination der zwei Antworten in der Auswertungstabelle lassen sich die Produktanforderungen in bestimmte Kano-Kategorien klassifizieren. Antwortet der Kunde oder die Kundin beispielsweise auf die funktionale Frage „Was würden Sie sagen, wenn Ihre Unterkunft über ein Leih- oder Mietradangebot verfügt?" mit mit „Das würde mich freuen" und auf die dysfunktionale Form der Frage „Was würden Sie sagen, wenn Ihre Unterkunft NICHT über ein Leih- oder Mietradangebot verfügt?" „Das könnte ich akzeptieren", ergibt sich aus dieser Kombination in der Auswertungstabelle die Kategorie „A" (Attractive). Das bedeutet, dass diese Produktanforderung für den Gast ein Begeisterungsmerkmal darstellt, das zur Zufriedenheit beiträgt, jedoch bei Fehlen keine Unzufriedenheit hervorruft. Die ausgewertete Kombination „O" (One-Dimensional) verweist hingegen auf ein Leistungsmerkmal, das einen direkten proportionalen Einfluss auf die Zufriedenheit ausübt. Je besser diese Anforderung erfüllt wird, desto höher fällt die Zufriedenheit aus, während eine Nichterfüllung Unzufriedenheit bewirkt. Die Kategorie „M" (Must-be) signalisiert ein Basismerkmal oder Muss-Kriterium. Das Fehlen dieses Merkmals führt zu Unzufriedenheit, während seine Erfüllung keine gesteigerte Zufriedenheit erzeugt, da es als selbstverständlich betrachtet wird. Die Kategorie „I" (Indifferent) zeigt, dass das betreffende Merkmal für den Kunden oder die Kundin irrelevant ist, das heißt, es spielt keine Rolle, ob es vorhanden ist oder nicht. Ein Ergebnis in der Kategorie „Q" (Questionable) deutet darauf hin, dass der Teilnehmende die Frage möglicherweise missverstanden hat oder eine inkonsistente Antwort gegeben wurde. Schließlich zeigt die Kombination „R" (Reverse) an, dass der Kunde oder die Kundin dieses Merkmal ablehnt und sogar das Gegenteil bevorzugt. Nach der Bestimmung der Anforderungskategorien für jede Produktanforderung und jeden Teilnehmer werden die Ergebnisse zusammengeführt. Dadurch entsteht eine Häufigkeitstabelle, in der die am häufigsten gewählte Kategorie die zugehörige Anforderungskategorie festlegt (Sauerwein, 2000).

Gleichgewichtsregel

Die Gleichgewichtsregel dient der initialen Bewertung, ob eine Produktanforderung für die Zufriedenheit relevant ist oder ob sie als unwesentlich oder gar negativ wahrgenommen wird. Sie fungiert als primärer Filter, um vor der Durchführung weiterer Analysen die Bedeutung eines Merkmals zu bestimmen. Diese Regel unterstützt die Entscheidung, ob eine Anforderung als wesentliches (M, O, A) oder unwesentliches Merkmal (I, Q, R) eingestuft werden sollte. Im Rahmen dessen erfolgt ein Abgleich zwischen positiven (A, O, M) und negativen (I, Q, R) Bewertungen:

$$Wenn\ M + A + O\ >\ I + Q + R = Maximum\ von\ M,\ A\ oder\ O$$

$$Wenn\ M + A + O\ <\ I + Q + R = Maximum\ von\ I,\ Q\ oder\ R$$

Übersteigt die Summe der Basis-, Begeisterungs- und Leistungsmerkmale die der unerheblichen, fragwürdigen und Rückweisungsmerkmale, so wird die Kategorie mit dem höchsten Wert aus den positiven Merkmalen bestimmt. Überwiegt hingegen die Summe der negativen Attribute, wird die Kategorie mit dem höchsten Wert aus diesen herangezogen. Ein solcher Fall tritt beispielsweise auf, wenn die Kategorien „Attractive" und „Indifferent" ähnliche Häufigkeiten aufweisen. In solchen Situationen stellt sich die Frage, ob die Produktanforderung einem unerheblichen (Indifferent) oder einem Begeisterungsmerkmal (Attractive) zugeordnet werden sollte, was durch die Anwendung der beschriebenen Gleichgewichtsregel entschieden wird (Holicki, 2021; Sauerwein, 2000).

Gewichtungsregel

Können Produktanforderungen nicht eindeutig den Kano-Kategorien zugeordnet werden oder liegt ein Gleichstand bzw. ein Unterschied in den Häufigkeiten von etwa 1 % vor, kommt die Gewichtungsregel M > O > A > I zur Anwendung. Diese Regel bestimmt, welche Anforderungen in der Produktentwicklung priorisiert und in welcher Reihenfolge sie bearbeitet werden sollen. Es wird empfohlen, die Ressourcen zunächst auf die Erfüllung der Basismerkmale (M) zu fokussieren, gefolgt von Leistungsmerkmalen (O), Begeisterungsmerkmalen (A) und schließlich den unerheblichen Merkmalen (I) (Holicki, 2021; Sauerwein, 2000).

Category Strength

Eine weitere Methode zur Validierung der Zuordnung einer Anforderung zu einer spezifischen Kategorie ist die Kategorienstärke (CAT). Diese Kennzahl quantifiziert, wie klar ein Merkmal einer bestimmten Kano-Kategorie zugeordnet werden kann, und trägt zum Verständnis bei, ob Kundinnen und Kunden es als Basis-, Leistungs- oder Begeisterungsmerkmal wahrnehmen. Die CAT bewertet die Präzision und Eindeutigkeit der Kategorisierung. Merkmale mit hoher Kategorienstärke gelten als eindeutig und bieten eine verlässliche Grundlage für Entscheidungsprozesse. Zur Berechnung wird folgende Regel angewendet: Prozentsatz häufigste Nennung – Prozentsatz zweithäufigste Nennung > 5 %. Dieser Schwellenwert wird als eindeutige Zuordnung interpretiert (Holicki, 2021; Sauerwein, 2000).

Total-Strength-Methode

Die Total-Strength-Methode liefert zusätzliche Erkenntnisse über die Relevanz einer Produktanforderung, indem die Häufigkeiten der positiven Anforderungskategorien (Attractive, Must-be, One-Dimensional) summiert werden. Erreicht der Prozentsatz A + Prozentsatz O + Prozentsatz einen Wert von über 50 %, gilt das Merkmal als signifikant. Diese Methode erfasst die Gesamtbedeutung eines Merkmals, indem sie den Anteil aller Kundinnen und Kunden aufzeigt, für die die jeweilige Anforderung relevant ist, und verzichtet auf die ausschließliche Betrachtung einer einzelnen Kategorie. Durch die Total-Strength-Methode lässt sich die Gesamtauswirkung eines Merkmals erkennen, was die Priorisierung in der Produktentwicklung unterstützt (Holicki, 2021; Sauerwein, 2000).

Zufriedenheitskoeffizient

Zum Abschluss wird der Zufriedenheitskoeffizient für die Kategorien Begeisterungsanforderung (A), Muss Kriterium (M) und Leistungsmerkmal (O) berechnet. Diese Kennzahl verdeutlicht, wie stark ein bestimmtes Merkmal die Zufriedenheit beeinflusst und setzt sich aus zwei Komponenten zusammen: dem Zufriedenheitskoeffizienten (CS +) und dem Unzufriedenheitskoeffizienten (CS-). Sie geben an, ob die Erfüllung einer Produktanforderung zur Steigerung der Zufriedenheit beiträgt oder lediglich Unzufriedenheit verhindert. Die Berechnung der Koeffizienten basiert auf den Angaben zu Basis-, Leistungs- und Begeisterungsmerkmalen sowie zu indifferenten Attributen. Die Formeln lauten wie folgt:

$$CS+ = A + O/(A + O + M + I)$$
$$CS- = O + M/(A + O + M + I) \, x \, (-1)$$

Die Koeffizienten können Werte zwischen 0 und |1| annehmen. Ein Ergebnis nahe 0 signalisiert, dass die jeweilige Anforderung nur einen geringen Einfluss auf die Zufriedenheit oder Unzufriedenheit ausübt, während ein Wert nahe |1| auf einen starken Zusammenhang hinweist. Ein hoher positiver Koeffizient (näher an + 1) zeigt, dass die Eigenschaft bei Vorhandensein maßgeblich zur Zufriedenheit beiträgt. Ein negativer Wert (näher an -1) deutet hingegen auf erhebliche Unzufriedenheit hin, wenn die Eigenschaft fehlt oder unzureichend erfüllt ist. Folglich sollten Anforderungen mit hohem Zufriedenheitskoeffizienten gezielt weiterentwickelt werden, um die Kundschaft zu begeistern, während Merkmale mit hohem Unzufriedenheitskoeffizienten unbedingt korrekt umgesetzt werden müssen, um Unzufriedenheit zu verhindern (Holicki, 2021; Sauerwein, 2000).

Fong-Test

Zur Bestätigung der statistischen Signifikanz der Zuordnung einer Produktanforderung zu einer Anforderungskategorie werden ausschließlich signifikante Zufriedenheitskoeffizienten berücksichtigt. Hierfür kommt der Fong-Test zur Anwendung, der prüft, ob die Zuordnung einer Produktanforderung zu einer bestimmten Kategorie signifikant ist. Dies ist dann der Fall, wenn folgende Gleichung des Fong-Tests nicht erfüllt wird: In diesem Kontext steht „a" für die Häufigkeit der meistgenannten Kategorie, „b" für die der zweithäufigsten, und „n" für die Anzahl der in die Analyse einbezogenen Teilnehmer. Der Fong-Test dient dazu, festzustellen, ob die Wahrnehmung in Bezug auf die Produktanforderungen ausreichend konsistent ist, um eine eindeutige Zuordnung zu einer Kano-Kategorie zu rechtfertigen. Eine statistisch signifikante Anforderung deutet darauf hin, dass die Mehrheit der Kunden und Kundinnen diese Anforderung in einer bestimmten Weise wahrnimmt, etwa als Basis-, Leistungs- oder Begeisterungsmerkmal. Dies bedeutet, dass das beobachtbare Muster in den Daten nicht zufällig entstanden ist, sondern eine klare Tendenz widerspiegelt. Die Signifikanz bestätigt die Meinungen sowie Präferenzen der Kundschaft und gewährleistet, dass die Zuordnung einer Produktanforderung zu den Kano-Kategorien auf einer soliden Datenbasis beruht. Diese Prüfung unterstützt die Entscheidung, welche Anforderungen in der Produktentwicklung priorisiert oder möglicherweise vernachlässigt werden sollten. Durch die Anwendung des Fong-Tests sowie der Category- und Total-Strength-Methode kann die Qualität der erhobenen Daten validiert werden (Holicki, 2021; Sauerwein, 2000).

Die erläuterten Auswertungsregeln sind in Abbildung 13.1 veranschaulicht.

Kano-Auswertungstabelle
Häufigkeitstabelle

⬇

Gleichgewichtsregel
Wenn M+A+O > I+Q+R = Maximum von M, A oder O   M+A+O < I+Q+R = Maximum von I, Q oder R

⬇

Gewichtungsregel
M>O>A>I

⬇

Category Strength
Prozentsatz häufigste Nennung – Prozentsatz zweithäufigste Nennung > 5%

⬇

Total Strength-Methode
Prozentsatz A + Prozentsatz O + Prozentsatz M > 50%

⬇

Zufriedenheitskoeffizient
CS+ = A+O/(A+O+M+I)   CS- = O+M/(A+O+M+I) x (-1)

⬇

Fong-Test
$\lvert a - b \rvert < 1{,}65 * \sqrt{\dfrac{(a+b)(2*n-a-b)}{2*n}}$

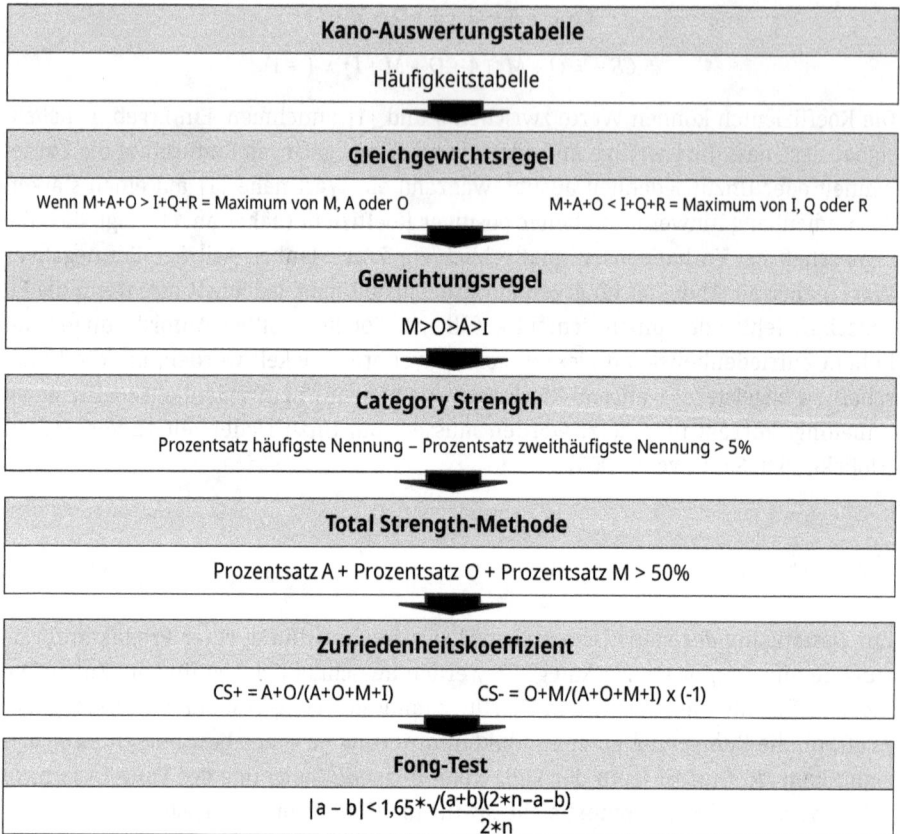

Abbildung 13.1: Auswertungsregeln des Kano-Modell (Quelle: Eigene Darstellung, 2024).

Kritik des Kano-Modell

Frühere Forschungsarbeiten bestätigen die Vorteile des Kano-Modells bei der Kategorisierung von Produktanforderungen nach Präferenzen. Das Kano-Modell ist ein nützliches Instrument zur Ermittlung und Priorisierung verschiedener Ebenen von Zufriedenheitsanforderungen der Kundschaft. Trotzdem ist das Kono-Modell nicht kritikfrei. Neben dem hohen Erhebungsaufwand durch das Antwortpaar aus funktionaler und dysfunktionaler Frage pro Merkmal, können die Antwortoptionen zu einem subjektiven Antwortverhalten führen. Zudem kann das komplexe Modell der funktionalen und dysfunktionalen Frage mit identischen Antwortmöglichkeiten zu einem falschen Verständnis der Befragung führen. Darüber hinaus ist die Annahme, dass attraktive Kriterien nie zu Unzufriedenheit und Muss-Kriterien nie zu Zufriedenheit führen, nicht ausreichend validiert (Sauerwein, 2000). Des Weiteren kann die fehlende theoretische Fundierung des Modells selbst und die Dreiteilung der Anforderungen kritisiert werden (Hölzing, 2008). Dies gilt auch für die Qualitätskriterien wie Kategorienstärke, Gesamtstärke und den Fong-Test. Die Definition dieser Schwellenwerte erscheint teilweise willkürlich.

Ergebnisse im Überblick

Innerhalb des Befragungszeitraums, vom 08.01.2024 bis 28.01.2024, wurde der Fragebogen insgesamt 691-mal angeklickt und von 489 Teilnehmenden begonnen. Die fokussierte Zielgruppe der Teilnehmenden entspricht Radfahrenden, die wechselnde Tagestouren von ihrem Übernachtungsort aus unternehmen. Daher wurde die Filterfrage gestellt, ob die Teilnehmenden in den letzten 3 Jahren eine Urlaubsreise unternommen haben, bei der die Nutzung des Fahrrades wesentlicher Bestandteil der Reise war. 153 Befragungen mussten gelöscht werden, da es sich um Abbrecher handelte oder die Filterfrage verneint wurde. Die Abbruchrate konzentrierte sich überwiegend auf den zweiten Teil des Fragebogens, der dysfunktionalen Fragen, also wenn das Merkmal nicht gegeben ist. Es ist denkbar, dass die umfangreiche Anzahl an Fragen einige Teilnehmende überrascht hat, was zu einem vorzeitigen Abbruch führte. Dies ist ein bekannter Nachteil des Kano-Modells, welcher die Motivation der Teilnehmer erheblich beeinträchtigen kann (Sauerwein, 2000). Insgesamt konnten 336 verwertbare Fragebögen ausgewertet werden. Bei den teilnehmenden Personen gaben 68,3 % an, männlich zu sein und 31,7 % weiblich. Es waren alle Altersgruppen ab 18 Jahren und älter vertreten, mit Schwerpunkt in der Altersgruppe 30 bis 40 Jahre (40,6 %), 26,8 % bildeten die Gruppe 41 bis 59 Jahre, 22,7 % die Gruppe 29 bis 20 Jahre.

Bei der Auswertung wurden vier Produktanforderungen mit dem Merkmal Indifferent identifiziert. Dies waren: Waschplatz für Räder, Verleih von Navigationsgeräten, Wetterinformationen und Verleih von E-Bikes. Unerhebliche oder indifferente Merkmale haben keinen Einfluss auf die Zufriedenheit oder Unzufriedenheit der Kundschaft, unabhängig davon, ob sie vorhanden sind oder nicht. Ihre Relevanz beschränkt sich auf eine sehr spezifische Zielgruppe. Dem Merkmal wird keine größere Bedeutung beigemessen, sodass kein Einfluss auf die Zufriedenheit festzustellen ist, unabhängig von der Erfüllung oder Nichterfüllung der Produktanforderung. So ist der Verleih von E-Bikes für die Zielgruppe, die mit einem E-Bike seinen Radurlaub durchführt, unerheblich, da der Großteil der Reisenden dieses mitführt. Dasselbe zeigt sich bei Verleih von Navigationsgeräten oder Wetterinformationen, da der Anteil der Smartphone-Nutzer an der Bevölkerung in Deutschland im Jahr 2023 rund 82,2 % beträgt (bitkom, 2024).

Die Zuordnung der Antworten zu den jeweiligen Kano-Kategorien erfolgte gemäß der beschriebenen Kano-Auswertungstabelle (siehe Abbildung 13.1). Die daraus gewonnenen Ergebnisse werden in der nachfolgenden Abbildung 13.2 dargestellt. Dabei zeigt sich, dass im Bereich der Begeisterungsmerkmale alle vier Dimensionen „soziale Interaktion", „Annehmlichkeiten", „Sicherheit" und „zusätzlicher Komfort" vertreten sind. Bei den Basismerkmalen ist nur eine Produktanforderung vertreten: Die Bereitstellung von Lunchpaketen. Basismerkmale sind für die Kundschaft grundlegend und selbstverständlich. Sie stellen implizite Muss-Kriterien für ein Produkt dar, die von Kundinnen und Kunden vorausgesetzt werden, jedoch nicht zu erhöhter Zufriedenheit führen. Die Erfüllung dieser Basisanforderungen resultiert in einer „Zufriedenheit", während deren Nichterfüllung Unzufriedenheit und eine negative Wahrnehmung der Qualität zur Folge hat. Im Bereich der Leistungsmerkmale werden nach der Auswertung drei Produktanforderungen kategorisiert: Das Angebot von geführten Radtouren, die Bereitstellung von Basisreparatursets und die Bereitstellung von Informationsmaterialien zu regional touristischen Angeboten. Leistungsmerkmale werden auch als Qualitätsmerkmale oder Soll-Kriterien bezeichnet und ausdrücklich benannt sowie gefordert (Bruhn, 2020; Holicki, 2021). Demnach verhält sich die Zufriedenheit proportional zum Grad der Erfüllung: Je höher der Erfüllungsgrad ist, umso höher ist die Zufriedenheit (Sauerwein, 2000).

Fazit

Die Bedeutung des Fahrrades als Verkehrsmittel für die Freizeit hat seit 40 Jahren an Bedeutung gewonnen. Auch politisch rückt das Fahrrad immer mehr in die Betrachtung: So wird im Vorschlag der europäischen Kommission für eine europäische Erklärung zum Radverkehr an das Europäische Parlament und den Europäischen Rat festgestellt, dass „das Fahrrad als eines der nachhaltigsten, zugänglichsten und inklusivsten, günstigsten und gesündesten Verkehrsmittel und Freizeitbeschäftigungen" ist und eine zentrale Bedeutung für die europäische Wirtschaft und Gesellschaft hat (Europäische Kommission, 2023). Fahrradtourismus als Teilmarkt des Tourismus kann dazu beitragen CO_2 Emissionen zu verringern und zu Bewahrung der natürlichen Umwelt beitragen. Diese politische und gesellschaftliche Relevanz des Fahrrades schlägt sich auch in der touristischen Nachfrage nieder: So sind viele Menschen zunehmend offen für einen Urlaub oder eine Reise, in dem das Fahrrad eine zentrale Rolle einnimmt. Die Befragung der Erwartung von Fahrradtouristen und -touristinnen an das Leistungsangebot von Beherbergungsbetrieben wurde gezielt bei Fahrradgruppen auf Social-Media durchgeführt. Annahme war, dass diese Zielgruppe sich sehr intensiv mit den Bedürfnissen von Radreisenden auseinandersetzt und die Erfahrung mitbringt, die Gegebenheiten bei Beherbergungsbetrieben im Kontext des Fahrradtourismus zu interpretieren. Daher ist es umso erstaunlicher, dass Produktanforderungen wie Möglichkeit zum Austausch mit anderen Radfahrenden, fachliche Beratung der Mitarbeitenden, E-Bike Ladestationen oder einen Raum zum Trocknen von Kleidung und Ausrüstung als Begeisterungsmerkmale eingruppiert werden. Begeisterungsmerkmale sind sogenannte Kann-Kriterien und werden von Gästen weder ausdrücklich formuliert noch erwartet. Aus diesem Grund führt eine Nichterfüllung dieser Anforderungen nicht zur Unzufriedenheit, sofern alle anderen Faktoren das vom Gast definierte Leistungsniveau aufweisen. Die Ein-

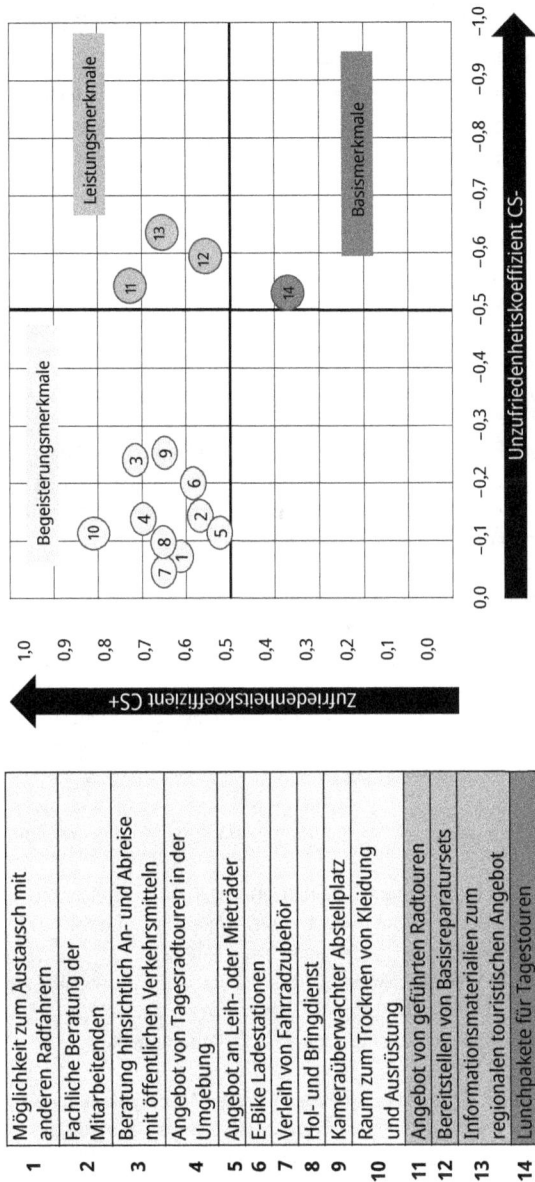

	Merkmal
1	Möglichkeit zum Austausch mit anderen Radfahrern
2	Fachliche Beratung der Mitarbeitenden
3	Beratung hinsichtlich An- und Abreise mit öffentlichen Verkehrsmitteln
4	Angebot von Tagesradtouren in der Umgebung
5	Angebot an Leih- oder Mieträder
6	E-Bike Ladestationen
7	Verleih von Fahrradzubehör
8	Hol- und Bringdienst
9	Kameraüberwachter Abstellplatz
10	Raum zum Trocknen von Kleidung und Ausrüstung
11	Angebot von geführten Radtouren
12	Bereitstellen von Basisreparatursets
13	Informationsmaterialien zum regionalen touristischen Angebot
14	Lunchpakete für Tagestouren

Abbildung 13.2: Erwartungen von Fahrradtouristen an das Leistungsangebot von Beherbergungsbetrieben (Quelle: Eigene Darstellung, 2024).

gruppierung der Produktanforderungen in Begeisterungsmerkmale zeigt, dass sich diese Angebote in den Beherbergungsbetrieben noch nicht verstetigt haben und die Servicequalität im Fahrradtourismus noch deutlich gesteigert werden kann. Dies wäre eine Voraussetzung, um die Attraktivität von Fahrradreisen in der Breite der Gesellschaft zu gewährleisten und weiter auszubauen.

Literatur

ADFC (o.J.): Gastgeberportal. URL: https://portal.bettundbike.de/certification/. (Letzte Einsichtnahme am 17.03.2025).

ADFC (2024): ADFC-Radreiseanalyse 2024. URL: https://www.adfc.de/artikel/adfc-radreiseanalyse-2024. (Letzte Einsichtnahme am 17.03.2025).

Bitkom (2024): 44 Millionen Deutsche nutzen ein Smartphone. URL: https://www.bitkom.org/Marktdaten/ Konsum-Nutzungsverhalten/Facts-zu-Mobile-Life.html#:~:text=Inzwischen%20verwenden%2063% 20Prozent%20der,die%20Digicam%20oder%20den%20Wecker. (Letzte Einsichtnahme am 17.03.2025).

Bruhn, M. (2020): Qualitätsmanagement für Dienstleistungen. Handbuch für ein erfolgreiches Qualitätsmanagement. Grundlagen – Konzepte – Methoden. Vol. 12.

Dreyer, A. (2012): Radfahren als Teil des Sporttourismus. In: Dreyer, Axel; Mühlnickel, Rainer und Miglbauer, Ernst (Hg.): Radtourismus. München: Oldenbourg Wissenschaftsverlag, S. 1–4.

Europäische Kommission (2023): Die Kommission schlägt eine Liste von Grundsätzen zur Förderung des Radfahrens in ganz Europa vor. URL: transport.ec.europa.eu/news- events/news/commission-proposes -list-principles-boost-cycling-across-europe-2023-10- 04_en. (Letzte Einsichtnahme am 17.03.2025).

Gregory, A. M. und Parsa, H. G. (2013). Kano's Model: An Integrative Review of Theory and Applications to the Field of Hospitality and Tourism. *Journal of Hospitality Marketing & Management*, *22*(1), 25–46. https://doi.org/10.1080/19368623.2011.641073.

Groß, S. (2024): Handbuch Tourismus und Verkehr, Kap. 7.1.8 Radfahren, 3. vollst. Überarb. Und erw. Aufl., Tübingen: UVK, S. 314–326.

Handelsblatt (2023): Wie Fahrradhändler auf das Fahrradboom-Ende reagieren. URL: www.handelsblatt. com/unternehmen/handel-konsumgueter/fahrrad-und-e-bike-wie-fahrra-dhaendler-auf-das- fahrradboom-ende-reagieren-/29172666.html. (Letzte Einsichtnahme am 17.03.2025).

Holicki, R. (2021). *Kano-Modell: Analyse – Teil 3 der SEEBURGER-Reihe*. SEEBURGER Blog. URL: https://blog.see burger.com/de/wie-wertet-man-das-Kano-modell-aus/. (Letzte Einsichtnahme am 17.03.2025).

Hölzing, J. (2008). Die Kano-Theorie der Kundenzufriedenheitsmessung. Dissertation Universität Mannheim.

Reiche, W. (2012): Fallbeispiel: Fahrradfreundliche Gastbetriebe Bad+Bike, In: Dreyer, Axel; Mühlnickel, Rainer und Miglbauer, Ernst (Hg.): Radtourismus. München: Oldenbourg Wissenschaftsverlag, S. 81–86.

Rommelmann, J. und Groß, S. (2016): Rennradtourismus im Harz – Herausforderungen und Potentiale. In: Verkehrszeichen 32. Jahrgang (3). URL: https://www.researchgate.net/publication/310604333_Renn radtourismus_im_Harz_-_Herausforderungen_und_Potentiale. (Letzte Einsichtnahme am 17.03.2025).

Rüdiger, J. und Wegener, L. (2023): KANO Model for experience quality measurement of wine tourism events. Zeitschrift für Tourismuswissenschaft. https://doi.org/10.1515/tw-2023-2010.

Sauerwein, E. (2000): *Das Kano-Modell der Kundenzufriedenheit*. Deutscher Universitätsverlag. https://doi. org/10.1007/978-3-322-90890-2.

SINUS Markt- und Sozialforschung GmbH (2023): Fahrrad-Monitor 2023 – Ergebnisse einer re-präsentativen Online-Befragung. URL: bmdv.bund.de/SharedDocs/DE/Anlage/StV/fahrrad-monitor- langfassung.pdf?blob=publicationFile. (Letzte Einsichtnahme am 17.03.2025)

Autoreninformation

Lukas Schmidt
Deutsche Sporthochschule Köln, Am Sportpark Müngersdorf 6, D-50933 Köln
l.schmidt@dshs-koeln.de, +49-221-4982-7820

Lukas Schmidt ist wissenschaftlicher Mitarbeiter und Doktorand am Institut für Outdoor Sport und Umweltforschung an der Deutschen Sporthochschule Köln. Er hat einen Master-Abschluss in Sporttourismus und Destinationsmanagement. In seiner Doktorarbeit befasst er sich mit der Schnittstelle von Klimawandel und Outdoor Sport, mit besonderem Augenmerk auf Klimaanpassungsstrategien.

Laszlo Ziehmann
Deutsche Sporthochschule Köln, Am Sportpark Müngersdorf 6, D-50933 Köln
j.ziehmann@dshs-koeln.de, +49-221-4982-8100

Laszlo Ziehmann ist wissenschaftliche Hilfskraft am Institut für Outdoor Sport und Umweltforschung an der Deutschen Sporthochschule Köln. Er ist Master Student im Studiengang Sporttourismus und Destinationsmanagement. Sein Schwerpunkt liegt derzeit im Bereich Trailkonzeption und Beschilderungsplanung.

Frank Armbruster
Deutsche Sporthochschule Köln, Am Sportpark Müngersdorf 6, D-50933 Köln
frank.armbruster@wwl-web.de, +49 160 99 60 74 71

Frank Armbruster ist freier Mitarbeiter am Institut für Outdoor Sport und Umweltforschung an der Deutschen Sporthochschule Köln. Er erarbeitet seit über 25 Jahren eingriffs- bzw. projektbezogene Umwelt- und Naturschutzfachplanungen.

Prof. Dr. Ralf Roth
Deutsche Sporthochschule Köln, Am Sportpark Müngersdorf 6, D-50933 Köln
roth@dshs-koeln.de, +49-221-4982-7380

Ralf Roth ist Leiter des Instituts für Outdoor Sport und Umweltforschung und des M.Sc. Studiengangs „Sporttourismus und Destinationsmanagement" an der Deutschen Sporthochschule Köln. Seine Forschungsschwerpunkte liegen im Bereich der nachhaltigen Entwicklung von Strukturen, Umweltbedingungen und Settings für Outdoorsport, als bestimmende Faktoren für das Bewegungsverhalten und die künftige sporttouristische Nachfrage.

Rebekka Weis, M.A.
Deutsches Institut für Tourismusforschung, FH Westküste (DI Tourismusforschung), Fritz-Thiedemann-Ring 20, D-25746 Heide
weis@fh-westkueste.de, +49 481 85 55 572

Rebekka Weis ist seit 2012 an der Fachhochschule Westküste tätig, zunächst im Institut für Management und Tourismus und seit 2020 als Projektmitarbeiterin im DI Tourismusforschung. Ihre Forschungen beschäftigen sich mit dem Image von Mobilität, Einstellungen zu Energieträgern im Zusammenhang mit Tourismus sowie Natur- und Wandertourismus.

https://doi.org/10.1515/9783111706511-014

Dipl.-Kfm. (FH) Christian Eilzer, M.A.
Deutsches Institut für Tourismusforschung, FH Westküste (DI Tourismusforschung), Fritz-Thiedemann-Ring 20, D-25746 Heide
eilzer@fh-westkueste.de, +49 481 85 55 539

Christian Eilzer ist Mitglied des Vorstands sowie Leitungsreferent im DI Tourismusforschung. Er ist seit 2004 an der Fachhochschule Westküste tätig, dort seit 2006 im Institut für Management und Tourismus bzw. ab 2020 im neu gegründeten DI Tourismusforschung. Zudem ist er seit 2009 Geschäftsführer des Fachbereichs Wirtschaft. Seine Forschungsschwerpunkte liegen in den Bereichen Naturtourismus mit einem Fokus auf Wandertourismus sowie Slow Tourism.

Prof. Dr. Tim Harms
Deutsches Institut für Tourismusforschung, FH Westküste (DI Tourismusforschung), Fritz-Thiedemann-Ring 20, D-25746 Heide
harms@fh-westkueste.de, +49 481 85 55 561

Tim Harms ist Studiengangsleiter der Bachelor- und Masterstudiengänge ‚International Tourism Management' (ITM) und Projektleiter im DI Tourismusforschung der Fachhochschule Westküste in Heide. Seine Schwerpunkte in der Lehre liegen in den Bereichen Empirische Sozialforschung, Empirische Forschungsprojekte und Tourismusgeografie. Seine Forschungsschwerpunkte liegen in den Bereichen Zielgruppensegmentierungen, Naturtourismus, Wein und Kulinarik sowie touristische Erlebnisgenese und -konstruktion.

Dr. Stefan Türk
Institut für Outdoor Sport und Umweltforschung, Deutsche Sporthochschule Köln, Am Sportpark Müngersdorf 6, D-50933 Köln
s.tuerk@dshs-koeln.de, +49 221 4982 7370

Stefan Türk ist wissenschaftlicher Mitarbeiter am Institut für Outdoor Sport und Umweltforschung der Deutschen Sporthochschule Köln und leitet den Bachelorstudiengang "Sport und Bewegungsvermittlung in Freizeit- und Breitensport". Seine Forschungsschwerpunkte sind die Nutzung naturnaher Landschaften durch Outdoor Sportaktivitäten sowie die Gestaltung von Natur und Landschaft als Sportraum. Besonderes Interesse gilt dem Besuchsmanagement in Schutzgebieten. Stefan Türk ist Mitglied des wissenschaftlichen Beirats des Nationalparks Eifel und Vorsitzender der Bundesplattform Wald – Sport, Erholung, Gesundheit beim BMEL

Assoc. Prof. Dr. Arne Arnberger
Institut für Landschaftsentwicklung, Erholungs- und Naturschutzplanung, Universität für Bodenkultur Wien, Peter-Jordan-Straße 65, A-1180 Wien
arne.arnberger@boku.ac.at, +43 1 47654 85311

Arne Arnberger ist Leiter des Instituts für Landschaftsentwicklung, Erholungs- und Naturschutzplanung an der Boku Wien. Forschungsschwerpunkte sind die Wirkung von verschiedenen Landschaften auf die menschliche Gesundheit, Erholung und Tourismus im ländlichen wie städtischen Raum, Erfassung und Lenkung von Erholungsnutzenden sowie Naturschutz und Umweltbildung.

Marina Bergler (B.A. Tourismus-Management)
INIT, Hochschule Kempten, Bahnhofstraße 61, D-87435 Kempten
marina.bergler@hs-kempten.de, +49 831 2523-9171

Marina Bergler ist Projektmitarbeiterin am Institut für Nachhaltige und Innovative Tourismusentwicklung (INIT) der Hochschule Kempten. Sie absolvierte das Bachelorstudium Tourismus-Management an der Hochschule Kempten und beendet derzeit den Masterstudiengang „Innovation, Unternehmertum und Leadership" mit dem Masterarbeitsthema „Crowding and Visitor Satisfaction: Exploring the Relationship Between Perceptions, Counts and Satisfaction of Visitors in Urban and Rural Tourism Destinations". Ihre Arbeitsschwerpunkte und Forschungsinteressen liegen im Bereich Besuchermanagement und nachhaltige Mobilität.

Dominik Rebholz (M. Sc. Data Engineering and Consulting und M.Sc. Computer Science)
Alter Postweg 101, D-86159 Augsburg
dominik.rebholz@fit.fraunhofer.de, +49 821 480400719

Dominik Rebholz ist als Doktorand und wissenschaftlicher Mitarbeiter am Institutsteil Wirtschaftsinformatik des Fraunhofer FIT und am Forschungsinstitut für Informationsmanagement (FIM) tätig. Er beschäftigt sich mit der Nutzung von Machine Learning und Data Science im Bereich nachhaltiger Mobilität und Tourismus.

Prof. Dr. Robert Keller
INIT, Hochschule Kempten, Bahnhofstraße 61, D-87435 Kempten
robert.keller@hs-kempten.de, +49 831-2523-9518

Robert Keller ist Forschungsprofessor für Informationsmanagement und Digitalisierung an der Hochschule Kempten. Zudem leitet er das Institut für Nachhaltige und Innovative Tourismusentwicklung (INIT). Seine interdisziplinäre Forschung fokussiert sich auf angewandte Data Science und Behavioral Science für Tourismus und Mobilität. Seine Forschung wurde über 1500-mal zitiert und er ist Betreuer mehrerer Promotionen. Zudem begutachtet Herr Keller regelmäßig für hochrangige Journale und Forschungsprogramme.

Prof. Dr. Julian Reif (Dipl.-Geogr.)
FH Westküste, Deutsches Institut für Tourismusforschung, Fritz-Thiedemann-Ring 20, D-25746 Heide
reif@fh-westkueste.de, +49 481 85 55 573

Julian Reif ist Professor für Tourismus an der FH Westküste und stellvertretender Direktor des DI Tourismusforschung. Er absolvierte ein Studium der Geographie an der Universität Bonn und beschäftigte sich in seiner Promotion mit der Messung des raumzeitlichen Verhaltens von Touristinnen und Touristen. Seine Arbeitsschwerpunkte und Forschungsinteressen sind: Touristische Nachfrage, insbesondere Städtetourismus und Geschäftsreisen, Digitalisierung im Tourismus und sozioökonomische Effekte des Tourismus.

Kirsten Harms
mail@kirstenharms.de, +49 (0)172 517 02 94

Kirsten Harms ist Tourismusberaterin mit dem Schwerpunkt Familientourismus, Kommunikation und Digitalisierung und Nachhaltigkeit. Sie veröffentlicht regelmäßig Artikel zu unterschiedlichen Aspekten des Familientourismus in touristischen Medien und hält Vorträge zu diesen Themen auf touristischen

Veranstaltungen. Sie ist Mitglied der Deutschen Gesellschaft für Tourismuswissenschaft DGT e. V., und des forum anders reisen.

Prof. Dr. Kerstin Heuwinkel
htw saar, Waldhausweg 14, D-66123 Saarbrücken
kerstin.heuwinkel@htwsaar.de, +49 (0)681 58 67 – 546

Kerstin Heuwinkel ist Professorin für Internationales Tourismus-Management, insbesondere Tourismussoziologie, an der Hochschule für Technik und Wirtschaft des Saarlandes. Ihre Forschungen liegen im Bereich der Digitalen Transformation, der sozialen Nachhaltigkeit (insbesondere Gender Equity) und der Familienreiseforschung. Sie ist Autorin zahlreicher akademischer Publikationen, hält Vorträge auf Konferenzen und ist im Vorstand der Deutschen Gesellschaft für Tourismuswissenschaft DGT e. V., Mitglied im Arbeitskreis Tourismusforschung der Deutschen Gesellschaft für Geographie e.V. und im wissenschaftlichen Beirat von Futouris.

Prof. Dr. Christian Mayer
Hochschule Kempten, Bahnhofstraße 61, D-87435 Kempten
christian.mayer@hs-kempten.de

Christian Mayer ist Professor für Rechnungswesen und Controlling an der Hochschule für angewandte Wissenschaften Kempten. Seine Forschungsschwerpunkte liegen in den Bereichen Strategie, Controlling und Prozessoptimierung in kleinen und mittelständischen Unternehmen. Allen voran im Bereich des Campingtourismus.

Prof. Dr. Björn Baltzer
Technische Hochschule Würzburg-Schweinfurt, Münzstraße 12, D-97070 Würzburg
bjoern.baltzer@thws.de

Björn Baltzer ist Professor für Controlling und Rechnungswesen an der THWS Business School der Technischen Hochschule Würzburg-Schweinfurt (THWS). Aktuell ist er dort am Aufbau des neuen Bachelorstudiengangs Kulinarik- und Weintourismus beteiligt und forscht zum Thema Strategie in kleinen und mittelständischen Tourismusbetrieben.

Jannika Eisele
Hochschule Kempten, Bahnhofstraße 61, D-87435 Kempten

Jannika Eisele ist Projektmitarbeiterin am INIT-Füssen der Hochschule Kempten. Sie studierte bis 2021 Tourismusmanagement an der Hochschule Kempten und hat sich bereits in ihren Bachelorarbeiten frühzeitig mit dem Projekt FEB-NAFV beschäftigt.

Dr. Johannes Schubert
Hochschule Kempten, Bahnhofstraße 61, D-87435 Kempten

Johannes Schubert arbeitet seit 2020 als wissenschaftlicher Mitarbeiter am INIT-Füssen der Hochschule Kempten. Er studierte Soziologie, Psychologie und Volkswirtschaftslehre an der Ludwig-Maximilians-Universität in München. Seit dem Abschluss der Promotion in Umwelt- und Techniksoziologie befasst er sich mit nachhaltigkeitsorientierten Projekten aus den Bereichen Klimaschutz und Klimaanpassung sowie der integrierten Stadt- und Regional- und Tourismusentwicklung. Ein Schwerpunkt seiner Arbeit liegt dabei auf der Integration und Verzahnung von Nutzerverhalten und -bedürfnissen auf der einen und technologischen Innovationen auf der anderen Seite.

Dominik Rebholz (M. Sc. Data Engineering and Consulting und M.Sc. Computer Science)
Fraunhofer FIT & Forschungsinstitut für Informationsmanagement (FIM)

Dominik Rebholz ist als Doktorand und wissenschaftlicher Mitarbeiter am Institutsteil
Wirtschaftsinformatik des Fraunhofer FIT und am Forschungsinstitut für Informationsmanagement (FIM)
tätig. Er beschäftigt sich mit der Nutzung von Machine Learning und Data Science im Bereich nachhaltiger
Mobilität und Tourismus.

Franka Menke (M. Sc. Mathematik)
Fraunhofer FIT & Forschungsinstitut für Informationsmanagement (FIM)

Franka Menke ist als Doktorandin und wissenschaftliche Mitarbeiterin am Institutsteil
Wirtschaftsinformatik des Fraunhofer FIT und am FIM tätig. Sie beschäftigt sich mit der Nutzung von
Machine Learning und Data Science im Bereich nachhaltiger Mobilität und Tourismus.

Benjamin Dietz
Steinbacher-Consult, Neusäß

Benjamin Dietz ist seit 2018 als beratender Ingenieur für Elektromobilität (DEKRA-Zertifiziert) bei
Steinbacher-Consult Teamleiter sämtlicher Forschungsprojekte, so auch federführend im Projekt FEB-
NAFV. Das Projektportfolio des Wirtschaftsingenieurs im Fachbereich nachhaltige Energie und Mobilität
erstreckt sich von Mobilitätskonzepten und Strategieberatung über Planung, Ausschreibung und
Umsetzung von Ladeinfrastruktur, Fuhrparkelektrifizierung, PV-Anlagen etc. bis hin zu Bauüberwachung
und der Leitung von Innovationsprojekten.

Jana Köberlein
Steinbacher-Consult, Neusäß

Jana Köberlein arbeitet seit 2022 als Projektmanagerin bei Steinbacher-Consult in Neusäß. Der
Schwerpunkt ihrer Projekte liegt auf der effizienten Nutzung von Energie und der zukunftsfähigen
Gestaltung von Mobilität – ob bei der Planung von Energie- und Ladeinfrastruktur, Beratungen rund um
das Thema Energie oder in Forschungsprojekten. Ihr Studium des Wirtschaftsingenieurwesens absolvierte
sie an der Universität Augsburg. Im Anschluss daran war sie zweieinhalb Jahre als wissenschaftliche
Mitarbeiterin am Fraunhofer IGCV tätig.

Christoph Brunner
Allgäuer Überlandwerk GmbH

Christoph Brunner ist Produktentwickler im IoT Team der Allgäuer Überlandwerk GmbH. Er arbeitet seit
Ende 2019 beim Allgäuer Überlandwerk, zunächst im Forschungsprojekt pebbles, anschließend im neu
gegründeten IoT Bereich. Dort arbeitete er von Beginn an im Projekt FEB-NAFV als Projekt Ingenieur.

Philipp Reisigl
Allgäuer Überlandwerk GmbH

Philipp Reisigl ist Produktentwickler im IoT Team der Allgäuer Überlandwerk GmbH. Er arbeitet seit Mitte
2020 beim Allgäuer Überlandwerk und hat dort den IoT Bereich mit aufgebaut. Im Projekt FEB-NAFV war
er der Projektleiter seitens AÜW und war für die Installation der Sensorik sowie der Bereitstellung der
Daten verantwortlich.

Prof. Dr. Robert Keller
Hochschule Kempten, Bahnhofstraße 61, D-87435 Kempten

Robert Keller ist Forschungsprofessor für Informationsmanagement und Digitalisierung an der Hochschule Kempten. Zudem leitet er das INIT-Füssen. Seine interdisziplinäre Forschung fokussiert sich auf angewandte Data Science und Behavioral Science für Tourismus und Mobilität. Seine Forschung wurde über 1500-mal zitiert und er ist Betreuer mehrerer Promotionen. Zudem begutachtet Herr Keller regelmäßig für hochrangige Journale und Forschungsprogramme.

Prof. Dr. Guido Sommer
Hochschule Kempten, Bahnhofstraße 61, D-87435 Kempten

Guido Sommer ist Professor für Betriebswirtschaftslehre und Marketing im Tourismus sowie Dekan der Tourismus-Fakultät an der Hochschule Kempten. Zudem leitet er das INIT-Füssen der Hochschule Kempten. Vor der Zeit im Allgäu war er Dekan an der Cologne Business School sowie in einer Unternehmensberatung aktiv. Seine Forschungsschwerpunkte liegen in Themen der Digitalisierung, insbesondere dem Umgang mit tourismusrelevanten Daten als Grundlage für Künstliche Intelligenz.

Prof. Armin Brysch
Hochschule für angewandte Wissenschaften Kempten, Fakultät Tourismus-Management, Bahnhofstraße 61, D-87435 Kempten
armin.brysch@hs-kempten.de, +49 831 2523-9501

Armin Brysch ist seit 2010 Professor für Dienstleistungsorientierte BWL an der Hochschule Kempten. Er studierte Betriebswirtschaftslehre an den Universitäten Trier und Dublin. Zuvor sammelte er über 20 Jahre Praxiserfahrung in der Dienstleistungsbranche, u.a. als Vorstand bei der Deutschen Zentrale für Tourismus (DZT) und als Senior Consultant beim Europäischen Tourismus Institut (ETI). Seine Forschungsschwerpunkte liegen im Bereich der digitalen Transformation des Tourismus, insb. Einsatz von VR und AR Anwendungen, virtuellen Lernwelten und Effekte auf die Nachhaltigkeit.

Prof. Dr. Nico Stengel
Hochschule für angewandte Wissenschaften Kempten, Fakultät Tourismus-Management, Bahnhofstraße 61, D-87435 Kempten
nico.stengel@hs-kempten.de, +49 831 2523-9527

Nico Stengel ist seit 2018 Professor für Management von Reiseveranstaltern und Vertrieb im Tourismus an der Hochschule Kempten in Deutschland. Er studierte an der Technischen Universität Dresden und der Universitat de les Illes Balears (UIB). Er arbeitete als wissenschaftlicher Mitarbeiter an der Hochschule Harz und promovierte an der Leuphana Universität Lüneburg. Seine Forschungsschwerpunkte liegen im Bereich des digitalen Tourismus, der Reisevertriebssysteme, des ländlichen Tourismus und des Campingtourismus.

Prof. Dr. Celine Chang
Professur für Human Resources Management, Fakultät für Tourismus, Hochschule München, Schachenmeierstr. 35, D-80636 München
celine.chang@hm.edu, +49 89 1265-2159

Celine Chang, Diplom-Psychologin, ist Professorin für Human Resources Management an der Hochschule München, Fakultät für Tourismus. Sie ist Gründungsmitglied der Forschungsgruppe New Work an der Hochschule München. Ihre Themenschwerpunkte in Lehre und Forschung sind New Work, strategisches

HR-Management, Leadership und Fachkräftesicherung im Tourismus. Sie verfügt über umfassende Erfahrungen im HR-Bereich und im HR-Consulting und begleitet Unternehmen, Führungskräfte und Teams als Beraterin und systemischer Coach. Dabei entwickelte sie auch Personalentwicklungskonzepte sowie Konzepte zur Weiterbildungsbeteiligung und Qualifizierungsberatung von KMU. Sie ist langjähriges Jurymitglied des Hospitality HR Award und Mitglied im Wissenschaftsbeirat des Bayerischen Zentrums für Tourismus.

Katrin Eberhardt, M.A.
Wissenschaftliche Mitarbeiterin, Fakultät für Tourismus, Hochschule München, Schachenmeierstr. 35, D-80636 München
katrin.eberhardt@hm.edu, +49 89 1265-2156

Katrin Eberhardt arbeitet als wissenschaftliche Mitarbeiterin an der Fakultät für Tourismus der Hochschule München und ist zuständig für die operative und inhaltliche Durchführung von Drittmittelprojekten. Zuletzt war sie vom 01.01.2024 – 31.03.2025 für das Projekt „Der Weiterbildungsnavigator – Entwicklung eines KI-basierten Tools für KMU zur Förderung der Weiterbildungsbeteiligung in der Tourismusbranche", gefördert vom Bundesministerium für Wirtschaft und Klimaschutz, tätig. Davor bearbeitete sie das Projekt „COVID-19 und die bayerische Tourismusbranche – Krisenmanagement, Resilienzfaktoren und Handlungsempfehlungen", welches vom Bayerischen Staatsministerium für Wirtschaft, Landesentwicklung und Energie bzw. dem Bayerischen Staatsministerium für Ernährung, Landwirtschaft, Forsten und Tourismus vom 20.12.2020 – 29.02.2024 gefördert wurde.

Dr. Adrian Müller
Universität Bern, Zentrum für Regionalentwicklung, Forschungsstelle Tourismus (CRED-T), Schanzeneckstrasse 1, Postfach, CH-3001 Bern, adrian.mueller@unibe.ch, +41 31 684 37 13

Adrian Müller ist wissenschaftlicher Projektleiter an der Forschungsstelle Tourismus der Universität Bern. Er forscht hauptsächlich zu nachhaltigem Tourismus mit Fokus auf nachhaltigem Verhalten, insbesondere im Geschäftsreisesegment, und dem Zusammenspiel von Individuen und Organisationen. Weitere Schwerpunkte sind nachhaltige Luftfahrt, Tourismuspolitik, Gastfreundlichkeit und Erlebnisqualität im Tourismus sowie Erfolgsfaktoren von Hotelkooperationen.

Dr. Monika Bandi Tanner
Universität Bern, Zentrum für Regionalentwicklung, Forschungsstelle Tourismus (CRED-T), Schanzeneckstrasse 1, Postfach, CH-3001 Bern, monika.bandi@unibe.ch, +41 31 684 37 11

Monika Bandi Tanner ist Dozentin und Leiterin der Forschungsstelle Tourismus (CRED-T) am Center for Regional Economic Development (CRED) der Universität Bern. Ihre Forschungsschwerpunkte liegen in der regionalen Tourismusentwicklung und -ökonomie, der Erlebnisökonomie, der Digitalisierung sowie im Kultur- und Geschäftstourismus.

Lynn Loosli
Universität Bern, Zentrum für Regionalentwicklung, Forschungsstelle Tourismus (CRED-T), Schanzeneckstrasse 1, Postfach, CH-3001 Bern
lynn.loosli@unibe.ch, +41 31 684 66 62

Lynn Lia Loosli ist als Hilfsassistentin an der Forschungsstelle Tourismus (CRED-T) tätig. Nach dem Bachelorabschluss in Volkswirtschaft mit Minor Geschichte und einem Praktikum im Amt für Wirtschaft des Kantons Bern — absolviert sie nun ihr Masterstudium in Economics an der Universität Bern.

a.o. Univ.-Prof. Dr. Birgit Pikkemaat
Universität Innsbruck, Universitätsstraße 15, A-6020 Innsbruck
birgit.pikkemaat@uibk.ac.at, +43 512 507-72459

Birgit Pikkemaat ist außerordentliche Universitätsprofessorin am Institut für Management und Marketing an der Universität Innsbruck. Ihre aktuellen Forschungsschwerpunkte umfassen die Entwicklung von Destinationen und Lebensräumen sowie nachhaltige Innovationen im Tourismus. Derzeit befasst sie sich in aktuellen Projekten mit dem Monitoring von Nachhaltigkeit in touristischen KMUs, der Tourismusakzeptanz und sozialen Konflikten in Freizeiträumen. Sie ist Mitglied renommierter wissenschaftlicher Vereinigungen und ihre Forschungsergebnisse wurden in hochrangigen wissenschaftlichen Journalen publiziert.

Mag. Feria Sturm
Universität Innsbruck, Universitätsstraße 15, A-6020 Innsbruck
feria.sturm@uibk.ac.at, +43 512 507-72353

Feria Sturm ist Dissertantin und wissenschaftliche Projektmitarbeiterin am Institut für Management und Marketing der Universität Innsbruck. Ihre Forschungsschwerpunkte liegen im Bereich Tourismus, insbesondere in den Bereichen Personalzufriedenheit und Personalbindung. Aktuell beschäftigen sich ihre Forschungsinteressen mit der Stabilität der Arbeitskräfte im Tourismus und den zentralen Einflussfaktoren der Personalbindung. Sie untersucht unter anderem die Rolle von Destination Management Organisationen in der Personalrekrutierung, die Wirkung von Employer Branding sowie interpersonelle Beziehungen am Arbeitsplatz.

Prof. Dr. Bibiana Grassinger
IU Internationale Hochschule, Ehinger Straße 23, D-89077 Ulm
bibiana.grassinger@iu.org

Bibiana Grassinger ist Studiengangsleiterin und Professorin für Tourismusmanagement (Fernstudium) an der IU Internationale Hochschule. Nach dem Studium an der FH Heilbronn und der Promotion an der Universität Innsbruck war sie an verschiedenen Hochschulen und Universitäten im In- und Ausland als Dozentin und Projektleiterin tätig. Praxiserfahrung sammelte sie bei der Entwicklung von Marketingkonzeptionen für Tourismusdestinationen und als Projektmanagerin Internationales Marketing in der Automobilzuliefererbranche. Ihre Lehr- und Forschungstätigkeit fokussiert auf Nachhaltigkeitsmanagement, Tourismusmarketing, Employer Branding.

Prof. Dr. Anna Klein
IU Internationale Hochschule, Berg-am-Laim-Straße 47, D-81673 München
anna.klein@iu.org

Anna Klein ist Professorin für Tourismuswirtschaft an der IU Duales Studium, Standort München. Darüber hinaus ist sie Mitglied im Beirat für Fragen des Tourismus der Bundesregierung und im wissenschaftlichen Beirat des Bayerischen Zentrum für Tourismus (BZT). Die Schwerpunkte ihrer Arbeit sind nachhaltiger Tourismus, Destinationsmanagement und Digitalisierung im Tourismus. Sie verfügt über jahrelange praktische Erfahrung im Tourismusbereich, die sie als Senior Consultant bei BTE Tourismus- und Regionalberatung in Berlin sammeln konnte. Sie war dort für die internationale Projekte in Ost- und Südosteuropa verantwortlich.

Prof. Dr. Peter Neumann

IU Internationale Hochschule, Weseler Str. 480, D-48163 Münster

peter.neumann@iu.org

Peter Neumann ist Fachgebietsleiter für Hospitality, Tourism & Event und Professor für Tourismuswirtschaft an der IU Internationale Hochschule. Nach seinem Studium der Geografie war er wiss. Mitarbeiter am Institut für Geografie der Universität Münster und ist seit 2002 Inhaber des Beratungsunternehmens NeumannConsult. Seine Forschungsschwerpunkte liegen aktuell in den Bereichen New Work, Bleisure Travel und Workation. Weitere Lehr- und Forschungstätigkeiten fokussieren auf die Bereiche Nachhaltigkeit und Barrierefreiheit, Destinationsmanagement und Tourismusmarketing.

Prof. Dr. Ina zur Oven-Krockhaus

IU Internationale Hochschule, Schiffgraben 49-51, D-30175 Hannover

Ina zur Oven-Krockhaus ist Studiengangsleiterin und Professorin für Tourismusmanagement (Duales Studium) an der IU Internationale Hochschule. Als Diplombetriebswirtin und promovierte Kommunikationswissenschaftlerin sowie durch eine 18-jährige Berufstätigkeit in leitenden Funktionen bei TUI verfügt sie über ein umfangreiches Fachwissen im Tourismus. Als Direktorin Marketing TUI Cruises sowie Leiterin Unternehmenskommunikation TUI AG entwickelte sie mit einem internationalen Team z.B. das TUI Logo „Smile". Ihre Forschungsschwerpunkte liegen in der Digitalisierung sowie der Kommunikation und dem Marketing touristischer Unternehmen.

Prof. Dr. Jens Rüdiger

IU Internationale Hochschule – Mannheim, Augustaanlage 65, D-68165 Mannheim

jens.ruediger@iu.org

Jens Rüdiger ist Professor für Tourismusmanagement an der IU Internationalen Hochschule in Mannheim und Dozent für Tourismusmanagement an der Hochschule Geisenheim University. Aktuell liegt seine Forschungsschwerpunkte bei Kulinarischer Tourismus, Weintourismus und Fahrradtourismus.

Prof. Dr. Axel Dreyer

Hochschule Harz, Institut für Tourismusforschung, 4.151, Haus 4, D-38855 Wernigerode

adreyer@hs-harz.de

Axel Dreyer ist Professor für Tourismusmanagement und Marketing an der Hochschule Harz sowie Honorarprofessor für Sportmanagement an der Universität Göttingen. Obwohl er sich seit März 2023 im Ruhestand befindet, geht er immer noch zahlreichen akademischen Tätigkeiten nach. Aktuell liegen seine Forschungsschwerpunkte beim Fahrradtourismus sowie beim Weintourismus.

Abbildungsverzeichnis

https://doi.org/10.1515/9783111706511-015

Tabellenverzeichnis

https://doi.org/10.1515/9783111706511-016

www.ingramcontent.com/pod-product-compliance
Lightning Source LLC
Chambersburg PA
CBHW061814210326
41599CB00034B/6993